Max Goldt, geboren 1958 in Göttingen, lebt in Berlin. Seine Werke werden bei Rowohlt verlegt; zuletzt sind erschienen «Ein Buch namens Zimbo», «QQ», «Vom Zauber des seitlich dran Vorbeigehens» sowie der Best-of-Sammelband «Für Nächte am offenen Fenster». 2008 wurde Max Goldt mit dem Kleist-Preis ausgezeichnet.

Max Goldt

>>><<<

Texte aus den in die Vergriffenheit entlassenen Büchern «Quitten» und «Kugeln»

1990–1994

Rowohlt
TASCHENBUCH VERLAG
2009

Inhalt

Hyppytyyny huomiseksi (Ich bin begeistert und verbitte mir blöde Begründungen.)	7
Quitten für die Menschen zwischen Emden und Zittau	13
Immerzu Bratwurstereignisse, doch Kati zieht Flunsch	21
Die Mittwochsmemmen	27
Berliner Befremdlichkeiten	32
Ich beeindruckte durch ein seltenes KZ	38
Das unwillkommene Antanzen von Lachi und Schmunzelinchen	43
Rille ralle ritze ratze (Harte Haare)	48
Dekorationstext zu zwei Fotos über den Mangel an bürgerlicher Qualität	53
Das Diskretionsteufelchen und der Motivationsfisch	60
Gemeine Gentechniker wollen Ute Lemper wegen der Hitze in eine Euterpflegecreme-Fabrik auf Helgoland verwandeln	68
Worte wie Heu	75
Der Pond-Parabel-What-o'-clock-Knopf oder: Sektquirle können nicht schuppen	83
Wer dies liest, war vielleicht schon mal im Harz	91
Ich war auf keinem Bauernhof außerhalb der USA	98
Warum Dagmar Berghoff so stinkt	107
Lieder sind geschmolzene Stadthallen oder: Früher war alles gelb	115
Die brutale Welt des Helmut Schmidt	123

Ein Flugzeug voller Nashi-Birnen,
ein Jesus voller Amseln 133
Zwickender Wirrwarr 142
Kennen Sie das Wort «Mevulve»? 148
Herr Kosmos ist von den Menschen enttäuscht 157
Volkstrauertag in Neustadt am Rübenberge,
Bürstengeschäft: Pustekuchen 167
Ich wünschte, man büke mir einen Klöben 176
Der Sonderoscar für prima Synchronisation
geht in diesem Jahr an den Film
‹Fünf stattliche Herren und ein
Flockenquetschen-Selbstbau-Set› 185
Dank Bügelhilfe fühlt man sich wie ein
geisteskranker König 194
Man muß sich ganz schön abstrampeln,
um akzeptiert zu werden 204
Bomben gegen Bananen im Mund? Niemals! 213
Lotsa lotsa leggggggs 222
Ich will wissen, ob die Schwester von
Claudia Schiffer schwitzte (in Unterhose
geschrieben) 233
Okay, Mutter, ich nehme die Mittagsmaschine 242
Der schlimme Schal oder: Der Unterschied
zwischen Wäwäwäwäwä und
Wäwäwäwäwäwäwä 250
Zehn Minuten weniger Gelegenheit zur
Zwiesprache mit höheren Wesen (inklusive
«Üble Beläge») 259

Editorische Notiz 268

Hyppytyyny huomiseksi
(Ich bin begeistert und verbitte mir blöde Begründungen.)

CHINESEN. Finnen. Spanier. Völker gibt es viele. Ist es aber sinnvoll, sie alle in Augenschein zu nehmen? Eine Bekannte, die einige Zeit in China war, berichtete mir im Vertrauen, daß sie während ihrer Reise das erste Mal in ihrem Leben verstanden habe, wie man auf den Gedanken kommen kann, ein anderes Volk zu unterdrücken. Sie sagte dies durchaus bedauernd.

Das exotischste Land, das ich je besuchte, war vor einigen Jahren Tunesien. Es war fast unmöglich, sich die jungen Männer vom Leibe zu halten, die einem, je nach Landesteil, Badeschwämme, angebliche Ausgrabungsfunde, Teppiche oder Geschlechtsverkehr andrehen wollten. Seither habe ich derlei Reisen vermieden, aus lauter Angst, daß mir die Einheimischen zu sehr auf die Nerven gehen könnten. Ich bin zwar nicht stolz darauf, ein Deutscher zu sein, aber doch sehr zufrieden damit, und ich pfeife darauf, in entlegene Weltregionen zu fliegen und die Menschen, die im Gegensatz zu mir dort hingehören, zu belästigen oder mich von ihnen belästigen zu lassen. Ich habe nicht den Eindruck, daß ich hier kontroverse Denkvorgänge auftische. Das rührselige One-World-Getue der achtziger Jahre ist längst als Heuchelstrategie trendversessener Tanzmusikmanager entlarvt, und wer je Urlaubsheimkehrer Erkenntnisse von der Qualität hat verbreiten hören, daß Spanien recht teuer geworden sei oder daß in Indien noch viel Armut herrsche, wird mit mir übereinstimmen, daß Reisen weit weniger bildet als gehaltvolles Daheimbleiben. Alle modernen Menschen ab 30, die ich kenne, sind der Auffassung, daß Fernreisen prolo, un-öko und gestrig sind. Man reist national oder grenznah. Es gibt zu Hause viel zu entdecken. Die Zeiten, da nur Japaner und Dinkelsbühler wußten, wo Dinkelsbühl liegt, dürften vorbei sein. Man schaut dem Franken in den Topf, der Spreewälderin unter den Rock, sagt «Kuckuck, hier bin ich!» im Bergischen Land; man tauscht Adressen ruhiger Pensionen und macht auch mal dem Schwaben den Reißverschluß auf. Lediglich der Jugend wird man das Privileg einräumen, einmal im Leben via Interrail das europäische Eisenbahnnetz mit Keksen vollzukrümeln. *Dabei* lernt man durchaus etwas. In Ermangelung eines Löffels versuchte ich in Italien einmal, einen Joghurt mit einem Taschenmesser zu essen. Die Abteilmitinsassen starrten verkrampft auf die Landschaft, um dieses unwürdige Schauspiel nicht mit ansehen zu müssen. Seitdem habe ich auf Bahnreisen immer einen Löffel dabei. Schließlich hat man in der Eisenbahn immer Lust, Joghurt zu essen.

Wenn ich an meine eigene Interrailreise denke (1983, nur vier Länder), fallen mir vor allem die Gespräche mit ausländischen Interrailern ein. Es gab nur zwei Themen: Popgruppen und Sprachen. Unverzichtlicher Bestandteil der Sprachen-Gespräche war stets Finnisch. Darüber wußte jeder was. Daß es fünfzehn Fälle hat und irgendwie mit dem Ungarischen verwandt ist, obwohl man das ja kaum glauben könne. Auch wenn weit und breit kein Finne war, Finnisch war ständiges Top-Thema, und immer war jemand dabei, der auf finnisch bis fünf zählen konnte.

Yksi, kaksi, kolme, neljä, viisi. So geht das. Während meiner Finnlandreise, die ich im letzten Monat trotz meiner generellen Unlust auf weite Reisen unternahm, wurde mein Wortschatz im wesentlichen um zwei Ausdrücke erweitert, *huomiseksi* und *hyppytyyny*. Das erste Wort erwarb ich im Schaufenster eines Fachgeschäftes für Gärtnerbedarf in Helsinki. In der Auslage befand sich eine grüne Plastikgießkanne und darunter ein Schild mit dem Wort *huomiseksi*. Meine Gedanken darüber, was man als Homosexueller ausgerechnet mit einer Gießkanne anfangen soll, leiteten den Bollerwagen meiner Phantasie auf einen äußerst schlammigen Pfad. Die Achse brach, ich war ratlos. Später klärte mich ein Finne auf, daß huomiseksi nichts mit Sex zu tun habe, sondern *für morgen* bedeute. Das half mir wenig. Was soll ich als Homosexueller denn *morgen* mit einer Gießkanne? Ich lasse mir nicht gerne nachsagen, ich sei nicht immerhin theoretisch mit allen Spielarten der körperlichen Liebe vertraut, aber ich habe gestern keine Gießkanne gebraucht, und morgen brauche ich auch keine.

Verwirrt fuhr ich 900 km nach Norden, nach Sodankylä. Das ist eine längliche Straße voller Supermärkte und Tankstellen, wo die Bewohner von ganz Lappland hinfahren, um zu tanken, zu tanzen und Pizza zu essen. Alljährlich findet dort im Juni das *Midnight Sun Film*-Festival statt, welches sich brüstet, das nördlichste der Welt zu sein. Die Filme sind völlig egal. Die meisten sind uralt und etwa von der Art, wie sie das ZDF am zweiten Weihnachtsfeiertag um 14.45 zeigt. Man zeigte z. B. eine italienische Gaunerkomödie von 1950, im Original mit schwedischen Untertiteln und finnischer Live-Übersetzung. Ich sah auch einen hübschen Kinderfilm über das Auf und Ab in der Karriere eines finnischen Akkordeonspielers. Darin gab es eine gute Szene: Ein Mann sitzt am Klavier und spielt Chopin. Da kommt der Akkordeonspieler zur Tür herein und holt eine Salami aus seinem Koffer. Der Pianist ruft begeistert: «Braunschweig!» und beginnt einen Tango zu spielen. Dazu muß man wissen, daß

«Braunschweig» das finnische Wort für eine bestimmte Salamisorte ist und daß ohne Akkordeon in Finnland gar nichts läuft. Das Fernsehen überträgt stundenlange Akkordeonwettbewerbe. Kinder spielen Volkslieder, die alle so klingen wie ‹My bonnie is over the ocean›, und die Erwachsenen pflegen ihre Tango-Tradition.

Sinn des Festivals ist, daß die Menschen um Mitternacht aus dem Kino getaumelt kommen, die Augen zukneifen und feststellen, daß tatsächlich die Sonne scheint. Wenn man aber nicht dort ist, um Fotos für einen romantischen Wandkalender zu machen, hält die Faszination nicht lange vor; geduldig reiht man sich in die Schlange vor einer der wenigen Bierschwemmen ein, wo man auf Gedeih und Verderb dem nach dem deutschen Wort «Wachtmeister» *Vahtimestari* genannten Türsteher ausgeliefert ist, der alle fünf Minuten die Türe öffnet und den Wartenden erklärt, daß das Lokal voll sei und es auch keinen Zweck habe zu warten, obwohl jeder durch das Fenster ganz genau sieht, daß es ganz leer ist. Man tut wie der Finne und fügt sich; jeder weiß, daß nach einer Stunde sowieso jeder reindarf. Wenn man dann drin ist, bestellt man so viele Biere, wie man halten kann (0,5 l : 12 DM), und trinkt sie in einem Zuge aus, denn nach einer Stunde wird man wieder hinausgeschmissen. Dann tut man wieder wie der Finne und läßt sich in eine Pfütze fallen, um dort einige Stunden zu ruhen. Nur Langweiler fragen nach dem Sinn dieser aus unserer Sicht etwas demütigenden Behandlung. Ein altes Sprichwort sagt: Das Warum tanzt nicht gerne mit dem Weil, anders gesagt: Man möge sich Mysterien genußvoll fügen. Fragen sind oft viel interessanter als die dazugehörigen Antworten. Würde man sich die Mühe machen herumzufragen, warum der Finne Salami *Braunschweig* nennt, fände man sicher jeman-

Gasse «Kommunikation» in Brandenburg

den, der einem in gebrochenem Deutsch eine fade Anekdote erzählt. Schon dreimal habe ich gehört oder gelesen, warum die Österreicher zu den Deutschen «Piefke» sagen, aber die Geschichte ist so langweilig, daß ich sie jedesmal sofort wieder vergessen habe. Ich will auch nicht wissen, warum eine stille, enge Gasse in der Altstadt von Brandenburg a. d. Havel *Kommunikation* heißt. Ich bin begeistert und verbitte mir blöde Begründungen. Woher haben die Finnen ihren Tango-Fimmel? Ist doch egal! Warum haben sie so viele Äs in ihren Wörtern? Darum! Einmal entdeckte ich sogar ein Wort, das zu 50 Prozent aus Ypsilonen bestand. Es befand sich auf einem Zirkusplakat unter der Abbildung eines Zeltes, welches eine Art Riesenmatratze beinhaltete, auf der Kinder herumhopsten. Das Wort heißt *hyppytyyny*, und ich erlaube mir erstens, dies mit *Hopszelt* zu übersetzen, und zweitens, den Artikel hier zu beenden, damit der Leser umblättern kann, sich das Haar löst, reinrutscht in die Spalte zwischen Frage und Antwort und dort Blumen anbaut.

Nachbemerkung:
Leser Peter aus Hamburg, der dort Finnougristik studiert, schickte mir einen sehr lieben Brief, in dem er mich aufklärte, daß hyppytyyny nicht Hopszelt, sondern *Hüpfkissen* bedeutet. Er konstruierte auch noch das Wort Hüpfkissenbefriedigung, welches auf finnisch *hyppytyynytyydytys* heißt. Ich bin mir nicht sicher, ob ich der Information eines anderen Lesers trauen kann, daß Salami nur im Raum von Sodankylä Braunschweig heiße, weil man dort das sonst übliche Wort, Osnapryck, nicht aussprechen könne.

Quitten für die Menschen zwischen Emden und Zittau

IM Postskriptum meiner vorletzten Kolumne bemerkte ich mit der lakonischen Beiläufigkeit, die uns waschechten Melancholikern eigen ist, daß ich mich mit dem Gedanken getragen hätte, einen Artikel über unbeliebtes Obst, insbesondere über *Quitten*, zu schreiben. Nicht nur das Leserecho war überwältigend – vierzehn Zuschriften sind für einen Off-Broadway-Autor geradezu Waschkorbdimension –, auch die Augen all der Menschen, denen ich in U-Bahnen, Straßen und Spelunken begegne, in denen ich mich befördern lasse bzw. meine Wampe lüfte bzw. meinen von Alter und Entbehrung gezeichneten Leib mit den Segnungen des Alkohols versorge, scheinen zu sagen: Ja, besorg's uns, sonderbarer Herr, besorg's uns mit einem Quittenartikel!

Bevor ich nun aber die Quitte in das verdiente Scheinwerferlicht der Leserneffen- und -nichtenaufmerksamkeit schiebe, einige Bemerkungen über die *Guave*: Auch diese genießt wenig Ansehen unter uns Deutschen. Hand aufs Herz: Rümpfen wir nicht alle bisweilen innerlich die Nase oder runzeln die Brauen, wenn wir im Feinkostladen unvermittelt einer Guave gegenüberstehen? In Brasilien immerhin ist Guavenmus («Goijabada») mit Käse eine Art Nationalgericht, welches auch «365» genannt wird, weil man es 365 Tage im Jahr verspeist, so beliebt ist es, aber von ihrem Herumgetanze und ihrer ewigen Lebensfreude sind die Leute dort ja ganz schwirr im Schädel und merken gar nicht, was sie da Ödes verzehren. Bei unseren längst nicht so von Samba und Straßenraub zerätzten Gaumen konnte die Guave noch nicht reüssieren, und mit Fug und Recht haben wir sie zusammen mit ähnlich langweilig süßlichen Tropenflops in jene sämigen, stark chemisch riechenden Fluten versenkt, welche skrupellose Geschäftemacher in Flaschen gefüllt als *Multivitamintrünke* auf den Markt werfen, und zwar um unsere Ehen zu zerstören. Es ist nämlich so: Der unnatürliche Geruch, welcher uns aus der Multivitaminsaftflasche entgegenströmt, rührt von Substanzen aus dem Vitamin-B-Komplex. Diese jedoch stinken leider nicht nur selbst, sondern erzeugen überdies auf der Haut der Safttrinker unangenehme *Ausdünstungen*, wie Knoblauch, nur schlimmer. Noch ahnt niemand, wie oft es schon vorgekommen sein mag, daß ein Partner seine Partnerin oder seinen Partner oder auch eine Partnerin ihren Partner bzw. ihre Partnerin mit schmiegenden Absichten an sich zog, dann aber das an sich ja geliebte Wesen jäh von sich stieß, weil er oder sie «es nicht mehr riechen konnte». Die Räume unserer Gerichtsgebäude, in denen Scheidungen vollzogen werden, sind förmlich erfüllt vom ständigen Widerhall jenes dubiosen Geräusches, welches beim Öffnen einer Vitaminsaftflasche erklingt. Vielen wird dies unbekannt gewesen sein, und von Flensburg bis Passau und neuerdings ja auch von Wismar bis Weimar, von Usedom bis an die Unstrut ahne ich Hände, die mir dankend entgegengestreckt werden. Aber ich wehre dies bescheiden ab und sage: Nein, ihr braucht nicht zu danken und zu wallfahren. Ich bin älter und erfahrener als ihr, und wenn mein Wissen euch auf eurem weiteren Lebensweg vor Schaden und Scheidung bewahren kann, dann hat mein Herz nicht ganz umsonst geschlagen, wenn es, eines kirchenglockengrauen Tages, einfach nicht mehr schlagen mag.

Nun endlich zum unbeliebtesten heimischen Obst, der Quitte. Indes wird der Leser gewiß Verständnis dafür haben, daß es der inneren Dramaturgie dieses Aufsatzes bekömmlich ist, wenn ich erst noch einige Bemerkungen über unser zweitunbeliebtestes Obst, den Kürbis, mache. Diesen liebt ja schier niemand. In Nordamerika ist es üblich, im Oktober Kürbisse vor seine Haustür zu legen, um den Autofahrern zu signalisieren, daß es Oktober ist. Zu *Halloween* holt man sie dann ins Haus und läßt sie unter Anteilnahme der ganzen Familie feierlich verfaulen («Pumpkins going bad»). Nur noch einige Traditionalisten machen sich die Mühe, Kürbistorte («pumpkin pie») zu backen, welche dann, in Aluminiumfolie gewickelt, in den Kühlschrank gegeben wird, um einige Wochen später mit großem Hallo und Igitt gleichfalls in den Abfall zu wandern. Verständlich ist, daß der Mensch sich Gedanken darüber gemacht hat, ob ein so ansehnlicher Gegenstand wie der Kürbis für den Verzehr etwas tauge. Wer von uns hat nicht ein Poster über dem Bett hängen, auf dem steht: «So ein Kürbis ist schon ein prachtvolles Ding.» In einigen Regionen, z. B. der Steiermark, macht man aus seinen Kernen ein gutes Salatöl. Darüber hinaus ist es aber unbegreiflich, daß die Menschheit nach all den qualvollen Jahrtausenden des Sichekelns und des Kürbisgerichte-ins-Klo-Gießens partout nicht zu der Erkenntnis gelangen will, daß ein Kürbis das Aroma einer ungelüfteten Umkleidekabine hat und daß es unmöglich ist, dieses mit noch so großen Mengen von Starkschmeckern wie Curry oder Essig zu übertünchen. Ich hoffe, mit meinem harten Urteil keinen Kürbisverehrer vor den Kopf gestoßen oder ihm psychischen Schaden zugefügt zu haben. Das täte mir weh. Vielleicht kann ich etwas wiedergutmachen, wenn ich noch einmal ausdrücklich auf die Schönheit des Kürbisses hinweise. Über diese herrschen bei uns ja kaum Kontroversen. Selbst im Ausland, wo die Hitzköpfe gern mal aneinandergeraten, ist das Thema wohl nie Auslöser von Raufereien gewesen, obwohl dergleichen im Ausland ja leider durchaus vorkommt. Ich habe das angenehme Gefühl, daß die Menschen zwischen Emden und Zittau meine Kürbis-Gedanken in allen Punkten teilen. Sogar in Österreich und in der Schweiz vermute ich die Existenz einiger vermutlich gar nicht mal so schlecht gebauter Personen, die ich bei der Ausübung beipflichtender Gestik und bejahender Mimik beobachten könnte. Ach, ich finde es einfach umwerfend, gemeinsam mit meinen Nichten und Neffen die schönsten und vollsten Akkorde zu finden auf jener Klaviatur, die wir bald Güte, bald Wärme, bald Liebe nennen.

Nun aber endlich flugs und stracks und schwups zur Quitte. Vorher allerdings muß ich noch einige, ich verspreche: kurze Gedanken über die Angewohnheit der Fernsehmacher loswerden, Beiträge über Schlösser, Ölgemälde, lauschige Gärten, «Kultur» also, mit der ewig gleichen barocken Gitarrenmusik zu unterlegen. Kaum sieht man irgendeine alte Gießkanne auf dem Bildschirm, kommt dieses Geklimpere. Haben die Fernsehfritzen denn kein anderes Tonband? Ich befehle hiermit, die nächste Sendung über Springbrunnen, Teepavillone und Porzellanmanufakturen der Abwechslung halber mit alten Cindy-und-Bert-Schlagern zu unterlegen, und mir selbst befehle ich, nun endlich zur Quitte zu kommen. Bedauerlicherweise – und das ist das Schwierige an diesem Aufsatz – ist die Quitte überhaupt nicht kommentarintensiv. Deswegen haben sich auch Starjournalisten wie der legendäre *Erich Erwin Egon Emil* Kisch nie zur Quitte geäußert (zwei von diesen Vornamen hatte er bestimmt, ich weiß bloß nicht, welche, und mein Lexikon ist irgendwo verbuddelt, mein Gott, ich hätte aber auch wirklich ein anderes Beispiel wählen können, wie z. B. *Karl* Tucholsky). Doch ebenso wie eine gute Köchin noch aus einem Stiefel ein Festmahl bereiten kann, so kann ein guter Kolumnist auch aus einer Quitte eine Delikateß-Kolumne zaubern. Talent habe ich ja welches. Mein Interesse hat die Quitte durch den Umstand gewonnen, daß ich einerseits in den Auslagen jedes besseren Obstladens Quitten in stattlicher Anzahl aufgebahrt finde, andererseits aber noch nie in meinem Leben jemanden eine Quitte habe kaufen sehen. Um diesen Verhalt kreist auch der einzige mir bekannte akzeptable *Quittenwitz*. Es ist keineswegs ein besonders gelungener Witz, doch bei einem so raren Genre wie Humor mit direktem Quittenbezug darf man nicht wählerisch sein: Ein Mann kommt zum Obsthändler und sagt: Ich hätte gern einen Doppelzentner Quitten. (Das war jetzt noch nicht der ganze Witz, wenn auch schon ziemlich komisch: Was will der Mann denn mit derartig vielen Quitten? Und wie will er die denn ganz allein tragen? Aber weiter im Witz.) Der Obsthändler packt ihm darauf die Quitten ein. (Auch wieder witzig: Welcher Obsthändler hat denn schon so große Tüten?) Der Mann zahlt und fragt den Händler: Kann ich bitte eine Quittung haben? (Ende des Witzes.)

Der im Vergleich zu ihren nahen Verwandten, dem *Apfel* und der *Birne*, ungemein hohe Unbeliebtheitsgrad der Quitte beruht weniger auf ihrer von Sorte zu Sorte verschieden stark ausgeprägten, oft auch fehlenden glaswolleartigen Behaarung als auf ihrer Unverzehrbarkeit in rohem Zustand. Ihr Fruchtkörper besteht aus sogenannten *Steinzellen* und ist daher hart wie Stein. Meine Freundin Nikola berichtete mir jedoch, daß sie als junges Ding durchaus rohe Quitten gegessen habe, welche ihr dann allerdings wie *Steine* im Magen gelegen seien. Zum Zerteilen und Schälen der Quitte bediene man sich der Erzeugnisse der Firma Black & Dekker. Die zerteilten Früchte koche man anschließend mit einem Süßungsmittel und Gewürznelken. Wenn man nun das Quittenkompott ißt, wird einem sofort ein immenser Unterschied zwischen der Unbeliebtheit des Kürbisses und jener der Quitte deutlich: Die Unpopularität des Kürbisses ist *berechtigt*, ähnlich wie zum Beispiel die Freude der Mehrheit von uns Deutschen über die 1990 nach vierzig Jahren endlich errungene staatliche Einheit, während die Unbeliebtheit der Quitte so unberechtigt ist wie die Forderung «Freie Fahrt für freie Bürger», mit der der ADAC oder ähnliche Organisationen, die es sich zur Aufgabe gemacht haben, das Böse im Menschen in den Rang eines Grundrechts hochzudemokratisieren, anständige Menschen an den Rand des Wahnsinns treiben und zu Terroristen machen. Das *Aroma* der Quitte ist einfach himmlisch, wenn nicht sphärisch, wenn nicht schönen Liedern aus besseren Zeiten gleichend, wenn nicht im Wert den Worten der *Bibel* die Hände reichend. Ein Löffel Quittenkompott ist wie ein Schaumbad in siebentausend süßen Sünden, er ist ein betörendes Gift, ein Aphrodisiakum – ich gebe zu, bei diesem Wort eben die *automatische Rechtschreibkontrolle* meines neuen *Personal Word Processors* aktiviert zu haben, und es blinkt nichts, scheint also richtig zu sein –, ein Glas Quittensaft, welchen manche Bioläden anbieten, läßt einen wie einen eleganten Panther durch die Straßen gehen, mein Blick wird verlangend, die Nüstern beben, und die Augen der Frauen in der U-Bahn scheinen zu sagen: Besorg's mir, sonderbarer Herr, besorg's mir, aber nicht mit einem Quittenartikel, sondern «in alter Manier», du weißt schon, was ich meine, sonderbarer Herr. (Interessant wäre es zu erfahren, ob die automatische Rechtschreibkontrolle auch schweinische Wörter umfaßt, 236 000 Wörter sind gespeichert, da müßte doch was bei sein. Die

Pharisäer sollen bloß still sein. Wer hat nicht schon in einer fremden Stadt in einem öden Hotelzimmer gelangweilt im Telefonbuch geblättert, um nachzuschauen, ob da vielleicht Leute mit unanständigen Nachnamen wohnen? Natürlich nur, um anschließend entrüstet zu sein über diese Bürger, die keine Anstalten machen, das behördlich ändern zu lassen. Ich schreib jetzt mal was Schockierendes absichtlich falsch: *Spermarylpsende Arschfodse*. Oh, wie erschütternd: Bei beiden Wörtern blinkt und piept es! Ist es nicht empörend, auf diese Weise zu erfahren, daß «spermarülpsend» zu den 236 000 gebräuchlichsten Wörtern unserer Muttersprache zählt? Ich bediene hier also einen Schreibcomputer, der von Ferkelingenieuren für Ferkelschriftsteller entwickelt wurde. Der Firma Panasonic werde ich einen geharnischten Brief schreiben, oder ich werde das Gerät zurückgeben und der Verkäuferin, die eigentlich den Eindruck einer Dame machte, vor die Füße werfen, sie «Dirne!» schelten und sie fragen, ob sie es mit ihrem Gewissen vereinbaren könne, mit Geräten zu *dealen*, «handeln» könne man das nicht mehr nennen, die «spermarülpsend» im Speicher haben.)

Zurück zur Quitte. Leider besteht die Unsitte, aus Quitten sogenannten *Quittenspeck* herzustellen. Hier möchte ich auf den Leser Christoph aus Köln zurückgreifen, der mir einen langen, jungenhaft-jovialen Brief über den Quittenbaum seiner Oma schrieb, in welchem er u. a. formulierte, daß ihm «Quitten immer wieder unangenehm in die Quere» kommen. Dies fand ich niedlich, und es erinnerte mich daran, daß ich neulich die Stadt *Xanten* besuchte, dort aber kein *Xylophon* kaufte. Christoph zum Thema Quittenspeck: «... weingummiähnlich gelierte Quittenstücke, die dadurch erzeugt werden, daß Quittenmus auf einer Platte erkaltet und dann in akkurate Rhomben geschnitten wird, die schließlich in eine Blechbüchse wandern, worin sie auch gerne gelassen werden.» Quittenspeck hat ebenso wie Quittengelee meist den Nachteil, Unmengen von Zukker zu enthalten, der den irisierenden Eigengeschmack der Quitte nicht unterstreicht, sondern tötet. Deswegen sollten wir Deutschen unsere gesamte Kraft darauf verwenden, die Quitte den an Gelierzuckersäcke genagelten Händen unserer Großmütter zu entreißen und sie in die Sparte des eigenständigen Genußmittels hineinzuemanzipieren. Laßt uns durch die Straßen ziehen und skandieren: «Kompott ja, Saft ja, Speck nein und Gelee nur bedingt!» So ungewöhnlich wäre das nicht. Schon Hanns Eisler soll bei einer Demonstration in der jungen DDR ein Transparent mit sich geführt haben, auf dem zu lesen war: «Nieder mit dem Quartsextakkord!» Die Quitte hätte ähnliches Engagement verdient. Schon im alten Griechenland galt sie als Symbol des Glücks, der Liebe und der Fruchtbarkeit. Bei der Hochzeit brachte die Griechin eine Quitte in das Haus des Ehemannes, und zwar als – jetzt kommt das schöne Wort aus der erlaubten Strophe des Deutschlandliedes – Unterpfand einer glücklichen Ehe.

Schließen möchte ich mit dem Hinweis eines anderen Lesers, der mir davon schrieb, daß sich DDR-Bürger leere Getränkedosen als westliche Statussymbole ins Wohnzimmerregal gestellt haben. Dies war mir bekannt, neu war mir aber die Information, daß diese Dosen im Leipziger Raum als *Quitten* bezeichnet wurden. Ich hatte keine Gelegenheit, dies nachzuprüfen, und würde mich daher über Bestätigung oder Kopfschütteln aus den neuen Ländern freuen.

Nachbemerkung:
Es erreichte mich Kopfschütteln.

Immerzu Bratwurstereignisse,
doch Kati zieht Flunsch

Es gilt heutzutage als ein Volksfest, wenn man einer bratwurstessenden Verkäuferin bratwurstessend eine Jeansjacke abkauft. Ein besonders wenig würdevolles Spektakel dieser Art findet alljährlich Anfang September bei mir um die Ecke statt: das *Turmstraßenfest*. Die Einzelhändler schleppen ihren Kram aus den Läden auf den Bürgersteig, die CDU und Aalverkäufer gesellen sich hinzu, und wenn bald krachend unter jedem Schritt ein Plastikbecher zersplittert, die von Hertie bezahlte Oldies-Band wummert und die Berberitzenbüsche von proletarischem Harn widerglänzen, dann ist der Straßenfestfrohsinn perfekt. Nicht, daß es wirklich fröhlich einherginge. Mürrisch blickt der Moabiter. Es weiß ja auch keiner, was da gefeiert wird. Wer die Turmstraße kennt, wird mit mir einer Meinung sein, daß deren bloße Existenz kaum einen Anlaß zum Feiern darstellt.

Am 3. Oktober gab es schon wieder so ein Straßenfest. Diesmal waren es gleich Hunderttausende, die sich, höchstens mäßig froh schauend, an den üblichen Bratwurstständen und Stimmungskapellen vorbeischoben. Die Berliner begingen die deutsche Einheit wie die Eröffnung eines Lebensmitteldiscountmarktes. Ich hatte nicht erwartet, daß die Menschen vor Ernst-Reuter-Büsten niederknien, um Beethovenmelodien zu summen, aber auch nicht, daß die Angelegenheit dermaßen unfeierlich, ja unappetitlich abgeht. Kauend und Dosenbier saufend die Linden abzulatschen und eine gigantische Menge Müll zu hinterlassen, will mir nicht als eine Weise erscheinen, eine einmalige historische Zäsur würdig einzuläuten. Mir scheint es eher ein schlechtes Omen für das neue Deutschland zu sein, daß eine verglichen mit Problemen wie Rohstoffverschwendung, Müllbeseitigung etc. doch ziemlich unwichtige Angelegenheit wie die staatliche Einigung einer mittleren Umweltkatastrophe gleichkam. Ich meine ohnehin: Ein zivilisierter Europäer ißt und trinkt nicht auf der Straße. Auch ein regelmäßiger Biertrinker wie ich wird erschaudern, wenn er jemanden auf der Straße gehen sieht, der sich den Inhalt einer Bierdose in den Hals gießt, und er wird keinen Augenblick zögern, eine solche Person insgeheim ein Element, Subjekt o. ä. zu nennen. Er wird die Hände über dem Kopf zusammenschlagen, wenn er ein Kind sieht, das schon morgens auf dem Schulweg an einer Getränkedose nuckelt, die ihm eine gedankenlose Mutter in den Ranzen gesteckt hat. Millionen Kinder, die an der Dose hängen, sind schlimmer als ein paar Tausende an der Nadel! Und ein anständiger Mensch wird beim nächsten Urnengang niemals einer Partei seine Stimme geben, die bislang noch nicht einmal in Erwägung gezogen hat, dem Beispiel einiger zivilisierter Staaten zu folgen und mit den Dosen das einzig Richtige zu tun: verbieten, aber hurtig! Nur Dösbaddel bekennen sich zur Formel «Verbieten verboten». Die Prinzipien von Summerhill mögen Eltern, die das tatsächlich für richtig halten, bei der Erziehung ihrer Kinder anwenden, sie sind aber keine geeignete Richtschnur für den Umgang des Gesetzgebers mit der Industrie.

Den Lesern, die jetzt gerade murmeln: Jetzt rastet der alberne Heini ja vollkommen aus mit seinen blöden Dosen, diesen Lesern entgegne ich: Erstens: Ich bin kein alberner Heini, sondern ein Vertreter eines geradezu manischen Realismus. Wenn ich aus dem Fenster schaue, und da sind Wolken, sage ich: Da sind Wolken. Wenn jedoch keine Wolken da sind, sage ich: Da sind keine Wolken. Aber da *sind* Wolken, der Himmel ist geradezu krankhaft bewölkt, und das Schlimme ist: Was hinter den Wolken ist, ist noch schlimmer als die Wolken selber! Zweitens: Getränkedosen ja oder nein ist keine politische Marginalie. Jeder, der seine Freizeit ab und zu in anderer Weise zu nutzen willens ist, als dumme amerikanische Filme zu glotzen, weiß, daß die Aluminiumerzeugung ein Vorgang ist, der mit einer jeder ökologischen Vernunft spottenden Energieverschwendung einhergeht. Wenn ich jetzt auf einem Podium säße, Mikro vorm Maul, und sagte: Jeder Schluck aus einer Coladose kommt einem Griff zur Regenwaldsäge gleich, gäbe es sicher ein törichtes Geschöpf, das lachte, aber wahr ist es trotzdem. Und deswegen wird ein redlicher Mensch niemals wieder eine Getränkedose kaufen. Niemals!

Die *Cocteau Twins*, Lieblingsgruppe eines jeden Menschen, der die Eleganz hat, mir ein klein wenig zu ähneln, haben eine prachtvolle neue LP herausgebracht: Heaven or Las Vegas. Auf ihr befindet sich ein Stück namens «Fotzepolitic». Wir wollen aber die Scheu haben, uns darüber nicht groß öffentlich zu wundern. Es gibt derzeit nur zwei Göttinnen in der kulturellen Welt. *Elisabeth Fraser*, Sängerin der Cocteau Twins, und *Kati Outinen*, Star der proletarischen Trilogie von *Aki Kaurismäki*, derzeit zu vergöttern in «Das Mädchen aus der Streichholzfabrik». Den heterosexuellen Himmel stelle ich mir so vor: Ich sitze auf dem Sofa, und es klingelt. Elisabeth Fraser und Kati Outinen kommen herein. Kati Outinen zieht ihren Flunsch, eben den Flunsch, der sie berühmt gemacht hat. Elisabeth Fraser beginnt in den höchsten Tönen zu singen. Ich bin überglücklich, allein Kati zieht weiter ihren Flunsch. Elisabeth singt eine Stunde lang, ich noch glücklicher, Kati weiterhin Flunsch. Elisabeth singt zwei Stunden lang, prall leuchtet meine Seele, Kati: Flunsch.

Nach drei Stunden wird Elisabeth heiser, darüber muß Kati endlich lachen, und wir mieten dann zu dritt ein tolles Landhaus im Norden Europas und lachen und singen bis in alle Ewigkeit. Das war der Hetero-Himmel. Der Homo-Himmel geht so: Ich sitze auf dem Sofa, und es klingelt. Hereinspaziert kommt *Pierre Littbarski*. Ich rufe: Ei, ei, Überraschung, doch was dann kommt, möchte ich zu schüchtern sein, hier auszuwalzen. Wir wollen doch alle nicht, daß die *Titanic* künftig nur noch unter dem Ladentisch verkauft werden kann, obwohl ich es mir recht nett vorstelle, wenn z. B. die kleine dicke Verkäuferin aus dem Kiosk in der Krefelder Straße ab und zu unter dem Ladentisch herumkriechen müßte. Der Hetero-Himmel ist übrigens entschieden besser als der Homo-Himmel. Ein Landhaus irgendwo im Norden Europas ist ja wohl erstrebenswerter als eine halbe Stunde Herumgemache mit Pierre Littbarski und ein Zettel mit einer Telefonnummer, die man ohnehin nie wählen wird, denn so toll würde es ja schließlich doch nicht gewesen sein.

Übrigens gibt es auch eine neue LP von *Prince*. Das ist zwar, verglichen mit einer neuen Cocteau-Twins-LP oder der Frage Getränkedosen ja oder nein, ziemlich egal, aber auf dieser LP befindet sich ein Stück namens *Joy in repetition*, zu deutsch: Freude an der Wiederholung. Und in der Tat habe ich Freude daran, hier dies zu wiederholen: Niemals wird ein redlicher Mensch je eine Getränkedose kaufen, austrinken und fortwerfen. Ich wiederhole: NIEMALS. Und ich schreie und hoffe, mancher schreit mit: **Niemals!**

Ich habe seit schätzungsweise fünf Jahren keine Getränkedose mehr gekauft und bin dennoch nie verdurstet. Vielleicht bin ich ja ein anatomisches Wunder, aber selbst den üblichen Vereinigungsspaziergang zwischen Alexanderplatz und Siegessäule habe ich völlig enthaltsam überstanden und keine Not gelitten. Während des Spazierganges machte ich Fotos von den Müllhaufen. Hinter einem solchen Haufen stand ein bratwurstessender Mann und fragte: Wieso fotografieren Sie mich? Ich sagte: Sie fotografiere ich doch gar nicht, sondern den Müllhaufen. Darauf der Mann: Jaja, das könnt *ihr* – mit diesem «ihr» gemeindete er mich wohl in irgendeine seiner Ansicht nach dunkle und undeutsche Ziele verfolgende Sektierergruppe ein, denn ich war ja ganz allein – jaja, das könnt ihr, sprach also der Mann, alles in den Dreck ziehen, sogar die deutsche Einheit zieht ihr in den Dreck. Ich sagte: Ja genau, in den Dreck, den Sie da gerade erzeugen. Und das Element sprach: Hau bloß ab, du.

Dieser konstruiert klingende Dialog, den ich aber nach der Wahrheit wiedergegeben habe, erinnert mich an ein weiteres, ebenso wie zu anekdotischen Zwecken zusammengebasteltes anmutendes, aber ebenso tatsächliches Gespräch, das ich einmal mit einer Mutter zweier Kinder führte. Es ging um Autos. Sie: Du hast natürlich völlig recht. Ich bin auch total gegen Autos. Wenn ich nicht morgens die Kinder zur Schule fahren müßte, hätte ich längst keinen Wagen mehr. Ich: Wieso mußt du denn die Kinder in die Schule fahren? Die Schule ist doch nur 20 Minuten entfernt. Das kann man doch laufen. Sie: Nein, bei dem Verkehr wäre das viel zu gefährlich.

PS: Mit Müllhaufenfotos kann ich diese Betrachtung nicht verzieren, weil der Film noch nicht voll ist. Statt dessen zwei Bilder aus einem Werbeprospekt der Stadt *Lichtenfels*, mit denen diese ihre Lebensqualität zu veranschaulichen versuchte.

Die Mittwochsmemmen

GESTERN hatte ich Anlaß, an der Theke des Berliner Kinos Delphi-Palast Tadel auszuteilen. Ich hatte um ein Bier gebeten, worauf eine Studentin sich anschickte, den Inhalt einer Flasche «Beck's» in einen Plastikbecher zu füllen. Ich verbat mir den Becher; der sei ja wohl nicht nötig, sprach ich. Die Studentin entgegnete: «Ohne Becher kannst du nicht in den Film.» Sie duzte mich, weil ich meine verteufelt fesche Schottenmusterjoppe und meine 139-DM-Jeans trug, die mir den Elan eines wohngemeinschaftlichen Matratzenspundes verleihen, doch der Matratzenmann wirft sich nicht auf seine Matratze und vergeigt den Tag, sondern steht aufrecht im Delphi-Foyer und macht sich so seine Gedanken. Denkt denn der Kinobesitzer im Ernst, daß Leute, die in Ingeborg-Bachmann-Verfilmungen gehen, so wenig Kinderstube haben, daß sie ihrem Vordermann Bierflaschen auf dem Schädel zertrümmern, oder meint er gar, daß man besseren Zugang zu einem hermetischen deutschen Kunstfilm fände, wenn rings um einen Hunderte von Menschen mit Plastikbechern herumknisterten? Und wie sie knisterten! Hinter mir saß ein Pärchen in Lederbekleidung – Pärchen nennt man ein Paar dann, wenn es sich um bescheuerte Leute handelt, und daß sie Leder trugen, hörte ich: Es knatschte und quietschte – und dieses Lederpärchen brachte es fertig, zwei Stunden lang nicht nur in den Rollen von Berlins heimlichen Knatsch-, Quietsch- und Knisterkönigen zu erschüttern, sondern sich auch während der ganzen Zeit gegenseitig vorzujammern, wie langweilig der Film sei und ob denn wohl mal endlich was passieren würde. Rechts von mir befand sich ein weiteres Pärchen, das sich darüber stritt, in welche Kneipe es nach dem lautstark herbeigesehnten Ende des Filmes gehen solle. Links von mir saß meine Begleiterin, die mich alleweil anpuffte und zischte, was es für eine Unverschämtheit sei, so zu knistern und zu reden im Kino.

Die Frage ist: Wie kommen all diese vielen hundert Menschen, die normalerweise nur in Filme gehen, in denen alle fünf Minuten ein Auto explodiert, dazu, sich Werner Schroeters Verfilmung von Ingeborg Bachmanns ‹Malina› anzusehen, einen Film, der in einer Tradition steht, die von den Unterhaltungshysterikern der achtziger Jahre als «typisch deutsch», bleiern und bierernst, verunglimpft und somit folgefalsch abgelehnt worden ist? Eine andere Frage ist: Warum tragen Ausländer immer weiße Socken? Auf diese Frage weiß ich leider keine Antwort, aber die Antwort auf die erste Frage lautet: Es war Mittwoch. Mittwoch = Kinotag. Eintritt auf allen Plätzen 6 DM. Nun darf man aber nicht denken, daß da lauter «Arme» saßen, zerlumpte Stütze-Empfänger, die in zugefrorenen Außentoiletten mit kaputten Schwarzweißfernsehern vegetieren, sondern ganz normale Leute unterschiedlichster Provenienz, die nur eines gemeinsam haben: ihren unvorstellbaren Geiz. Wir sollten uns angewöhnen, diese Menschen als Kulturschnorrer zu bezeichnen. Man kennt sie gut: grauhaarige Gestalten, die in vor zehn Jahren gekauften Jeans an Theaterkassen mit ihren vergilbten Studentenausweisen wedeln und um Ermäßigungen feilschen, Leute, die Kopien von aus fragwürdigen Quellen bezogenen Presseausweisen an Plattenfirmen schicken, um Freiexemplare zu bekommen, welche sie dann, nachdem sie die Musik auf Kassetten überspielt haben, auf dem Flohmarkt verkaufen, solide finanzierte Menschen, die, auch wenn sie reges Interesse an einem Buch haben, mit dessen Kauf warten, bis die Taschenbuchausgabe erscheint.

Das sind die Menschen, die den Verkehrsinfarkt in unseren Städten verursachen und das Gedränge auf dem Bürgersteig. Denn ehe einer von diesen Typen sich einen Haartrockner zulegt, rennt er durch 25 Geschäfte, um die Preise zu vergleichen, damit er ja keine Mark zuviel ausgibt, so dicke hat er's ja nun wieder auch nicht, schließlich muß er viermal im Jahr in Urlaub fahren. Wir sollten sie verteufeln, die ewigen Subventionserschleicher und Gästelisten-Schlaffis, die, kaum daß ihre Miete mal um zehn Mark steigt, die Hände über dem Kopf zusammenschlagen und stöhnen: «Herrje! Die Mietenexplosion!», um dann sofort Mitglied im Mieterschutzbund zu werden und sich einmal monatlich beraten zu lassen von einem knochigen alternativen Paragraphenreiter, der nur Bücher wie ‹1000 ganz legale Steuertricks› liest und einen billigen Synthetik-Pullover aus dem Schlußverkauf trägt, der fürchterlich knistert, wenn er ihn über den Kopf zieht, und dessen Besitzer dann Mittwoch abends im Kino hockt, mit seinem Becher knistert und herummault, daß keine Autos explodieren, bloß immer nur die Mieten.

Nie wieder soll mir das bedauerliche Versehen passieren, an einem Mittwoch ins Kino zu gehen. Lieber einen Donnerstag wählen. Ja, Donnerstag, das ist der vornehmste Tag der Woche. Donnerstag hat die Würde der leicht überschrittenen Mitte, ähnlich wie der September, der König der Monate, oder der frühe Nachmittag, die feinste Tageszeit. Menschen mit gutem Herzensvermögen werden anerkennen, daß es wohl das Beste ist, was man tun kann, an einem Donnerstagnachmittag im September einen nicht mehr ganz jungen Menschen, einen Zweiundvierzigjährigen vielleicht, möglicherweise eine Art Thronfolger oder eine Malerfürstin, zu lieben, sich so hinzuschenken im goldenen Licht. Anschließend wird man evtl. in einem Vollwertlokal etwas vertilgen wollen, später noch ins Kino gehen, wo ein ernster europäischer Film lockt. Man wird dem Kassenfräulein ohne viel Aufhebens oder Geknister seine Scheine hinschieben, mit einem souveränen Blick, der sagt: «Wir sind Vollwertleute und zahlen volle Preise, und wäre es nicht schön, wenn es nur September gäbe und nur Europa und nur Donnerstage? Und warum tragen Ausländer immer weiße Sokken?» Doch das weiß das Kassenfräulein auch nicht.

Nach dem Kino wollen wir noch ein wenig zechen und plaudern, und zwar ruhig in einem Lokal, wo das Bier fünf Mark kostet und die Mittwochsmemmen verärgert vorbeischleichen. Dort lassen wir routiniert, aber nicht versnobt die Scheinchen über die Theke segeln und zahlen selbstverständlich niemals getrennt. Getrennt zahlen ist unurban. Getrennt zahlen die Mittwochsmemmen und lassen sich an der Bratwurstbude eine Quittung geben, die sie per Einschreiben an ihren Steuerberater schicken. Nun wollen wir aber hören, was der Thronfolger und ich, ziemlich vornehm an den Tresen gelehnt, über den gesehenen Film zu sagen haben.

DER THRONFOLGER Der Film war nicht nur vortrefflich, sondern sogar lustig. Wie z. B. Matthieu Carrière und Isabelle Huppert in ihrer brennenden Wohnung stehen, und er sagt: Wir sollten jetzt aber endlich mal aufräumen hier.

ICH Ja, es hat sehr hübsch gebrannt, und wie es schien, tagelang, ohne Schaden anzurichten. Besonders ganz am Ende, wo das Sofa brennt, macht es den Eindruck, als habe ein herzensgutes kleines Feuerchen es sich nach einem anstrengenden Arbeitstag auf dem Sofa ein wenig bequem gemacht und warte nun darauf, daß seine Ehefrau ihm die Fernbedienung für den Fernsehapparat reicht.

THRONI Ja, es hat so fein gebrannt, daß man sogar Matthieu Carrière ertragen konnte, gegen dessen Blasiertheit ja sogar die von Klaus Maria Brandauer verblassen würde. All diese eitle Präzision des Blicks, diese grauenvolle Hyperpräsenz und -prägnanz. Aber wir sollten aufhören zu klagen, lieber noch ein paar Scheine segeln lassen oder vornehm verduften in den fabelhaften Dauerdonnerstag eines idealen Europa.

Vorhang fällt. Applaus. Die feinfühligen Mitteleuropäer, dargestellt von Throni und mir, gehen auf die Bühne. Applaus. Tulpen. Dann kommen 500 Statisten in der Rolle der «Mittwochsmemmen». Unglaubliches Gepolter, wenn die alle auf einmal die Bühne betreten. Enthusiastischer Applaus, obwohl hier wohl eher die Ausstatterin gemeint sein dürfte, die es fertigbrachte, 500 originalgetreue 39-DM-90-Jeans aufzutreiben, Pailletten-T-Shirts und senffarbene Jacken mit Klettverschlüssen. Schließlich geht Hassan, ein junger Palästinenser, der eine stumme Rolle hatte, den «Ausländer in weißen Socken» nämlich, vorn an die Rampe, macht applausdämpfende Handbewegungen und sagt: «Ich trag weise Sock, weil, sieht gut aus und ist billig.» Tosender Applaus, stehende Ovationen, Blumengebinde, Sprachkurskassetten. Es scheint sicher, daß Hassan einen bleibenden Platz in unserer Mitte gefunden hat.

Leider befindet sich dieses Theater nicht in der Wirklichkeit.

Berliner Befremdlichkeiten

MEIST bin ich durchaus auf den Mund gefallen, habe Maulsperre, wo andere prompt losgewittern. Was die wenigen Ausnahmefälle angeht, in denen ich in Sachen Revolverfresse berlinischem Standard genügte, war mein Gedächtnis bislang ein perfekter Tresor. Erstmals will ich nun dem Publikum Einblick in meine nicht eben prall gefüllte Schlagfertigkeitsschatzkammer gewähren.

Ich stand im Postamt am Schalter. Ich hob Geld vom Girokonto ab, wovon ich wiederum einen Teil aufs Sparbuch einzahlte, kaufte allerlei Briefmarken, hatte div. Briefsendungen zu wiegen, kurz: Ein rechtes Maßnahmenpaket war abzuwickeln, und es zog sich hin. Das Hinziehen mißfiel einem Hintenanstehenden. Er hatte schon die ganze Zeit gegrummelt und meinte nun, ich solle mal *hinnemachen*. «Nu mach ma hinne, Kollege!» Da drehte ich mich um und sagte: «Wenn Sie nicht bald Ruhe geben, dann eröffne ich noch ein Sparbuch mit wachsendem Zins und beantrage einen Telefonanschluß!» So hat mich die Muse auf der Post geküßt.

Die zweite Geschichte ist beinahe noch beeindruckender, dabei ist sie zehn Jahre her. Ich radelte nah dem Johanniskirchhof auf dem, ich gebe es zu, Bürgersteig, aber der war ganz leer, als sich plötzlich die Gestalten zweier Greise aus dem städtischen Dunst schälten, welche schrien, mit den Stöcken auf die Fahrbahn deutend: «*Da* ist die Straße!» Darauf deutete ich mit dem Arm auf den bereits erwähnten Gottesacker und rief: «… und *da* ist der Friedhof!» Man kann die Pointe dieser Geschichte besser verstehen, wenn man sich einmal ganz deutlich das biblische Alter der Passanten vor Augen führt, welches ich in der vorangegangenen

Schilderung mit dem Wort «Greise» vielleicht in nicht ausreichend kräftigen Farben illustrierte. Möglicherweise sollte ich die ganze Angelegenheit überhaupt noch einmal von vorn und etwas einleuchtender erzählen. Also, wie gesagt, vor zehn Jahren gab ich mich mal dem Drahteselvergnügen hin. Galant wie Croque Monsieur segelte ich meines Weges. Kein Mensch war da, aber die Situation ging im neunten Monat schwanger mit Unheil in Form von sich unerwartet aus dem Nichts herauspellenden, spazierstockgepanzerten Methusalemen, die sich mir nichts, dir nichts als Experten in puncto Unterschied zwischen Straße und Gehsteig aufspielen wollten. Und kaum daß ich hätte Zeit finden können, noch einmal mit der Wimper zu zucken, öffnete das Schicksal seine beträchtliche Vagina und gebar mir zwei Hochbetagte direkt vors Fahrrad. Was die beiden dann sagten und was Frechdachs entgegnete, habe ich bereits vorhin in befriedigender Qualität dargelegt. Ein Dance-Remix davon wäre aus dem Fenster geschmissenes Geld.

Es gab also Zeiten, da konnte man mich fröhlich pfeifend Berlin durchradeln sehen. Mal eierte ich vergnügt zwischen den Autos herum, mal wich ich auf den Gehsteig aus, und wenn dort zuviel Volk war, schob ich eben mein Gefährt. Ärger gab's kaum. Alle halbe Stunde vielleicht sah man einen anderen Radfahrer auf einer anderen Hollandmühle, und die beiden Verkehrsnostalgiker nickten einander zu wie Pilzsammler in der Waldesfrühe. Eine unglückliche Wende setzte ein, als die Straßenarbeiter der Stadt angewiesen wurden, einen Teil des Bürgersteiges mit roten Steinchen neu zu bepflastern, auf denen sich nun Brigaden gräßlicher Vorstadtadrenalinisten mit Sturzhelmen und manchmal fast operettenartigen Uniformen die sinnlosesten Wettkämpfe liefern. Ich bin unwillens, mich an diesen Geschwindigkeitsbesäufnissen zu beteiligen. Ich empfinde keine Wärme für Leute, die schweißdurchsogen an Ampeln stehen – wenn sie denn überhaupt halten – und keuchend erklären, sie hätten es in zehn Minuten von Tempelhof bis zur Siegessäule geschafft. Mein Radl hab ich fortgeschenkt, ich benutze den ÖPNV. Damit brauche ich zwar eine halbe Stunde bis nach Tempelhof, aber ich kann derweil in der ‹Neuen Zürcher Zeitung› die interessantesten Meldungen lesen, z. B. «Kinder stellten Schaukelpferd auf heiße Herdplatten»: Also, da waren so Kinder, und die hatten so ein Schaukelpferd, und dann haben sie das Schaukelpferd auf so heiße Herdplatten gestellt. Wahrscheinlich ist hinterher die Wohnung abgebrannt, denn sonst hätte es ja wohl kaum in der Zeitung gestanden, daß die Kinder das Schaukelpferd auf die Herdplatten gestellt haben, aber ich weiß es nicht mehr, denn ein brennendes Haus ist verglichen mit einem Schaukelpferd auf einem Herd eine recht wenig erinnerungswürdige Sache. Schön wäre eine Zeitung, die etwas so Interessantes wie Schaukelpferde auf glühenden Herden vermelden würde, auch ohne daß Bauten und Menschen Schaden nehmen, aber auch die könnten die Rennradbestien auf ihrer Hatz von A nach B nicht lesen, und so erfahren die gar nichts, noch nicht mal, wie doof sie sind.

Manche sind nicht nur doof. Eine Geschichte von vorgestern: Vor dem Café Huthmacher am Zoo lauerte ein tätowierter Langhaariger mit Ohrring auf einem Mountain-Bike im US-Army-Design. Auf dem Gehsteig kam ein spastisch gelähmter junger Mann angerollt. Der Proletengammler fuhr nun mit Affenzahn direkt auf den Rollstuhl zu und bremste eine Handbreit davor. Dem Gelähmten entfuhr ein Schrei des Entsetzens, und das Miststück brüllte: «Super, Spasti, kannst ja super schreien, du Spasti!» Dann kam noch ein zweiter

Mountain-Bike-Mann von irgendwoher, und die beiden rasten johlend ins Touristengedränge mit der erkennbaren Absicht, wahllos zu verletzen. Immerhin stürzte ein Passant. Ich bin in solchen Fällen unbeirrbarer Denunziant, aber als ich die Herren Beamten fünfzig Meter vom Ort der Gewalt entfernt in ihren Einsatzwagen dösen sah, verließen mich Mut und Bürgersinn. Wenn Berliner schlafen, richten sie wenigstens keinen Schaden an. Die selbstherrlichen Gewalttäter sah ich wenig später vor der Wechselstube am Bahnhof Zoo eine Sektflasche öffnen. Sekt hat sich ja im vergangenen Jahrzehnt zum Gammlergetränk Nr. 1 gemausert. So sind sie halt, die Proleten, sie können nur anderen alles wegnehmen: Der Boheme haben sie das Sekttrinken weggenommen, den Linken die langen Haare und das Graffitischmieren, den Schwulen haben sie die Ohrringe abgeguckt und den Ökos das Radfahren. Eigenes bringt diese Kaste nicht mehr hervor. Wie sollte sie auch, ist sie doch das Produkt ewiger Insel-Inzucht. Hand aufs Herz: Wer will schon mit einem Berliner ins Bett? Berliner verkehren nur mit ihresgleichen, wen anders kriegen sie nicht, und jede Generation gerät gröber und übler gestimmt als die vorangegangene.

Man kann sagen, daß mich im vorigen Absatz ein demagogischer Derwisch geritten hat. Gram und Sinnestrübung führten meinen Filzstift in die Schmierseife satirischer Zuspitzung. Soll nicht wieder vorkommen. Sicher, sicher: Es gibt auch nette Berliner. Im Osten z.B., wo sie ja allesamt nichts dafür können, somit in Unschuld suhlen sich tun. Aber auch im Westen. Ich habe mal eine Hiesige kennengelernt, die Abitur hatte und sogar Geige spielen konnte. Die hat natürlich auch nicht berlinert. Im Gegensatz zu beispielsweise Bayern, wo sogar Ärzte und Fernsehansager Mundart reden, tun dies in West-Berlin überwiegend die niederen Stände. Hier hat sich der Dialekt, anders als im Ostteil, in einen Jargon oder Argot verwandelt. Mit den Benutzern dieses Jargons halten es die Zugereisten, und das sind glücklicherweise 60 Prozent der Einwohner, derart, daß man sie sich vom Leibe hält. Man lebt hier in einer Art freiwilliger Apartheid; ich kenne Leute, die seit zehn Jahren in Berlin wohnen und mit keinem einzigen Eingeborenen je privaten Kontakt pflegten. Die sagen: «Was sollte man mit denen reden? Wenn Begegnungen nicht zu vermeiden sind, im Hausflur oder auf der Straße etwa, wird man ihr geistloses Geplapper mit geduldigem Lächeln ertragen, so wie man es aushält, wenn ein Schimpanse langweilige Kunststücke vorführt. Wegignorieren sollte man sie nicht, das würde im Ausland zu Mißverständnissen führen. Sie sind auch nicht völlig wertlos, sie sind durchaus geeignet, einem bei Bolle Wurst abzuschneiden oder den Omnibus zu steuern.»

So reden manche Extremisten! Ich bedaure das. Gern hätte ich ein behagliches Miteinander mit Berlin-Berlinern. Doch wie kommt man auf ihre Planeten? Ich plauderte neulich mit einem Mann, der sich mir als Suchtberater in einem Möbelmarkt vorstellte. Ob denn die Berliner Möbelverkäufer alle so saufen, fragte ich staunend. Das sei nicht das Problem, versetzte der Suchtberater, die Leute seien vielmehr möbelsüchtig. Sie seien den ganzen Tag von Möbeln umgeben und der festen Überzeugung, daß es bei ihnen zu Hause genauso aussehen müsse wie an ihrem Arbeitsplatz, und gerade weil sie als Angestellte Prozente bekämen, seien sie der Auffassung, daß sie sich diese Chance nicht entgehen lassen dürften, und orderten ständig Möbel. Möbelverkäufer seien daher hoch verschuldet, demzufolge depressiv und versoffen. Aufgabe des Suchtberaters ist hier, den Möbelverkäufern zu vermitteln, daß es nicht notwendig ist, Möbel zu kaufen.

Meine neue Nachbarin ist ca. 20, und wenn sie ihre Katze im Treppenhaus herumlaufen läßt, hält sie ihre Wohnungstür einen Spalt offen. Manchmal luge ich hinein: Ich habe in ihrer Einzimmerwohnung bisher ein viersitziges Sofa, ein zweisitziges Sofa, zwei schwere Sessel, drei Tiffany-Lampen und einen gläsernen Couchtisch entdecken können. Wie gesagt: zwanzigjährige Prolette in Einraumwohnung. Ein sündhaft teures Fahrrad hat sie auch. Ihren Schuldenberg möchte ich nicht besteigen müssen. Ich verstehe Menschen nicht, die Schulden haben; man braucht doch bloß ein Postgirokonto und das Talent, immer etwas weniger Geld auszugeben, als man verdient. Den Rest tut man aufs Postsparbuch. So einfach ist das. Die Schulden-Proleten indes sieht man am Sonnabendvormittag in langen Reihen in den Einkaufsstraßen stehen, wo sie Geld aus der Hauswand ziehen. Am Nachmittag hetzen sie ihre Kampfhunde auf Rollstuhlfahrer. Am Abend gibt's Sekt.

Nachbemerkung:
Dieses Textes aus der Wendezeit wegen, in welchem ich auf wahrlich übertriebene, teils sogar uncharmante Weise eine bei manchen Leuten vorhandene Richtung der Auffassung darstellte, erhielt ich meinen ersten Drohbrief. Selbstverständlich anonym und selbstverständlich aus Berlin-Kreuzberg. Seitdem weiß ich, daß das Bekommen von Drohbriefen eine Gemütsbelastung darstellt.

Ich beeindruckte durch ein seltenes KZ

NUR selten ist im Fernsehen die Gewitztheit zu Gast. Eben jedoch brachte die Tagesschau einen Bericht über die EG-Jugoslawien-Konferenz, in dem Herr Genscher gezeigt wurde, wie er mit einer Zange in einem Eiswürfelbehälter herumstocherte, um zusammenpappende Eiswürfel auseinanderzuhacken. Da ihm das nicht gelang, griff er ein Konglomerat aus zwei oder drei Eiswürfeln heraus, tunkte dieses in sein Glas Orangensaft, worauf ihm aber sogleich bewußt wurde, daß der Saft, ließe er den Klumpen in sein Glas fallen, überschwappen würde. Aus diesem Grund trank er sein Glas zur Hälfte aus und expedierte dann erst den Eisbrocken in sein Getränk. Der Sprecher sprach derweil von einem fürchterlichen Krieg, der drohe, wenn diese Konferenz scheitere. Ich sehe große dichterische Tiefe darin, Worte über ein drohendes Blutvergießen mit Bildern eines durch außenministerlichen Scharfsinn abgewendeten Orangensaftvergießens zu illustrieren.

Da ich demnächst Geburtstag habe und ganz gern anderes geschenkt bekomme als Spiralen, die die Treppe heruntergehen können, Papierkörbe mit James-Dean-Motiv oder ähnliche *Geschenke aus dem Geschenke-Shop*, schenke ich mir jetzt die Überleitung von Genscher zu Else, meiner Ex-Gattin, mit der ich neulich in einer Schwemme saß und unser altes, ewig junges Ritual *Frauenleberentlastung* vollzog. Es ist so, daß wir die ersten beiden Biere meist gleich schnell trinken. Ab dem dritten hänge ich sie ab, d. h., ich bin eher fertig als sie. Damit ich nicht warten muß, bis sie endlich ausgetrunken hat, sondern gleich die nächste Runde ordern kann,

Jugend

sage ich immer: «Frauenlebern vertragen nur ein Drittel der Alkoholmenge, die Männer verarbeiten können», und gluck, gluck entlaste ich eine Frauenleber. Ich halte dies für eine liebenswürdige Geste. Ist doch schlimm, wenn die Weiber so aufgedunsen herummarschieren! An diesem Abend lernten wir auch ein neues Spiel kennen. Mit uns am Tisch saßen uns bekannte junge Leute. Ein Mädchen fragte plötzlich: «Habt ihr schon mal *KZs aufzählen* gespielt?» Nachdem wir uns versichert hatten, auch richtig gehört zu haben, kamen Erklärungen. Die Spielregeln seien ganz einfach, man müsse nur so viele KZs aufzählen, wie man im Gedächtnis habe, und wer am meisten KZs wisse, habe gewonnen. Else war zuerst dran. Ich bekam einen Walkman aufgesetzt und hörte ein Lied von den *Pixies*. Währenddessen sah ich Else verlegen grinsend zwei- bis viersilbige Wörter aussprechen. Dann drangen die Pixies in Elses Ohr, und ich siegte 8 zu 7. Ich wußte sogar durch ein besonders seltenes und ausgefallenes KZ zu beeindrucken, *Flossenbürg*. Davon hatten selbst die Spielanstifter, trotz ihrer Jugend alte KZ-Aufzähl-Hasen, noch nie gehört. Eine Frage steht nun im Raum: Ist so etwas nun Stoff für leichtfertiges Aufschreiben? Wenn solche Fragen im Raum stehen, gibt es zwei Möglichkeiten: antworten oder lüften. Ich lüfte lieber und sage noch dies: Ich gelte als besonders gesetzesfester Zöllner an der Grenze des guten Geschmackes. Man hört aber immer wieder von Zöllnern, die Konfisziertes für den eigenen Bedarf verwenden.

In Berlin stehen an mehreren Stellen große Tafeln mit der Inschrift: *Orte des Schreckens, die wir niemals vergessen dürfen*. Darunter steht eine Liste von Orten, in denen KZs waren. Sie sieht aus wie ein Einkaufszettel. Statt 200 g Salami und 500 g Kaffee zu besorgen, denken wir heute an 700 g Auschwitz, und morgen bewältigen wir ein Kilo Sachsenhausen. Als ob die Orte was dafürkönnen! Noch scheußlicher finde ich eine Gedenktafel, die ich einmal an einem Haus in Bremerhaven sah: *In diesem Hause wurden zwischen 1933 und 1941 Andersdenkende gepeinigt*. Durch den seichten Euphemismus «Andersdenkende» und die Angestaubtheit des Wortes «peinigen» bekommt der Satz einen ironischen Beigeschmack, den ich in diesem Zusammenhang unerträglich finde. Sogar das an sich hübsche Flexions-e in «Hause» wirkt hier wie eine bürokratische Pingeligkeit. Das Spiel «KZs aufzählen» scheint mir ein probates Mittel zu sein, sich von den Ekelgefühlen über verfloskuliertes, heruntergeleiertes Routinegedenken vorübergehend zu befreien.

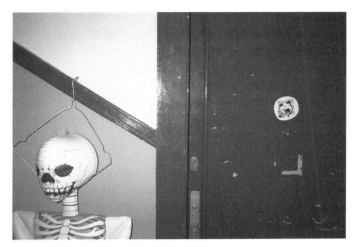

Ort des Schreckens

Ich war erst einmal an einem «Ort des Schreckens»: Bergen-Belsen. Eine gepflegte, weiträumige Heidepark-Anlage, die ich ohne besondere Gefühle wie jede andere touristische Sehenswürdigkeit auch betrat. Nach einer Viertelstunde kam ich verbissen blickend wieder heraus und ging zum Limonadenbüdchen. Ich hatte es drinnen nicht ausgehalten, war gar nah den Tränen. Ich wollte jedoch nicht weinen, weil ich mir erstens über meine Motive nicht klar war – ob meine Trauer denn rein sei und nicht nur Theater edler Menschlichkeit –, und zweitens fürchtete ich mich vor den anderen Menschen, die vielleicht gedacht hätten: «Schau an, der gute Deutsche höchstselbst will uns zeigen, daß er doller gedenkt als unsereins.»

Monate später fiel mir an einem öden Abend der Gedenkstättenbesuch wieder ein, und hoppla, staunend nahm ich's selbst zur Kenntnis, flossen mir die Tränen. Ich weinte gut und gerne zehn Minuten, bis ich mich darüber zu ärgern begann, daß ich mir vorstellte, Leute würden mich dabei beobachten. Dann ärgerte ich mich noch mehr, weil mir dieser Gedanke, anders als beim tatsächlichen KZ-Besuch, diesmal eigentlich gefiel. Dann lachte ich und machte ein Polaroid von meinem nassen Gesicht. Dann machte ich mir Vorwürfe, daß ich Gedanken an ein KZ mißbraucht hatte, um mir mit einem pathetischen Ausbruch privaten Leidens gutzutun. «Gestohlene Tränen», sagte ich mir, erwiderte aber umgehend «Schlagertitel!» und schlief formidabel. Das erschütternde Polaroid schmiß ich am nächsten Morgen in den Müll. «Erschütternde Bilder» erschüttern nicht mehr. Seit 20 Jahren schmiert mir das Fernsehen die ewig gleichen, schwarzweiß glotzenden Leichenberge aufs Brot. Ich kann nichts mehr sagen. Jaja, die «erschütternden Bilder» haben der Trauer die Sprache geraubt – ich stelle diesem Satz ein gelangweiltes Jaja voran, weil er wie ein Zitat aus einem deutschen Klagealmanach klingt, aber er ist mir gerade so eingefallen.

Sonderbar ist, daß am Haager Konferenztisch der Eiswürfeleimer kreiste wie woanders der Joint. Haben die keine Kellner? Von mir aus kann das Fernsehen allabendlich zeigen, wie sie darin herumstochern. Die Leichenberge wohnen ja schon in mir drin.

Das unwillkommene Antanzen von
Lachi und Schmunzelinchen

ALS ich noch in die Urania ging, um mir Vorträge anzuhören, hörte ich mal einen über Klaus Mann. Neben mir saß ein junges Mädel und machte sich Notizen. Selbstverständlich lugte ich immer auf ihren Zettel und las alles mit. So bin ich halt. Auch in der U-Bahn ist die Zeitung des Nachbarn immer interessanter als die eigene, selbst wenn es sich um die gleiche Ausgabe handelt. Und habe ich mal Gelegenheit, mich allein in jemand anderes Wohnung aufzuhalten, wird sofort alles durchwühlt. Wenn der Gastgeber vorher gesagt hat «Aber nicht herumwühlen!» und ich daraufhin empört entgegnete «Ich? Herumwühlen? Hältst du mich für ein Subjekt?», dann wühle ich um so wilder. Als ich vor Jahren bei der Musikerin Anette Humpe zu Gast war und diese aufs Klo mußte, bin ich ohne Umschweife über ihren Schreibtisch hergefallen und las ihre GEMA-Bescheide. Ein hübsches Sümmchen stand da! Als Anette zurückkam, saß ich Liedchen pfeifend auf dem Sofa. Das Irre ist: Bis heute weiß sie nicht, daß ich weiß, wieviel GEMA sie im dritten Quartal 1983 bekommen hat! Neulich gastierte ich in einem Düsseldorfer Theater. Mangels passendem Garderobenraum verbrachte ich die Zeit vor dem Auftritt im Büro des Direktors. «Bitte nicht stören. Ich muß mich auf meine anstehenden Darbietungen konzentrieren!» hatte ich scheinheilig gesagt. Von wegen konzentrieren! In den Unterlagen wühlen wollte ich. Hämisch grinsend las ich Exposés und Projektbeschreibungen mißratener freier Theatergruppen. Besonders hämisch grinste ich bei der Beschreibung des Stückes «Birdgames», welches die Geschichte einer Mittagspause erzählt. Tollkühne Sätze fanden sich da: «In die geordnete Männerwelt der Rituale zur Mittagszeit bricht das Prinzip des Weiblichen ein.» Und: «Das eingefahrene und nie mehr hinterfragte Ritual der Mittagspause, das immer mehr zum Sinnbild des Lebens überhaupt wird, droht zu zerfallen.» Das Düsseldorfer Publikum hätte sich sicher des Applauses enthalten, wenn es gewußt hätte, was ich vor dem Auftritt getrieben habe. «Hier am Rhein dulden wir keine Schriftsteller, die in anderer Leute Schreibtischen herumwühlen!» hätte es gerufen und, verbittert über den verdorbenen Abend, das Theater verlassen. Aber es wußte ja von nichts! Und ei, wie es klatschte! Es klatschte und klatschte!

Schwenk zurück zum jungen Mädel in der Urania. Der Redner redete gerade von der Homosexualität Klaus Manns. Das Mädel notierte: «K. M. H'sexuell». Da die einzig gängige Alternative zu homosexuell auch mit h beginnt, krönte ich das Mädel im Geiste zu Berlins heimlicher Abkürzungskönigin. Diese niedliche Episode fiel mir ein, als mir mein Lieblingsfreund Tex aus Wien neulich in einem Briefe von einem neuen Abkürzungsfimmel von Umwelt- und Kirchengruppen berichtete. Diese versuchen, gewisse Schlüsselbegriffe als Abkürzungen erbaulicher oder mahnender Formeln neu zu deuten. *Wald* bedeutet demnach «Wir alle leben davon», *Wasser* steht für «Wir alten Sünder sollten es reinhalten», und *Brot* heißt gar «Beten, reden, offensein, teilen». Eine hübsche Kinderei, bei der man gerne mitkindern möchte. *Wurst* könnte z.B. bedeuten «Wie unappetitlich röcheln sterbende Tiere» und *Düsseldorf* «Du übler Schreibtischwühler sollst erstmal lebendig dünsten oder Ratten fressen», aber pah, das nervt. Tex schreibt mir immer solche wunderbaren Sachen, wie ihm z.B. mal eine Zigeunerin auf dem Flohmarkt eine Schreibmaschine auf den Kopf gehauen

Mädchen, das seinen Arm in eine gerollte Landkarte gesteckt hat

hat, und ich antworte ihm gleichfalls immer mit den schönsten Geschichten. Wie ich z. B. mal für ein benachbartes Ehepaar ein Paket mit sechs Flaschen Wein annahm, dem Ehepaar einen Zettel an die Tür klebte («Ich habe ein Weinpaket für Sie»), dann aber abends angeheitert nach Hause kam, das Paket erblickte und rief «Oh, da ist ja Wein» und es aufriß und eine unglaublich exklusive Flasche mir nichts, dir nichts austrank. Am nächsten Tag kam die Nachbarin an, und ich sagte «Wie? Ein Weinpaket? Ich habe doch kein Weinpaket für Sie!», worauf ich die restlichen fünf Flaschen auch wegtrank. Ich schreibe dies in dem festen Glauben, daß Richters nicht das Satiremagazin lesen, und wenn doch, o weh – es klingelt! Bestimmt Frau Richter! Ich gehe mal nachgucken.

Gott sei Dank, es ist nicht Frau Richter. Es sind, wenn ich richtig gehört habe, «Lachi und Schmunzelinchen». Doch will ich die beiden selber reden lassen.

«Hallihallo, Huhu und Grüß dich! Wir sind in der Tat

Lachi und Schmunzelinchen, die Sympathieträger. Wir werden dich ab jetzt jedesmal besuchen, wenn du an deiner Kolumne dokterst, und aufpassen, daß es was zum Lachen und Schmunzeln gibt und daß du nicht wieder über KZs und so was schreibst.»

«Das ist ja widerlich! Und warum habt ihr so gräßliche Namen?»

«Uns haben abgewickelte Mitarbeiter des DDR-Kinderfernsehens erfunden, und weil sie für uns keine Verwendung mehr haben, haben sie uns auf dich gehetzt. Sich wehren ist zwecklos. Wir kommen nun in jeder Kolumne vor. Wir sind jetzt deine Identifikationsfiguren und Wiedererkennungseffekte. Spätestens in einem halben Jahr werden sich deine Stammleser auf der Straße mit Hallihallo, Huhu und Grüß dich begrüßen. Auch Lachi-und-Schmunzelinchen-T-Shirts werden gewoben werden für die Lackaffen.»

«Ich wehre mich entschieden gegen die angestrebte Vermantawitzung oder Verbröselung meines lediglich minderheitswirksamen Wirkens!»

«Kriegst gleich die Fresse poliert, du Knilch bzw. Popanz! Schreib jetzt was Lustiges über merkwürdige Ansichtspostkarten!»

«Hab ich doch schon mal!»

«Meinst du Blödian denn ernsthaft, daß die Leser noch wissen, was du dir vor soundso viel Monaten aus der Nase gebohrt hast? Die blättern grad fünfzehn Minuten im Heftchen, dann pfeffern sie's direktemang in Richtung Container. Schreib also!»

Nun je, so muß ich also: Ich besitze eine Postkarte von München, auf der ein depressives weibliches Zwillingspaar in cremefarbenen Glockenröcken und ackerkrumefarbenen Pullundern durch die Bahnhofshalle schleicht. Reicht das?

«Mehr, mehr!»

Weiterhin besitze ich eine Postkarte von Mönchengladbach. Rechts von einem Brunnen und links davon sitzt jeweils ein junges Mädchen. Beide pulen sich an den Füßen herum. Auf einer Postkarte aus Bingen sitzen ebenfalls zwei Mädchen an einem Brunnen. Das eine hat einen Arm zur Gänze in eine gerollte Landkarte versenkt und grinst dabei blöd.

«Genug! Jetzt eine belanglose Schlußszene über zerfallende Mittagspausen!»

Vor einigen Tagen befand ich mich in der geordneten Männerwelt einer Kneipe, wo ich das eingefahrene Ritual des Biertrinkens durchaus nicht hinterfragte. Plötzlich brach das Prinzip des Weiblichen ein, und zwar in Person einer Serviererin, die einer Kollegin eine Geschichte über einen besonders dummen Gast erzählte. Versehentlich lauschte ich mit:

Gast: Ein Bier.
Wirt: Nulldrei oder Nullfünf?
Gast: Was ist denn da der Unterschied?
Wirt: In Nullfünf ist mehr drin.
Gast: Dann nehme ich natürlich Nullfünf.
Wirt: Ist natürlich auch teurer!
Gast: Ach so! Na, dann nehm ich Nulldrei.

Rille ralle ritze ratze
(Harte Haare)

In der Münchner Innenstadt kann man eine Sorte Damen herummarschieren sehen, über welche ich bis vor kurzem mutmaßte, daß es sie in Berlin nicht gebe. Diese Damen tragen Lodenmäntel, und um die Schultern haben sie sich fransige Dreieckstücher drapiert, die erschossene Enten, Halali-Hörner und sonstige Jagdmotive zeigen. Wäre es schicklich, auf ihre Haare zu fassen, könnte man sich an einer leicht knisternden, nachgiebigen Härte ergötzen. Mit einer Mischung aus 90 Prozent Desinteresse und 10 Prozent Entzücken habe ich einmal ein Exemplar, dessen Wimpern mit Tuschebatzen knefig schwarz bepelzt waren wie ein Klatschmohnstengel mit Läusen, dabei beobachten können, wie es ein winziges Schälchen chilenischer Himbeeren für 16 DM erstand und in einem arttypischen Weidenkorb mit Klappdeckel versenkte. Ich dachte: Das sind denn wohl auch die Leute, die die Steinchen kaufen, die das Toilettenspülwasser blau machen.

Seit mich neulich ein Preisgepurzel ins KaDeWe lockte, weiß ich, daß man Ententuchmatronen, komplett mit Haaren, hart wie Hard Rock, auch in Berlin beobachten kann, aber nur am Vormittag von Montagen. Wie von geheimen Kommandos gesteuert, entströmen sie ihren südwestlichen Villen, wo Kieswege Doppelgaragen anknirschen, und schreiten entschlossen durch bessere Geschäfte, einander nicht kennend, doch verabredet wirkend. Ich nehme an, daß sie u. a. an Sammeltellereditionen, Gedenkfingerhüten und *Teewagen* Interesse haben. Teewagen sind ein ziemliches Desaster. Wenn meine Mutter Femme-fatale-Ambitionen überfielen, stellte sie in der Küche das Kaffeegeschirr auf den Teewagen, um diesen zum ca. sechs Meter entfernten Wohnzimmertisch zu rollen. Auf dem Wege waren aber zwei Türschwellen und drei Teppichkanten zu überwinden, was mit einem ganz erbärmlichen Angehebe, Geruckel, Gezerre und Übergeschwappe einherging. Es ist, nebenbei erwähnt, für die Entwicklung von Jugendlichen schädlich, wenn sie ihre Mütter bei derart ungraziösen Zurschaustellungen beobachten müssen. Manch einer soff später oder stand auf bedenklich dünnen Beinen an übel beleumundeten Straßenkreuzungen.

Zurück ins KaDeWe. Es hat wenig gefehlt, und ich hätte mir einen auf 250 DM herabgesetzten *Hausmantel* gekauft. Zwar bin ich zu 99 Prozent erbitterter Gegner jedweden Gockel- und Geckentums, und ich hab schon mehr als einmal Herren, die allzu bunte Hemden trugen, mit finsteren Blicken überzogen, von denen ich auch Frauen nicht verschont lassen kann, die Lockenungetüme spazierentragen. Der wichtigste Damenkopfmerksatz lautet: *Helm statt Mähne*. Leitbild ist hier die Königin der Niederlande; der kann man einen Teewagen an den Knopf knallen, und sie merkt's nicht. So ist sie immer fit fürs Amt, während die Löwenmähnen blutend im Bett liegen.

Zu einem einzigen, wenngleich auffallend hübschen Prozent bin ich jedoch Propagandist verschwollenster Dandyismen. Ich strich verträumt über Hausmantelseide und sah mich meine Klause durchmessen, eine Schlafbrille auf die Stirne geschoben, hinter welcher sich belanglose Reizwörter zu unverständlichen Gedichten zusammenballten, für die ich schon einen ausreichend dummen Verleger gefunden hätte. Auf dem Teewagen glitzerte die Morphiumspritze; unter dem heruntergesetzten Hausmantel flüsterte und schrie der Körper den Wunsch, sie zu benutzen. Gamaschen hatte ich auch an, obwohl ich gar nicht genau weiß, was Gamaschen sind. Und ein Spitzel war ich, egal für wen. Nichts aromatisiert die Biographie eines Halbseidenen mehr als politische Irrfahrten. Bald hatte ich aber genug von den albernen Hausmänteln und den durch sie geborenen Visionen, kaufte daher keinen, sondern schnöde Strümpfe, schmelzte mir daheim einen Spinatklotz, und bald war es Abend und Fernsehzeit.

Ein kleiner Fernsehstar ist zur Zeit *Nicole Okaj.* Das ist die junge Dame, die am Ende der Reklame für «always ultra» sagt: «Die Leute, die diese Binde entwickelt haben, die haben sich wirklich etwas gedacht dabei.» Ich verehre diesen Satz, spielt er doch auf die Möglichkeit an, daß es auch Bindenentwickler gibt, die ihrer Profession gedankenlos und nebenbei nachgehen. Man denkt sich schusselige Wissenschaftler mit Dotterresten im Bart, die abwesend in Kübeln rühren, plötzlich hineinschauen und rufen: «Huch, Damenbinden!» Um die sturzbachgerechte Saugfähigkeit dieser Binden zu demonstrieren, wird auch eine blaue Flüssigkeit auf sie herabgekippt. Hinreißend ist es, daß man es für notwendig hält einzublenden, daß es sich um eine *Ersatzflüssigkeit* handelt. Hier erfreut betuliche Dezenz. Lautete die Einblendung statt Ersatzflüssigkeit *Wick Medi-Nait, Curaçao* oder *Toilettenspülwasser aus hygienehysterischem Ententuchfrauenklo*, würden die Fernsehzuschauer unruhig auf ihren Polstergarnituren herumrutschen.

Interessieren würde mich, wie Nicole Okaj rumpfunterhalb beschaffen ist. Trüge sie eine grüne Damencordhose mit Bügelfalte, wäre ich ganz außerirdisch vor Glück, es würden quasi SAT.1-Bälle auf mich niederrieseln, so froh wäre ich. Ich setzte mich zu ihr aufs Sofa und führe mit

Gute Frau mit guter Frisur

den Fingernägeln in den Rillen ihrer Cordhose hin und her.

Rille ralle ritze ratze würd ich selig singen. Mit der anderen Hand würde ich auf ihren hoffentlich recht hart besprühten Haaren herumklopfen. Die Psychologen unter den Lesern sollten hier der Analyse entraten und lieber ihre dreckige Wohnung aufräumen. Da liegen Krümel auf dem Teppich! Neben der Stereoanlage liegt ein Knäuel miteinander verknoteter, kaputter Kopfhörer! Machen Sie das weg! Die Libido streunt gern auch mal abseits der Hauptverkehrsachsen, da gibt's gar nichts zu deuten.

Nun ist Nicole gegangen. Auf dem Sofa, wo sie saß, ist ein

kleines blaues Pfützchen. «Rille ralle ritze ratze» hat sie arg in Wallungen gebracht. Meine Kolumne ist aus, dort läuft eine Maus, wer sie fängt, darf sich eine große, große Pelzkappe daraus machen.

Dekorationstext zu zwei Fotos über den Mangel an bürgerlicher Qualität

ALTBAUWOHNUNGSFETE, zwei Uhr früh, kein Bier mehr in der Badewanne – da hörte ich einen Herrn zu einem andern sagen: *Das Schlimme ist, daß Europa die Kraft zu Visionen verloren hat.* Beinah hätt ich mich eingemischt: O ja, endlich spricht's mal einer aus! Wie schön war es einst, als Europa noch der Visionskraftstrotz war, den alle kannten und liebten. Aber heute? Kraft zu Visionen futschikato! Wissen Sie eigentlich den genauen Tag, an dem das geschah? Meines Erachtens war es der 25. 8. 1975 – interessantes Jahr übrigens: Die «Schreikönigin» Suzi Quatro wurde in der Gunst der Singlekäufer von der «Stöhnkönigin» Donna Summer abgelöst.

Warum gibt es eigentlich keine Stöhnplatten mehr? Tja, so geht halt alles den Orkus runter, Stöhnplatten, Kraft zu Visionen, «Elite-Trinkjoghurt»; die Emblematik unserer Jugendjahre ist verblaßt wie die Tapeten eines billigen Hotels in Paris – schlimm sind ja auch die Nackenwürste! –, und wenn wir nicht aufpassen, dann macht es eines Tages bum, und die Menschheit ist nichts als Fliegendreck auf Gottes Windschutzscheibe. Man schaue sich bloß einmal den Bürgersteig hier unten an. Überall Kippen, Kot und Schlimmeres. Einmal befreite ein Tauwetter eine Damenstrumpfhose aus einem Schneehaufen. Die Leute gehen mit dem Bürgersteig um, als ob sie irgendwo noch einen zweiten hätten. Großer Irrtum! Wir haben diesen Bürgersteig lediglich von unseren Kindern geliehen etc.

Aber ich sagte lieber nichts. Die Herren sahen nicht so aus, als würden sie gern den Rest ihrer Tage als enttarnte Phra-

Doofes Essen

sendrescher herumspazieren. Bemerkenswerterweise war der Sprecher des heiter getadelten Visionsverlustsatzes kein Kulturphilosoph oder Mediensoziologe, sondern Manager eines Star-DJs, und in seiner Rede ging es um Techno-Musik, an welcher übrigens nichts auszusetzen ist. Rumgehampele und der sich angeblich einstellende Trance-Effekt sind mir zwar egal. Ich habe jedoch ein durchaus kühles Interesse an Strukturen und Freude an der Abstraktheit dieser Musik. Geringschätzig blicke ich indes auf die Feuilletonisierung des Maxisingle-Auflegens. Tageszeitungen etablieren auf ihren Szene-Seiten zunehmend Dance-Kolumnen, und Stadtmagazine überbieten einander im Interviewen von DJs, sowohl mützigen als auch kopftuchigen, die sich nun mit dem Selbstwert kultureller Schwerenöter ausgestattet fühlen. Ich möchte lesen, mit wem sich Herr Genscher trifft und verbal fingerhakelt, und auch, wie unlängst gerade, daß ein Pirmasenser ein geschlechtliches Rencontre mit einem anderen Pirmasenser dadurch abwehrte, daß er dem Zudringlichen eine mit Pfennigen gefüllte Drei-Liter-Asbach-Uralt-Flasche an den Kopf schleuderte. Das ist zwar ausgesprochen unhöflich, aber es interessiert mich mehr als eine Aufzählung von Leuten, die unter den Auspizien von dem und dem DJ am letzten Wochenende zu der und der ungewöhnlichen Uhrzeit in dem und dem ehemaligen Stasibunker oder U-Bahn-Rohbau den Freuden rhythmusverursachter Gewebestraffung frönten.

Von der *DJ Culture* zu *kalt gewordenem Würstchenheißmachwasser*, über welches ich ja schon im letzten Monat referieren wollte, ist es nur ein thematischer Katzensprung. Manch ein Leser wird jetzt vielleicht einen Blick auf einen lethargischen Fellklumpen in seiner Wohnstube werfen und denken: Also, meine Katze würde das nicht schaffen. Ich entgegne darauf: Wie der Herr, so's Gescherr! Hätte ich

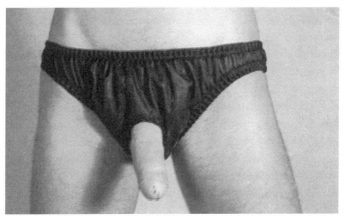

Doofe Kleidung

eine Katze, die würde das schaffen. Ich würd's gern beweisen, aber leider ..... doch horch! Da ist ein Scharren und Maunzen vor meiner Türe! Sollte etwa ...? Ich geh mal gucken: Ah, eine Katze. Kommt mir wie gerufen. Fehlt nur noch ein DJ. Ei, es schellt! Ob vielleicht ...? Ja, prima, DJ Westbam ist da. Er sagt: Na, hör mal. Wenn bis zu 5000 Leute mitten in der Nacht irgendwo hinfahren und herumzappeln, dann ist das ja wohl ein bedeutenderes Kulturereignis, als wenn in Pirmasens einer keine Lust hat, mit anderen Männern rumzumachen! Warum darf man darüber denn nichts schreiben? Ich sage darauf: Hast ja recht, hast ja recht! Das mit der Feuilletonisierung des Maxi-Auflegens hab ich nur geschrieben, damit sich mir auf der Straße liebestolle Leser um den Hals werfen und schmachten: Grunz, schnauf, das gleiche hab ich auch immer sagen wollen, aber ich wäre nie auf so eine tolle Formulierung gekommen, wie schaffen Sie das nur immer etc. Wer weiß, vielleicht ergeben sich aus solchen Begegnungen wohltuende Reibungskontakte, Entspannungsmassagen womöglich. Ohne solche beeindruckenden Formulierungen würden mir vielleicht eines Tages, wenn die Zeitenfurie mir noch mehr Furchen ins Gesicht gepeitscht hat, infolge meinerseitiger Begehrungsadressen, kleingeldgefüllte Ziergefäße an den Brägen segeln. Da sagt Westbam: Diese Überlegung erinnert mich an einen Satz, den ich einmal in einer Thomas-Mann-Biographie gelesen habe, worauf ich entgegne: Thomas Mann? Der hat doch immer nur phantasiert. Und wenn da Geld im Spiel war, dann dürfte das eher in die umgekehrte Richtung gesegelt sein. Doch genug geplaudert, nichts Genaues weiß man nicht. Ich setze dir jetzt diese Katze auf die Schulter, um eine als exzentrisch angemahnte Überleitung zu rechtfertigen. Hops, Muschi, hops, rufe ich nun, und schon fliegt die Katze durch die Luft direkt in einen großen Topf auf meinem Herd: Platsch! Doch weh, was schweigt die Muschi nun! Wie bin ich tolpatschig! Ich war mir so sicher, daß ich den Herd vorhin auf Null gestellt habe, doch, ach, ich stellte ihn auf Drei! Nun verbietet es die Pietät, nach diesem unerwarteten Trauerfall noch über kalt gewordenes Würstchenheißmachwasser zu berichten. Nächsten Monat! Katzen beweint man nur kurz.

Recht lang schon dagegen beweinen gewisse Zirkel das allmähliche Ableben der Vinylplatte. Regelmäßig sieht man verbitterte Nostalgiker in den Musikmärkten mit den Tränen kämpfen. Huhu, rufen sie, bei der LP waren die Cover so schön groß, und bei der CD sind sie so schrecklich klein! Ich erwidere: Das ist in der Tat ein gutes Argument! Weiß vielleicht jemand noch eines? Vielleicht der nette junge Mann mit zerlumpter Kluft und Nickelbrille? Ja, ruft der Angeredete, ich bin nämlich weitsichtig, und auf der CD ist ja alles so kleingedruckt, das kann man ja gar nicht lesen! Gut, sage ich, nun haben wir schon zwei CD-Nachteile. Ich weiß noch einen, schallt es aus der Trauergemeinde, bei der LP, da haben die Designer so richtig schön Platz zum Designen, aber die CD ist ja winzig, wo sollen die Designer denn da hindesignen? Das ist ein neuer, ebenfalls gewichtiger Aspekt, antworte ich, aber nun hören Sie mal alle auf zu heulen! Die CD hat ihren Zenit längst erreicht. Im Gegensatz zu Europa habe ich die Kraft zu Visionen beibehalten. Und eine Vision sagt mir, daß es in wenigen Jahren in allen Städten große Geschäfte geben wird, die nichts als Vinyl-LPs verkaufen. Da kann sich die Industrie grün und blau ärgern, aber ein Teil der Bürger ist und bleibt renitent CD-resistent. Die Industrie ist selber schuld daran: In zehn Jahren ist es ihr nicht gelungen, der CD ein attraktives Image zu verleihen. Obwohl sie bislang noch teurer als die LP ist, hat sie, ähnlich der MC, das Renommee eines Ramsch- und Wegwerfproduktes. Die häßlichen, anonymen Plastikbehälter altern nicht ansehnlich; sie bekommen lediglich langweilige Kratzer. Eine CD-Sammlung verbreitet in der Wohnung soviel Gemütlichkeit wie ein Stapel Tiefkühlpizzas im Gefriersafe von Super 2000, während der unterschiedliche Zerschlissenheitsgrad einer in langen Sammlerjahren zusammengetragenen LP-Kollektion eine Behaglichkeit erzeugt, wie man sie von alten Bibliotheken kennt. Von der CD kommt der Soundtrack, zu dem konsumirre Teenager ihre Kaugummiblasenwerf-Künste zur Schau stellen. CDs kann man ja sogar in Autos hören. Das macht sie unkultisch. Dinge, die in Autos liegen, sind nie Gegenstand von kultischen Handlungen. Im Gegenteil: Die Speckigkeit von z.B. Stadtplänen oder Musikkassetten, die einige Monate in einem Handschuhfach zugebracht haben, ist zu nichts anderem geeignet, als Abscheu hervorzurufen.»

Darüber hinaus wird, so sagt der europäische Visionär in mir, der Begriff «digital» bald ein Synonym für «prolo» sein. Längst ist die Digitaluhr ein Objekt geworden, das von im Matsch hockenden Polen oder Russen an Leute verkauft wird, die auf der sozialen Leiter nicht eben den Klettermax herausgekehrt haben. Man sieht durchaus auch schon CDs im Matsch der Hökermärkte liegen. Am meisten in den Matsch gehört die Doppel-CD. An diesen Kästen dreht und würgt man herum wie an einem dieser ungarischen Zauberwürfel, die den gleichen Weg gegangen zu sein scheinen wie Stöhnplatten und «Elite-Trinkjoghurt», einen Weg, den die LP noch lange nicht gehen wird. Ihre umständliche Handhabung erfreut der Menschen Sinne. Die Menschen haben ja auch Freude daran, stundenlang in der Küche zu stehen, um komplizierte Gerichte zu kochen, obwohl sie ja auch schnell irgendwas Doofes essen könnten. Sie könnten auch doofe Kleidung tragen, aber nein, sie haben Spaß daran, Blusen mit vielen, vielen, äußerst vielen, unvorstellbar vielen kleinen, winzig kleinen, klitzekleinen, mikroskopisch kleinen Knöpfen aus-, an- und aus-, wieder und wieder, immer wieder, jeden Tag aufs neue an- und wieder auszuziehen und dabei träumerisch zu lächeln.

Das Diskretionsteufelchen und der Motivationsfisch

Aus dem Munde eines Menschen, der Schauspieler nicht mag, kam neulich eine hübsche Schmähung: «Pah, Schauspieler! Fünf Schals, und sie kratzen sich mit der linken Hand am rechten Ohr.» Keine Ahnung, wo er das mit den fünf Schals herhatte, aber auch mir war die Welt des Theaters immer fern. Besonders stört mich das Bühnengepolter, wenn frisch angetanzt oder mal gerungen wird. Warum legen die die Bühnen nicht einfach mit Schaumstoffmatratzen aus? Dann müßten die Schauspieler nicht mehr so schneidend und überakzentuiert sprechen, und der etwas eiernde Gang, den sie dann zweifelsohne einlegen würden, verliehe mancher Klassikerinszenierung ganz ohne entstellende Aktualisierungen eine völlig neue Würze.

Ich war auch nie Verehrer diverser Filmschauspieler. Was an Romy Schneider oder Humphrey Bogart toll gewesen sein soll, mögen mir dereinst die Engelein verklickern, wenn ich, mit Auszeichnungen für Aufrichtigkeit behangen, durch das Himmelreich spaziere. Zu Lebzeiten habe ich keine Zeit, mir erläutern zu lassen, warum Posen und persönliche Schicksale postum verklärt werden müssen. Bei anderen Stars sind die Quellen ihres Ruhms leicht zu orten; Marlon Brando ließ sich in seinen frühen Filmen ungewöhnlich oft *von hinten* aufnehmen, und Marlene Dietrich ist berühmt wegen ihrer komischen Augenbrauen, die sie sich angeblich mit Hilfe einer Untertasse malte. Ich bin nicht Kinomane oder Transvestit, aber als ich hörte, daß nach ihrer Beerdigung auf einem kleinen Friedhof in Berlin ein «Defilee der Bürger» vonstatten gehen solle, dachte ich: «Da muß ich mitdefilieren.»

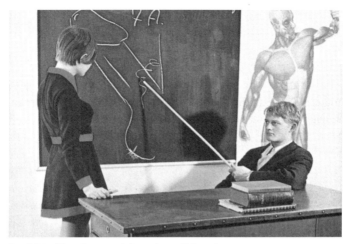

Paul Rindfleisch unterrichtet Anna Schande

Ich hatte mir die Mythosverscharrung als ein unwürdiges Spektakel ausgemalt. Rempelnde und dröhnende Ur-Berliner, die Rabatten zertrampeln, Grabschmuck mopsen und in Hecken pinkeln, halt so, wie man sich als Lackaffe die Berliner vorstellt. Doch da hatte ich mich verlackafft. Geduldig und stille stand man in der langen Schlange, kein verrohtes, dummes Gesicht war zu sehen, keiner schlabberte an Limonadendosen. Die Leute kamen in Straßenkleidung, manche trugen schwarze Jeans, nur wenige Trauergewand. Ein Muskelmann hatte sich eine schwarze Binde um den Bizeps geschnürt, viele hatten eine Rose dabei, die ein bißchen aussah wie vortags in der Kneipe gekauft. *Paul Rindfleisch* und *Anna Schande* sind zu etwas Ruhm gelangt, denn jeder kam an ihren Gräbern vorbei und dachte: Schau, da hieß eine Anna Schande, und denk dir nur, hier liegt Paul Rindfleisch. Doch niemand lachte grell, und die paar Nachtgewächse, die angemalt und aufgrund eines berühmten Liedes mit Koffern auftauchten, standen an wie alle und störten überhaupt nicht. Nach zwei bis zweieinhalb Stunden war ein jeder dran mit Erdewerfen und bemerkte den Kranz der Alternativen Liste sowie den schäbigen der Knef: «Die hat ja nie Geld, die Arme. Musse 'nen schäbigen Kranz schicken, der aber sicher von Herzen kommt.» Schönes Wetter, keine Trauer, aber ein Hauch von Dank und Respekt. Prima war's am Grab des Stars.

Der raffgierige Enkel der Diva hat Fotos ihrer Wohnung an die Zeitschrift ‹Bunte› verscherbelt. Man sieht den besudelten Teppichboden und ihr Telefon, das von Tesafilmstreifen zusammengehalten wird, so zertelefoniert ist es. Ich finde, bevor man stirbt, sollte man unbedingt seine Wohnung renovieren oder zumindest aufräumen, was natürlich bedeutet, daß man *rechtzeitig* sterben sollte und nicht erst, wenn es nicht mehr anders geht. Deswegen ist es auch taktlos, andere Leute zu ermorden: Man nimmt ihnen dadurch die Möglichkeit, gewisse Dinge beizeiten fortzuschaffen. Einem Bekannten von mir oblag es einmal, die Wohnung eines Verwandten zu entrümpeln, der von einem Auto totgefahren worden war, und da stand er nun vor zwanzig Jahrgängen der Zeitschrift ‹Sonnenfreunde› und ganzen Kisten voller Filmchen und Videos. Um Leser, deren sittliche Festigkeit noch unvollkommen ist, vor irritierenden Spezialdurchblutungen zu bewahren, würde ich auf Fragen wie «Was denn so für Filmchen?» nicht in Form farbiger Einzelheiten, sondern nur mit einem vagen «Na, was für Filmchen wohl?» antworten. Welchem Zweck sollte mein Bekannter sein problematisches Erbgut nun zuführen? Sollte er es etwa einfach wegwerfen? Nein, der Verwandte hatte ja offenbar sein gesamtes Einkommen in diese Anregungsmedien investiert, weshalb Wegwerfen praktisch der Vernichtung eines Lebenswerkes gleichgekommen wäre. Hätte mein Freund die heikle Habe mithin in eine Stiftung überführen und der Öffentlichkeit zugänglich machen sollen? Ein allzu kauziger Gedanke! Also schmiß er sie doch in den Container, nicht ahnend, daß er sich damit strafbar machte. In der Zeitung las ich nämlich mal, daß ein Herr am Tag vor seiner Hochzeit einige Eheersatzbildbände arglos in den Altpapiercontainer gab. Wühlende Kinder wühlten sie hervor und brachten sie zur Mama, welche daraufhin fauchend zum Polizeirevier stapfte. Der Mann wurde irgendwie ausfindig gemacht und mit einer hohen Geldstrafe belegt. Um die scheelen Blicke seiner Frau wollen wir ihn nicht beneiden.

Es müßte Diskretionscontainer geben, in welchen mechanische Teufelchen sitzen, die alles zerfetzen. Für mancherlei wäre so etwas gut. Ich besitze zum Beispiel noch ein großes Konvolut Jugendgedichte, die ich nie in den normalen Müll geben mochte, weil ich fürchtete, daß ein Herr von der Stadtreinigung sie hervorstöbern und sie veröffentlichen könnte, um sich in Talkshows als *Müllmann der Lyrik* feiern zu lassen.

Doch mit öffentlichen Aktenvernichtern wäre nicht nur mir sehr gedient, sondern auch den vielen Lebensmüden, die ihren mit der Wohnungsauflösung betrauten Angehörigen Schockerlebnisse beim Schubladenöffnen ersparen wollen. Ich sehe sie schon pilgern, all die Überdrüssigen mit Kisten und Tüten voll selbstverfaßtem Schund, wie sie geduldig, vielleicht betend vor dem Diskretionscontainer anstehen, in dessen unmittelbarer Nähe sich ein modernes Einschläferungsstudio mit gepolsterten und angenehm temperierten Kabinen befinden sollte. Ich empfinde es als eine gesamtgesellschaftliche Ungezogenheit, von erwachsenen

Menschen, die ihre Lebenslust eingebüßt haben, zu erwarten, daß sie sich von Bürohochhäusern auf Gehwegplatten schmeißen, dabei auch noch Gefahr laufen zu überleben, weil sie statt auf harten Stein auf eine sofakissenweiche alte Dame fallen, oder daß sie widerliche Tabletten schlucken und infolgedessen, statt friedensreich hinwegzudösen, an ihrem Erbrochenen ersticken. Freilich müßte man Sorge tragen, daß in jenen kommunalen Einrichtungen, in denen man sein Leben auf einem angemessenen Niveau verkürzen kann, keine Teenager mit Liebeskummer eingeschläfert werden. Bis vierzig sollte es jeder aushalten müssen. Danach ist die Zeit für freies Entscheiden.

Ich stelle es mir so vor: Vor dem Eingang des, nennen wir es: «Haus des sanften Lebensendes» – es könnte sich auf einer Flußbrücke befinden – steht eine Psychologin in einem hübsch karierten Twinset. Ein bißchen abfedernde Zwangsberatung sollte schließlich sein. Die Psychologin sagt zu dem Lebensmüden: «Sehen Sie diesen garstig schmutzigen Fluß? Gäbe es unser Institut nicht, müßten Sie dort hineinspringen, und im Wasser würden Sie, trotz Todeswunsch, instinktiv nach Luft schnappen, und dann schwömme Ihnen ein todkranker Fisch mit scheußlichen Krebsgeschwüren in den Mund. An dem würden Sie ersticken, und Ihre Angehörigen müßten Sie später in der Leichenschauhalle mit dem Fisch im Mund identifizieren.» Sie reicht dem Kandidaten ein gräßliches Foto des kranken Fischs.

«Pfui Spinne», sagt der Lebensmüde.

«Na, sehen Sie?» spricht die Psychologin. «Nun zeigen Sie mal Ihren Ausweis her. Haben Sie es sich wirklich reiflich überlegt? So schlimm kann Ihr Leben doch gar nicht sein! Sehen Sie dort, die lustigen Gimpel im Geäst, wie vortrefflich die zwitschern!»

«Doch, es *ist* so schlimm, und die Gimpel können mir nichts mehr geben.»

«Na, wenn das so ist! Dann jetzt hübsch rein mit Ihnen in die Polsterkabine ...»

Jetzt hat die Dame mich erspäht.

Ich sage: «Ach, gute Frau, ich habe nur eben meine Gedichte aus den siebziger Jahren dem Diskretionsteufelchen anheimgegeben, und nun wollte ich Ihnen ein wenig bei Ihrer sinnvollen Arbeit zusehen.»

Die Frau scheint nicht zu hören.

«Sehen Sie diese verschmutzte Kloake? Wenn es unser Haus nicht gäbe, müßten Sie da reinspringen und an diesem tumorüberwucherten Fisch ersticken, und Ihre Angehörigen würden Ihr Leichentuch vollspeien, und deshalb rein mit Ihnen und ...»

«Nein, nein, ich möchte nicht sterben», unterbreche ich sie, «ich wollte nur mal gucken.»

«Das sagen sie alle», ruft sie und beginnt mir am Blouson zu zerren.

«Nein, ich will nicht, ich habe mir gerade einen Bademantel und ein Fax und einen Pürierstab gekauft, und ich will noch ganz viel im Bademantel herumlaufen, faxen und pürieren im Leben!»

Die Psychologin ist wie wild. Da nehme ich ihr das Fischfoto weg und zerreiße es.

«Sie haben meinen Motivationsfisch zerrissen!» plärrt sie. Ich verkrümele mich, und schon erörtern die Daseinslahmen, welche hinter mir angestanden haben, die Bestellung eines Sammeltaxis zum nächsten Fernmeldeturm.

Tja, so geht's, wenn gutes Recht in überforderte Hände gerät. Gerade eben war ich durchaus noch für Einschläferungsstudios, doch das böse Weib hat mir die Meinung geändert. Einst war ich für das Recht auf Abtreibung, dann war ich eines Tages dagegen, irgendwann war ich wieder dafür – ein Meinungshinundher ist das! Bin ich ein labiles Würstchen, das im Winde schwankt? Nein, wer seine Meinung ändern kann, der lebt noch gern und braucht sich nicht einschläfern zu lassen. Der Meinungswechsel gehört zum Leben, ebenso wie der Stimmungsumschwung. Zu diesem jedoch pflegen viele ein ungesundes Verhältnis. Kein Mensch hat Anspruch auf psychische Unversehrtheit und ein kalifornisches, d. h. stets besonntes Gemüt.

Kommen finstere Stimmungsepisoden angeschlichen, dann muß man sich mit ihnen arrangieren, und wenn einem mal drei Tage lang Selbstmordvisionen im Hirn umherfegen, dann hat man das gefälligst auszuhalten. Doch ach, die Menschen rennen gleich zu Psychotherapeuten und klagen gute Laune ein. Sie sollten beachten, daß so mancher Psychologe platt ist und von Seelen keinen Schimmer hat, er wollte nur irgendwas Nebliges studieren, und da es Astrologie als Studienfach zu seiner unfrohen Überraschung nicht gab, sagte er sich: «Na, *dann* nehm ich halt Psychologie.»

Der altersweise Differenzierer in mir besteht darauf, daß ich hier noch einen Satz nachschicke: Ich bin mir sicher, daß es einige Menschen gibt, denen von bestimmten Psychologen geholfen werden kann. Den allgemeinen Leser bitte ich nun zu prüfen, ob er in der geistigen und körperlichen Verfassung ist, die Auskunft zu verkraften, daß es mir leider nicht möglich ist, mich ähnlich gnädig über die Astrologie zu äußern. Wer Wert darauf legt, von mir für ein dummes Ding gehalten zu werden, braucht mich nur zu fragen, was ich für ein Sternzeichen sei.

Diejenigen, deren liebste Frage die nach dem Sternzeichen ist, haben aber auch noch eine zweitliebste. Die lautet: «Was is'n Ihr Lebensmotto?»

Ich wüßte nicht, wozu man ein Lebensmotto haben sollte. Das Leben ist viel zu kompliziert für ein Motto. Da man aber immer wieder danach gefragt wird, sollte man sich vielleicht gelegentlich eines ausdenken, damit man sich nicht dauernd über die dumme Frage echauffieren muß.

Na gut. Dann ist mein Lebensmotto eben: «Die Wüstenerbse ist die Staatsblume Südaustraliens.» Den Satz habe ich neulich in einem Naturkundemuseum gelesen, und ich halte ihn für ein recht praktikables Lebensmotto.

Es gibt allerdings eines, das noch ein bißchen besser ist. Vor einigen Jahren hat Maximilian Schell die alte Marlene Dietrich in ihrer Pariser Wohnung aufgesucht, um sie filmisch zu porträtieren. Da die Dietrich bekanntlich der Meinung war, daß man sie zu Tode fotografiert habe, ließ sie nur Tonaufnahmen zu, die Herr Schell später geschickt mit alten Filmausschnitten kontrastierte. Während der Interviews reagierte die Dietrich sehr genervt auf viele Fragen, besonders auf solche, die ihren Mythos, ihre Ausstrahlung, ihren Sex-Appeal betrafen. Ich weiß nicht mehr den genauen Wortlaut, mit dem sie sich dieses Themas annahm, aber sie sagte etwas in der folgenden Art:

«Mythos? Ausstrahlung? Sex-Appeal? Alles Quatsch! Hingehen – machen – wieder weggehen. Das ist es!»

Und genau das wäre tatsächlich ein akzeptables Lebensmotto: hingehen, machen, wieder weggehen – und keine furchtbaren Fragen beantworten müssen.

Gemeine Gentechniker wollen Ute Lemper wegen der Hitze in eine Euterpflegecreme-Fabrik auf Helgoland verwandeln

HEUTE früh ereignete sich ein Zwiegespräch zwischen mir und der Hitze. Ich sagte: «Liebe Hitze! Ich muß heute kolumnieren, und daher bitt ich dich: Würdest du so umgänglich sein und wenigstens für einen Tag mit dem Brüten und Braten innehalten, damit ich meinem Kopf einige überraschende Gedanken bzw. blumige Sentenzen abtrotzen kann?»

Die Hitze antwortete: «Was hat dich enthemmt, daß du mir mit Forderungen kommst? Wenn es mir behagt, im Verbund mit meiner hageren Schwester, der Trockenheit, die Landwirtschaft Dänemarks zu ruinieren, dann werd ich wohl kaum zögern, dein Hirn zu Dörrobst zu machen. Einen Rat mag ich dir jedoch geben: Wenn Flottschreibern nichts einfällt, dann schreiben sie entweder über Eisenbahnfahrten oder über Ute Lemper. Tu es ihnen gleich!»

«Ich bin aber kein Flottschreiber», rief ich noch. Doch die Hitze schwieg.

Nun denn: Ute Lemper. Zu dieser Frau fiel mir jüngst ein treffender Vergleich ein: *Ute Lemper ist wie Heidelberg.* Heidelberg ist in Deutschland deswegen berühmt, weil es von allen Amerikanern und in ihrer Folge auch von allen Japanern aufgesucht wird, und das liegt nicht daran, daß die Stadt irgendwelche einzigartigen Schönheiten aufzuweisen hat, sondern daran, daß sie vom Frankfurter Flughafen aus günstig zu erreichen ist. Außerdem hat es irgendwann einmal eine in Amerika populäre Operette gegeben, die im Heidelberger Studentenmilieu spielte, und fortan dachte man in den USA, daß Heidelberg wohl etwas Besonderes sein müsse. Bei Ute Lemper ist es nicht viel anders. Sie ist in Deutschland nicht wegen künstlerischer Leistungen berühmt geworden, sondern weil sie angeblich im Ausland berühmt ist, obwohl sich wahrscheinlich nie jemand die Mühe gemacht hat nachzuprüfen, ob das nicht nur ein Trick ist. Inzwischen ist Ute Lemper noch zusätzlich dafür berühmt, daß sie der Ansicht ist, in Deutschland nicht berühmt genug zu sein. Selbstverständlich ist Ute Lemper auch gut vom Flughafen aus zu erreichen.

Nun zur Bahn. Diese gibt einem bisweilen Gelegenheit, Sonderlingen ins Auge zu blicken. Neulich setzte sich ein Mann mit schrundiger Haut mir gegenüber an einen Großraumwagen-Tischsitz. Er hatte nichts als einen Plastikbeutel dabei, aus welchem er eine riesige Tube holte, mit deren Inhalt er sich schnaufend Arme und Hals einrieb. Auf der Tube las ich: *haka euterpflege – Spezialemulsion zur Pflege des Euters und der Zitzen.* Da mußte ich schon all meine menschliche Reife bündeln, um mein Grinsen so zu gestalten, daß man es gerade noch als freundliches Lächeln interpretieren konnte. Dann kaufte sich der Mann beim Minibarmann ein in Plastik eingeschweißtes Stück Marmorkuchen. Er kriegte aber die Tüte nicht auf, und da ich ja die ganze Zeit so «freundlich lächelte», bat er mich, es mal zu versuchen; er habe sich soeben eingecremt und daher fettige Hände. «Jaja, ich hab's gesehen, mit Creme für Kühe», hütete ich mich zu sagen und machte ihm den Kuchen auf. Nach vollzogenem Imbiß strich er die Krümel vom Tisch in die Marmorkuchentüte, fügte auch meine Kaffeesahnenäpfchen hinzu, worauf er auf den gesäuberten Tisch deutete und beglückt rief: «Appetitlich frei, appetitlich frei!» Nun wurde der Mann müde und machte es sich auf der soeben frei gewordenen gegenüberliegenden Vierergruppe zum Schlafen bequem. Seine Tube aber ließ er vor mir auf dem Tisch liegen.

Bald gesellte sich ein anderer Reisender zu mir. Der blickte auf die Eutercreme, dann auf mich. Blickte lange auf mich. Stellte Beziehung zwischen mir und der Creme her. Ich schwieg. Er blickte. Dann griff er sich seine Tasche und setzte sich woandershin, und zwar dem schlafenden Schrundigen gegenüber. War mein Lächeln vor kurzem auch noch breit wie Österreich gewesen, schien meine Lebensfreude nun schmal wie Chile. (Ein Vergleich für Leute mit Globus.) Immer wieder stelle ich verwirrt, verärgert, manchmal auch zufrieden fest, daß ich offenbar empfindlich bin. Darf man empfindlich sein? Menschen, die Verständnis dafür haben, daß ich nicht rufen mochte: «Das ist doch dem da seine Zitzensalbe!», reiche ich gern eine warme und dankende Hand.

Noch mehr Eisenbahnerlebnisse? Gut, die Hitze ist die Herrin. Einmal, als ich im Zug saß, unterhielten sich zwei ältere Damen über Gentechnik. Ich will mich darauf beschränken, zwei besonders schöne Sätze aus ihrer Konversation kommentarlos, aber unbedingt zustimmend weiterzuleiten.

«Also, wer einen lila Apfel kauft, ist aber selber schuld.»

«Was soll denn das? Schokolade aus Federn! Das will doch kein Mensch!»

Von Äpfeln könnte auch Heidelberg ein Lied singen, allerdings nicht von «lilanen», sondern von zerstampften. Helmut Kohl tafelt gern in Gesellschaft ihm wohlgesinnter Journalisten, und es heißt, er würde dabei stets eine bestimmte Anekdote erzählen: wie er nämlich während seiner Studienzeit in Heidelberg bei Sonnenuntergang oftmals auf der «Alten Brücke» über dem Neckar stand und

Büchsen mit Apfelmus (oder, wie er es nennt, «Apfelbrei») auslöffelte. Die Büchsen habe er dann einfach in den Neckar geworfen.

Nun wird schon wieder etwas über Ute Lemper verlangt? Aber wenn ich mich ständig über sie äußere, sieht es ja aus, als ob mich diese Dame emotional spaltet oder verquirlt, und das ist überhaupt nicht wahr, denn die exportierte Talentrakete hat nicht die geringste Macht über mich, wohl aber die Hitze, deren thematischen Befehlen ich einfach nicht ausweichen kann. Dabei weiß ich gar nichts über Ute Lemper! Ich habe allerdings gehört, daß sie in New York bei manchen Menschen tatsächlich beliebt ist, wenn auch leider aus ungünstigen Gründen. Ihre Gesangskunst wird von den Fans dort als besonders inhuman und stählern gerühmt, als «hübsch seelenlos ehrgeizig» bei größtmöglicher Entfaltung teutonischer Blondinenhärte. Ist sie überhaupt blond? Keine Ahnung. Jedenfalls gelten die eben genannten problematischen Vorzüge in gewissen amerikanischen Kreisen als «camp». Was «camp» ist? Ach, das ist so eine Art edelironischer Luxustrash. Nein, das ist nicht gut gesagt. Wer nicht weiß, was «camp» ist, der soll doch Susan Sontags berühmten Essay über «camp» lesen. Der ist schon dreißig Jahre alt, aber wenn man ihn kennt, kann man sich sämtliche popkulturellen Diskurse von heute ersparen.

Und wenn ich schon mal dabei bin, will ich auch noch die Geschichte mit der heiseren Minibarkellnerin loswerden. «Wenn Sie bei was schon mal sind?» wird dazwischengefragt. «Ute Lemper ist doch keine heisere Minibarkellnerin!»

Ich antworte: «Ich bin ja auch gar nicht bei Ute Lemper, sondern wieder bei der Eisenbahn.» Also: Normalerweise rufen Minibarkellner immer: «Heiße Würstchen, Kaffee, Cola, Bier», wenn sie ihren Karren durch den Gang rollen.

Eine Kollegin war aber mal heiser, und man hörte sie nur «Minibar, Minibar» krächzen. Als sie an meinem Sitz angelangt war, sprach sie: «Mini-» – es folgte ein ausgesprochen undamenhaftes, explosionsartiges Räuspergeräusch, das an eine ausspuckende chinesische Straßenkehrerin erinnerte, und dann sagte sie: «-bar, Entschuldigung, Minibar, Frosch im Hals!»

Nun aber Schluß mit der Eisenbahn. Laßt uns auf das Schiff zum legendenumspülten Pollenallergiker-Paradies *Helgoland* gehen. Ich kenne schon die Erfrischungsstände auf der Zugspitze, am Deutschen Eck, in Friedrichsruh, bei den Externsteinen und allerlei anderen deutschen Identifikationsstätten. Helgoland fehlte mir noch in meiner Sammlung von Besuchen klassischer Ausflugsziele, und mich reizte der Mythos des Ausgebootetwerdens. Als Kind hatte ich im Verwandtenkreis mehrmals mit aufgerichteter Armbehaarung Erzählungen gelauscht, wie man mitten auf tosender See von lederlaunigen Matrosen in winzige Ruderboote geworfen wird, und wem dort dann schlecht wird, den halten sie an den Beinen über das Meer, und sieh: Die Groschen aus dem Säckel, die vertaumeln in der Gischt.

In Wirklichkeit freilich verlief alles gemächlich. Zahlreiche Greisinnen und Rollstuhlfahrer quietschten froh und nahmen keinen Schaden, und ich genoß mein erstes Frieren seit drei Monaten. Es scheint mir viel schrecklicher, drei Monate nicht frieren zu dürfen, als z. B. drei Monate dem Geschlechtlichen zu entsagen, und so schloß ich die Augen und fror wie ein rechter Temperaturen-Feinschmecker. Nach der Anlandung nahm ich mit meiner Begleitung im «Haus Stranddistel» Logis, da ich der grundsätzlichen Auffassung bin, daß man auf schroffen Felsen, wenn man da schon unbedingt hinmuß, auch übernachten sollte.

Im Atlantik etwa, weit jenseits der Hebriden, gibt es das Inselchen *St. Kilda*, auf dem es nichts Interessantes gibt außer dem endemischen *St.-Kilda-Zaunkönig*. Da die Insel unbewohnt und abgelegen ist, gilt es unter britischen Männern, insbesondere solchen von Geblüt, als höchste aller Initiationen, dort eine Nacht zu verbringen, und wer das geschafft hat, wird Mitglied im exklusiven *St. Kilda Club*, wo man sein Lebtag tief in sich verankert vorm Kamin seine Taschenuhr mit Zigarrenrauch bepusten darf. Gern wüßte ich, ob es einen entsprechenden Helgoland-Club gibt. Ich hätte nichts dagegen, mich einmal im Monat mit einigen alten Haudegen in einem Freimaurer-Logenhaus zu treffen, um, einen Feldstecher in der einen Hand, einen Säbel in der anderen, bald friesisch, bald lateinisch brabbelnd, durch die Gänge zu fegen. Allerdings läßt ein Hotel, wo auf der Zahnputzbecherkonsole eine Gratisprobe Feuchtigkeitscreme für die Haut über 40 liegt, nicht auf eine besonders dramatische Übernachtung hoffen. Auch kreiste kein Rettungshubschrauber über unseren Betten, bereit, drei bibbernde, in Decken gehüllte Elendshäufchen zu bergen, welche von Mut und Mannesstolz im Stich gelassen. Wir ratzten festländisch konventionell durch. Viel außer Schlafen, dem Inhalieren von trotz zahlreicher blühender Pflanzen angeblich pollenfreier Luft und stundenlangem Ansichtskartenschreiben bleibt einem aber auch nicht zu tun, denn es gibt auf Helgoland keine Eisenbahn, kein Gestüt und kein Geblüt und schon gar kein Fliewatüt.

Apropos Gestüt, Geblüt und Fliewatüt:

Die Franzosen sprechen den Vornamen von Ute Lemper «Üt» aus.

Und wie tun's die Amerikaner? Vielleicht «Juti». «Juti» sagen auch manche Berliner, wennse wat jut finden. Die

Hitze ist auch Berlinerin, denn sie sagt mir gerade: «Laß juti sein. Kannst dein Text beendijen.»

Danke, liebe Hitze. Dank auch an «Üt». «Üt» ist okay, glaube ich. Vielleicht ist sie nur etwas unsicher.

Worte wie Heu

GERNE denke ich an Wien. Dort gilt es nicht als spleenig, sich in ein Lokal zu setzen, möglicherweise gar in ein Exemplar der in Deutschland stark bedrohten Spezies «Lokal ohne Musik», um dort ein Buch zu lesen, einen Brief zu schreiben oder Einfälle in ein Oktavheft zu notieren. Schon die Gymnasiasten lieben es, ihre Hausaufgaben im Kaffeehaus zu erledigen. In einem Berliner Lokal würde ich es nie wagen, ein Buch zu lesen, obwohl ich das gern täte. In der Wohnung kann ich mich auf Lektüre nicht konzentrieren. Dort gibt das Telefon Geräusche von sich, die man aus Formulierungsfaulheit noch immer als Klingeln bezeichnet, dort müssen regelmäßig 27 Kanäle durchgeschaltet werden, dort liegt ein Zuckertütchen auf dem Teppich und will aufgehoben werden; Zettel bitten darum, zu entscheiden, ob ich sie fortwerfe oder irgendwo abhefte, der Müll beginnt zu miefen, dann muß ich mal wieder «Info Radio 101» anstellen, wo alle zehn Minuten die Temperatur und die aktuellen Flugverspätungen durchgegeben werden, dann muß ich alleweil zum Kühlschrank schleichen, ob nicht doch irgendwas «Interessantes» drin ist, dann stehe ich mit schiefem Kopf vor dem Plattenregal und stelle fest, daß bestimmte Maxis nicht in der Reihenfolge ihrer Veröffentlichung stehen: Ich ordne sie neu, ärgere mich über diese sinnlose Pedanterieattacke und über das schöne Geld, das ich für Platten ausgebe, die ich einmal höre und im Leben nicht ein zweites Mal, wonach ich gucken muß, wieviel ich eigentlich auf dem Konto habe, und dabei gilt es festzustellen, daß in der Lade mit dem Sparbuch ein Bündel alter Briefe liegt, die ich *alle* noch einmal lese, und rawusch ist der Abend vorbei, und das Buch? Ach stimmt ja, das Buch! Das liegt ungelesen im Sessel.

Wie vergleichsweise arm an Zerstreuungen sind Kneipe und Café! Ein vielzitierter Satz von einem dieser vielzitierten alten Wiener Literaten, von welchem, ist mir Wurscht, besagt ja, daß das Kaffeehaus der Ort für Leute sei, die zum Alleinsein Gesellschaft brauchen. Diese Erkenntnis steht zwar in der Hitparade abgedroschener Zitate nur wenige Plätze hinter «mit der Seele baumeln», «Menschliches und Allzumenschliches» und «Denk ich an Deutschland in der Nacht …», doch sie macht mich mit dem Kopfe nicken. Aber keine Schangse in Berlin: Wenn man in hiesigen Lokalen Dinge in kleine Heftchen notiert, wird man angesehen, als ob man gerade aus der Psychiatrie entwichen sei, oder argwöhnisch ausgefragt: *Was schreimsen da?* und warum man das mache. Ganz arg wird's, wenn dem Oktavheftvollschreiber etwas Lustiges einfällt, über das er lachen muß – da erkundigt sich die Kellnerin schon mal beim Kollegen nach der Telefonnummer gewisser weißgekleideter Herren kräftigen Zugriffs. Nein, das darf's nicht geben, daß einer allein an einem Tische sitzt und sich kraft eigener Gedankenmanipulation gute Laune herbeialchemisiert, während die geselligen Ibizaleute am Nebentisch mit den Fingern knacksen, um einander zu unterhalten. Gewiß bin ich ein glühender Verfechter des gemütlichen Zusammenseins und Umherstrolchens. Wie sagt man in Berlin? «Und dann ziehn wa mit Jesang in das nächste Restorang …» Aber doch nicht jeden Abend! Die Obermotze der Firma Herlitz werden mir bestätigen, daß sie Oktavheftchen herstellen, damit man emsig in sie hineinschreibt, und nicht, damit man singend durch die Straßen läuft. Ein anderes Notizbuch befindet sich auf meinem Nachtschrank. Dort schreib ich manchmal, eher selten, noch im Bette liegend Träume hinein oder merkwürdige Wortreihen, die ich beim Erwachen im Kopf habe.

Ich messe den Träumen weder Psychogramm- noch Ahnungscharakter bei, aber finde sie bisweilen ausgesprochen flott gewoben. In einer schweißgetränkten Morgenstunde träumte mir vor kurzem dies: Ich befand mich mit meiner Ex-Gattin Else und einer weiteren, mir nicht bekannten Dame in einem Hotelzimmer, welches sich in einem oberen Geschoß eines Wolkenkratzers befand. Ich sagte: Gleich kommt ein Erdbebenfilm im Fernsehen. Darauf riefen die Frauen, daß sie sich, wenn ich den gucke, im Badezimmer verstecken würden. Ich entgegnete: *Wieso denn? Ist doch nur Fernsehen!* Dann schauten wir aus dem Fenster. Unter uns stürzten Gebäude und Brücken ein. Die Frauen rannten ins Badezimmer und schrien: Komm auch, komm auch! Ich sagte: *Wieso denn? Ist doch nur Fenster!*

Eine Freundin, die eigentlich dem Naturschutzgedanken nahesteht, berichtete mir vor einiger Zeit beinahe wutschnaubend, daß sie im Fernsehen ein Tier gesehen hätte, auf dessen Betrachtung sie liebend gern verzichtet hätte. Nacktmull wäre sein Name. Sie war ganz aufgelöst, das Haar hing ihr wild ins Gesicht, und schreiend griff sie einen Zettel, auf den sie verschrumpeltes Gewürm mit furchterregenden Säbelzähnen kritzelte, wonach sie auf ihre Zeichnungen deutete und rief, ein Gott, der derlei zulasse, sei ihr Gott nimmermehr, womit sie nicht ihre Zeichenkunst meinte. Ich hatte ihre Erregung nicht ganz verstanden, bis ich dieser Tage das Augustheft der Zeitschrift ‹natur› aufschlug, in welcher auf fünf Doppelseiten Fotos dieser wahrlich abscheulichen Kreatur zu sehen sind. Ich mußte mich setzen, um ein Glas Wasser bitten, heftig atmen und dachte: Selbst wenn ich Präsident des World Wildlife Fund wäre, eher würde ich Herrn Honecker einladen, sein Gnaden-FinnCrisp an meinem Tisch zu kauen, als dieses Tier vorm Aussterben zu bewahren! So dachte ich in erster Erregung. Wenn Gott mir das verzeihen könnte, dann wär das schön wie eine schöne Melodie. Ich bin kein Eek-A-Mouse-Typ; die Spinnen laß ich munter durch mein Zimmer dackeln, und tigern Ratten über meinen Weg, dann sag ich: Kuckuck!

Nacktmulle jedoch sehen aus wie in grause Wurmgestalt verzauberte Hautkrankheiten mit Zähnen vorne dran. Hätten die Tiere nicht so eine eigentümliche, unterirdische Lebensweise, könnten Perverse mit ihrer Zucht ein Heidengeld verdienen. Ich kann mir vorstellen, daß die Telefone der ‹natur›-Redaktion seit Wochen «klingeln» wie Berserker, da Zuhälter und Szenecaféboße wegen Bezugsquellen anfragen. Der zu den Abbildungen gehörige Text ist aufschlußreich – ‹natur› ist eine gute Zeitschrift –, aber ein Satz daraus mißfällt mir: *Zyniker unter den Zoologen bezeichnen die Nacktmulle gern als «Penisse auf Beinen»*. Da ich bisher allen Gelegenheiten, zynischen Zoologen in den Schlüpfer zu lugen, ausgewichen bin, weiß ich nicht, was dort für Zustände herrschen, aber meine sonstige Lebenserfahrung lehrt mich, daß sich der Penis, was seine optische Kreditwürdigkeit angeht, nicht hinter der Schamlippe oder dem Busen verstecken muß und daß weder beim Weibe noch beim Manne Körperteile anzutreffen sind, die einem lichtscheuen Nagetier ähneln. Sicher: In Anspielung auf ein blödes Fußball-Bonmot sagt man manchmal, Sex sei die häßlichste Hauptsache der Welt, doch bezieht sich diese Halbwahrheit nicht auf sexuelles Treiben an sich, sondern auf dessen übertriebene öffentliche Zurschaustellung, weswegen es ja eben eine Halbwahrheit ist.

Der Penis ist sogar eine der wenigen Körperstellen des Mannes, die beim Älterwerden nicht wesentlich häßlicher werden. Er bleibt ungefähr gleich, wobei man von Schamhaaren alter Leute sagen kann, daß sie aussähen, als ob da nacheinander ein Erdbeben gewütet und die Schweden gebrandschatzt hätten. Ähnlich unschön sind alte Hunde, die eine Treppe hinuntergehen, wie die so die Beine von sich spreizen und in der Mitte durchhängen. Alte Männer indes, im speziellen freilich Schöngeister und Künstler, zeugen oft noch im hohen Alter mit jungen Frauen noch jüngere Kinder. Das würde bestimmt nicht klappen, wenn die Partnerin nach männlichem Schlüpfer-auf-die-Stuhllehne-Legen krähen würde: Pfui Teufel, dein Penis sieht ja aus wie ein alter Hund, der die Treppe runtergeht. Nein, die Parfum- und Porzellankreationen Paloma Picassos verdankt die Welt der historischen Tatsache, daß ihre Mutter freudig krähend beobachtet hat, daß ein junggebliebener Hund eine Treppe hochgegangen ist. Das mit dem Krähen ist natürlich eine Metapher, Allegorie, Parabel, Spirale oder irgendwas. Ich denke weniger an ein akustisches Signal als an ein innerliches Aufkrähen des vom Ereignisglanz des emporgegangenen Vaterorgans geblendeten oder zumindest beleuchteten statistischen Urweibes. Die Österreicherin Jelinek mag bitte mit phantastischer Hutkreation auf ihrem vermutlich eigentlich freundlichen Kopf an mir vorbeistürzen, denn sie weiß ja sicher noch besser als ich, wieviel Spaß vielen Frauen die innere Mobilität männlicher Sonderausstattungen schon bereitet hat.

Ob es mir als Koketterie ausgelegt wird, wenn ich angebe, daß ich den letzten Abschnitt, in dem ich mich erneut meiner Vorliebe für Penissynonyme und anderen Marotten hingegeben habe, in der Rekordzeit von 42 Minuten aufgeschrieben habe? Es sind nun einmal gerade Olympische Spiele. Der drahtige Asiate, der im Fernsehen gerade über einen Klotz mit zwei Griffen dran wirbelt, hätte bestimmt viel länger für diesen Text gebraucht, und hinterher wäre er ganz verzweifelt, weil er nicht wüßte, was ein «statistisches Urweib» sein soll. Ich weiß das auch nicht, aber ich bin nicht verzweifelt. Man soll sich der Pingeligkeit enthalten. Wenn so etwas auf englisch aus dem Radio kommt, wird ja auch nicht gemosert. Es gab Anfang des Jahres einen Schlager, wo der Refrain lautete «Sie sind berechtigt und antik, und sie fahren einen Eiskremwagen». *Damit* mag es vielleicht gar noch eine Bewandtnis haben, aber von den *Sisters of Mercy* gab es einst ein Lied, in welchem es hieß «Sing diese Verrostung zu mir». *Solche* Sätze kenne ich gut.

Wenn ich mir des Morgens den Sandmann aus den Augenwinkeln reibe, feststelle, daß in meinem Portemonnaie 50,– DM weniger als am vorangegangenen Abend sind, angewidert an meiner Jacke rieche und dann in meinem Oktavheftchen Sätze lese wie «Ich habe Worte wie Heu, doch wer glaubt heut noch einem reichen Mann», dann sag ich: «Kombiniere.» Auch im Ausland gibt es Leute, die abends kichernd Heftchen vollschreiben und sich morgens sehr darüber wundern. Im Gegensatz zu uns scheuen sich Ausländer nicht, so etwas zu singen. Es sind Wohlfühl-Worte. Dichtung kann auch in Geistesverfassungen erfolgen, die dem Nichtkenner dafür ungeeignet erscheinen. Ich glaube zwar nicht, daß jemals gelungene Werke in ganzer Länge im Bierlokal verfaßt worden sind, aber Passagen und Zeilen ganz sicher. Wir sollten uns an so etwas erfreuen und, je nach Neigung, ein statistisches Urweib oder einen zynischen Zoologen zu modernen Tänzen auffordern.

Groß ist die Sehnsucht der Deutschen nach Wohlfühl-Worten, klein sind Kraft und Wille, sie in der eigenen Sprache zu suchen. Die Angst vor Bedeutung überragt den Respekt vor der Schönheit haushoch. Ein Rundfunkredakteur sagte: «Man kann in einer Magazinsendung unmöglich ein deutsches Lied spielen, weil seinem Text in Zusammenhang mit einem Informationsbeitrag automatisch eine kommentierende Wirkung zukäme, die in unglücklichen Fällen als zynisch empfunden werden könnte.» Mich würde interessieren, wie Briten und Amerikaner mit diesem Problem klarkommen.

Der Nacktmull gilt in unseren Augen als abstoßend, das Meerschweinchen als niedlich, obwohl beide Tiere miteinander verwandt sind, so wie das Deutsche mit dem Englischen. «Jaja, der Nacktmull übt sicher irgendeine wichtige ökologische Funktion aus, und mit dem Deutschen lassen sich Informationen präzise weiterleiten», wird widerwillig eingeräumt, doch Deutschland sitzt weiterhin, Meerschweinchen streichelnd, vorm englisch singenden Radio. Ich meine, jedem Tier und jeder Sprache gebührt ein gutes, zartes Plätzchen, und jeder ist berechtigt und antik genug, im Lokal zu sitzen und Oktavhefte vollzuschreiben, soviel er möchte. Doch manchmal gehts wirklich zu weit. Was lese ich da, geschrieben vor einigen Wochen:

VOR DER REISE NACH KIEL
- Visa
- Impfen
- Bikinis

Hatte ich dereinst einen Knall? Wütend werfe ich das Notizbuch aus dem Fenster. Doch, hoppla, das Notizbuch denkt «ist ja nur Fenster», und gleich einem Vogel fliegt es zum nächsten Baum, baut sich ein Nest und legt ein dickes Ei. Unter dem Baum hält ein junger Mann mit einem

DIESEL-Only-The-Brave-DIESEL-T-Shirt ein Nickerchen, denn es ist der 9. 8. 1992, mit 37,7 Grad der heißeste Augusttag seit Beginn der Temperaturaufzeichnung in Berlin, wie «Info Radio 101» nicht müde wird, alle zehn Minuten zu betonen. Kein Wunder, daß der Mann Schatten gesucht hat. Vor Hitze fällt das Ei aus dem Nest und landet, platsch, auf der T-Shirt-Inschrift. Rasch trocknet die Hitze den Inhalt des Eis und bildet ein interessantes Muster aus lauter kleinen Wohlfühl-Worten. Froh rennt der Mann durch die Gegend.

Der Pond-Parabel-What-o'-clock-Knopf
oder: Sektquirle können nicht schuppen

WÄHREND eines meiner montäglichen Streifzüge durch das KaDeWe sprang mir neulich ein Set von sechs vergoldeten Sektquirlen für 98,– DM ins Auge. Einen Moment lang liebäugelte ich mit der Idee, mir vom Verkaufspersonal eine Kiste bringen zu lassen, mich auf sie zu stellen und eine gesellschaftskritische Rede zu halten, in welcher ich Begriffe wie «Somalia» und «Pelzmantelschlampen» aufs gekonnteste miteinander kontrastiert hätte. Ich bevorzugte dann aber ein heiteres Stillbleiben, während dem ich mich vergeblich an den Sinn von nicht nur Sektquirlen, sondern auch Nußspendern und Grapefruitlöffeln heranzutasten versuchte. Warum soll man Sekt verquirlen? Damit die Damen nicht rülpsen? Ich meine, auch der Kehle einer nichtquirlenden Dame entfahren keine nicht gesellschaftsfähigen Geräusche, und Herren trinken sowieso keine klebrigen Getränke. Und warum soll man Nüsse spenden? In meiner Kindheit gab es ein Onkel-Tante-Doppelpack, in deren Haushalt sich ein Nußspender befand. (Verzeihung, aber Vater *und* Mutter heißen Eltern, Schwester *und* Bruder nennt man Geschwister, aber wie nennt man Onkel *und* Tante?) Das war ein brauner Kasten mit zwei Öffnungen und einem Knopf. Oben tat man die Nüsse rein, dann drückte man auf den Knopf, und unten kam eine Nuß heraus. Nicht etwa geknackt oder gewürzt, sondern im gleichen Zustand, in dem sie oben hineingegeben wurde. Des weiteren mag ich nicht vertuschen, daß ich im Besitz eines Grapefruitlöffels bin. Dieser Löffel hat vorn kleine Zähne, die vermeiden sollen, daß einem Saft in die Augen spritzt, wenn man den Löffel in die Pampelmuse

Unerklärliches Phänomen im Wohnzimmer von Walter Jens

haut. Natürlich spritzt es trotzdem. Es weiß aber doch eh jeder, daß man, wenn man sich mit einer Grapefruit befassen will, vorher seine Tapezierhosen anzieht und eine Sonnenbrille aufsetzt. Ich möchte jetzt nicht all die Narreteien aufzählen, die gewisse Spezialversandhäuser anbieten, wie z. B. den Papierkorb, der, sobald man etwas in ihn reinwirft, gesampelte Beifallsgeräusche von sich gibt, oder den beinah legendären Göffel, eine Mischung aus Löffel und Gabel, den eine Münchner Designerin mit dem schwindelerregend psychedelischen Namen Bibs Hoisak-Robb entwarf. Lieber will ich die Aufmerksamkeit auf die klassischste Überflüssigkeit richten, nämlich den Briefbeschwerer. Warum in aller Welt soll man einen Brief beschweren? Wohnte sein Erfinder in einer windigen Wohnung? Ich male es mir so aus: Es war einmal ein Erfinder, der hatte eine rülpsende Gemahlin. «Das liegt an dem Sekt, den die den ganzen Tag säuft», dachte er und erfand den Sektquirl. Er ließ ihn patentieren, und bald gab es ihn überall zu kaufen. Die Verbraucher fühlten sich vor den Kopf gestoßen. «Wir benötigen keine Anti-Rülps-Quirle, während in der Dritten Welt … etc.», riefen sie, schmissen des Erfinders Fensterscheiben ein und schrieben Drohbriefe. Nun herrschten in der Wohnung des Ingenieurs zugige Zustände, und die Drohbriefe flatterten in seiner Stube umher wie das güldene Laub, wenn dem Jahr die Zähne ausfallen. «Wie soll ich denn die Briefe lesen, wenn sie durchs Zimmer schunkeln wie güldenes Blattwerk?» brüllte da der Erfinder. Seiner betrunkenen Frau mißfiel das Gebrüll so sehr, daß sie sich einen der Pflastersteine griff, mit denen die Fensterscheiben zerschmettert wurden, um ihn gegen ihren cholerischen Mann anzuwenden. Wegen ihrer Angeschickertheit verfehlte sie aber dessen Kopf und knallte ihn auf den Rauf-und-runter-kurbel-Wohnzimmertisch, über welchem gerade besonders viele Drohbriefe wirbelten, und so kam es, daß zwischen Tischplatte und Pflasterstein ein Brief eingeklemmt wurde. Das Ehepaar verharrte schweigsam vor dem Tisch. Die Geburt einer großen Idee hatte Suff und Zorn die Tür gewiesen. «Dieser Augenblick ist so erhaben, daß wir den Tisch so weit hochkurbeln sollten, wie es nur irgend geht», sprach der Ingenieur. Und sie kurbelten den Tisch so hoch wie nie zuvor, bis zum Anschlag, bis zum Weißbluten, bis er nicht mehr papp sagen konnte. Dann küßten sie sich dermaßen französisch, daß man das Geschmatze und Geschlabber bis zu den Mülltonnen hören konnte. Nur Insider wußten bislang, in was für einer engen Beziehung die Entstehungsgeschichte der beliebten Redewendung «Sie küßten sich so laut, daß man es bis zu den Mülltonnen hören konnte» zu der Erfindung des Briefbeschwerers steht. Jetzt ist's raus, jetzt wissen es alle.

Ich bitte insbesondere die jüngeren Leser, die Qualität

dieses neuen Wissens mit der Nutzbarkeit desjenigen zu vergleichen, das einem in der Schule vermittelt wird. Bei mir war das ganz schlimm. Im ersten Jahr Englisch wurde mir weisgemacht, daß man, wenn man jemanden nach der Uhrzeit fragt, sagen müsse: «What o' clock?» Im Deutschunterricht lasen wir immerfort Geschichten, von denen der Lehrer behauptete, daß sie «Parabeln» seien. Kein Schulrat, kein Elternverein machte diesem Unfug ein Ende. Im wirklichen Leben werden Geschichten niemals Parabeln genannt. Parabeln sind irgendwelche beschwipsten Ellipsen, die oben nicht ganz dicht sind, und sonst gar nichts. Am schlimmsten trieben es die Physiklehrer. Die kamen allen Ernstes in den Physikraum und behaupteten, die Maßeinheit für Gewicht hieße «Pond». Die hamse doch nicht alle! Pond! «Ich hätte gern 500 Pond Zwiebeln!»

Am liebsten würde ich in die CDU eintreten, mich dort in affenartiger Geschwindigkeit die Erfolgsleiter hochbumsen und mich zum Schulrat krönen lassen. Als erstes würde ich die Prügelstrafe wieder einführen. Allerdings für Lehrer. In die Schulbänke würde ich Signalknöpfe einbauen lassen, nennen wir sie mal PPWKs (Pond-Parabel-What-o'-clock-Knöpfe), und wenn ein Lehrer mal wieder blödisiert, drükken die Schüler den PPWK, ich höre in meinem Büro ein Signal, springe in meinen Schulratshubschrauber, lande mit quietschenden Kufen auf dem Schulhof, greife meinen Dienstkochlöffel, und dann kriegt der betreffende Pädagoge den Hintern versohlt, daß es nur so qualmt. Den Schülern ist ausdrücklich gestattet, die Abstrafung auf Video aufzunehmen, ja sogar, diese Videos zu verkaufen. Bald gäbe es überall Spezialshops namens «Das gute Gewaltvideo», und die armen Jugendlichen müßten sich nicht mehr diese gräßlichen Eingeweidefilme anschauen.

Auch in die Lehrpläne würde ich gebieterisch eingreifen. Sport wird eingestampft, da er in seinen heutigen Hauptausprägungen zu Männlichkeitswahn und Gewalttätigkeit animiert. Das stinkt zum Himmel, ist trotzdem sonnenklar, und wer eine andere Auffassung vertritt, ist kein kluger Kopf, sondern Nachbeter staatstragender Propaganda, dem der Mund mit dicken Schichten Tesa-Krepp verklebt werden sollte, damit er den Rest seines Lebens nur noch «hmmpf, hmmpf, hmmpf» sagen kann. Zur Auflokkerung werden Keulenschwingphasen zwischen die Unterrichtsstunden geschoben. Auch die Buben schwingen Keulen und huschen jauchzend mit Gymnastikbändern über den Rasen. Ich spreche natürlich von eigenhändig bestickten Bändern. Die Keulen werden von den Schwingern mit Jugendstilschnitzereien verziert, bevor sie geschwungen werden. Auf freiwilliger Basis dürfen die Jugendlichen Boden- und Geräteturnen machen. Wettkampfsportarten werden ausnahmslos von der Schule verbannt. Jugendliche sollen einander nicht bekriegen und besiegen. Fremdsprachen werden zuungunsten des Deutschunterrichts ausgebaut. Deutsch lernt man von alleine, und Rechtschreibung ist zweitrangig. Wer Spaß an sprachlicher Fein- und Korrektheit hat, dem kommt die Orthographie sowieso zugeflogen, wer keinen Sinn dafür hat, der lernt's eh nie, und den soll man nicht damit quälen. Der Gipfel von Primitivität ist es, sich über anderer Leute Rechtschreibfehler lustig zu machen. Ich kenne eine an sich reizende Dame, die öfter mal Kontaktanzeigen aufgibt, nur um sich über die Fehler in den Antwortbriefen zu beömmeln. In einem stand: «Ich will Dir die Sterne vom Viermament holen.» (Schlimm: Sie zeigt die Briefe auch noch anderen Leuten, mir z. B. Ich habe ihr aber gesagt, daß das eigentlich nicht sehr schön von ihr ist. Natürlich bin ich scheinheilig. In dem Brief stand, daß der Mann in der Amerika-Gedenkbibliothek arbeitet, Foto lag auch bei, und als ich am nächsten Tag in der Nähe war, bin ich rein in die Bücherei, um mal zu gukken, ob der mit dem Viermament da ist. War aber nicht da oder muß im Keller arbeiten. Im Keller kriegt man schon mal so Viermaments-Gedanken.)

Zurück zum Deutschunterricht: Literaturlektüre wird abgeschafft. Fünfzehnjährige brauchen keinen Brecht und Böll und Goethe und Dürrenmatt und schon gar keine Pädagogen, die ihnen erzählen, daß jeder Satz dieser Herren eigentlich eine «Metapher» für irgendwas ist. Merke: In guter Literatur bedeutet jeder Satz genau das, was er aussagt! Wenn jemand schreibt «Fünf Grapefruitlöffel schuppen bravo Kratzklotz am Busen der natternden Gangsteraula», dann bin ich mir völlig sicher, daß der Autor den Leser damit auffordern will, sich vorzustellen, wie fünf Grapefruitlöffel am Busen der natternden Gangsteraula bravo Kratzklotz schuppen. Wenn Goethe was von einer Pomeranze schreibt und eigentlich eine Frau meint, dann ist das eigene Blödheit, die andere Leute nichts angeht. Eigentlich wollte ich meinen Beispielsatz erst mit Sektqirlen statt mit Grapefruitlöffeln bilden, dann hätte ich fragen können, wo ist denn der sechste Quirl, in der Packung waren doch sechs, und hätte antworten können, na, der ist wohl hinter die Spüle gefallen, oder: Der ist wohl einer kleptomanischen Pelzmantelschlampe anheimgefallen, und dann hätte der Leser denken können: Jaja, mir fällt auch immer alles hinter die Spüle, oder: Jaja, typisch, Pelzmantel, aber klauen, doch leider ging das Wort Sektquirle lediglich mit der natternden Gangsteraula eine Beziehung ein, mit schuppen und Kratzklotz vertrug es sich kaum besser als ich mich mit der Rechtschreibung, die ich im Verhältnis zur Schönschreibung für stark überbewertet halte.

Wäre ich Schulrat, gäbe es Schönschreiben als Pflichtfach bis zum Abi, und wäre ich nicht Schulrat, sondern christlicher Kalenderhersteller, dann nähme ich ein Foto von einem Heuhaufen bei Sonnenuntergang und schriebe darunter: «Die Handschrift ist das Gesicht der Seele, meine kleinen Spatzen und Katzen.» Die Kalligraphie ist hierzulande die am meisten vernachlässigte Kulturform, und alle Blitze und Hitzen der Welt mögen sich in jenem Teil der Hölle sammeln, wo die Rabauken schmoren, die die deutsche Schreibschrift abgeschafft haben. Man stelle sich nur vor: Man lernt einen wunderschönen Menschen kennen, Abendwind weht lind um dessen wohlformatige Kinnpartie, die Haare hängen hübsch ins Gesicht, und im Munde funkeln allerlei Zähne wie im Schaufenster des piekfeinsten Juweliers von Paris, der so piekfein ist, daß Sophia Loren und Jackie Kennedy draußen vor der Tür stehen müssen, weil drinnen kein Platz mehr ist, denn da drängeln sich schon Catherine Deneuve, Madame Giscard d'Estaing, die Begum, Beate Wedekind und die Mutter von Moosi Moosbauer oder Mooshammer. Was machen die Loren und die Onassis? Sie gehen in ein piekfeines Restaurant und rülpsen. Ist aber egal eigentlich. Jedenfalls sind auch die Augen der Person mit den piekfeinen Zähnen sehr schön, so etwa wie eine Mischung aus Mandeln und normalgroßen Eiswürfeln. Der Rest möchte freilich auch noch bewundert werden, aber heute geht's nicht. Man läßt sich die Adresse aufschreiben, doch folgt daraus Schock und Anlaß zu traurigem Lied: So ein Krikkelkrackel, so ein Geschmiere! Das ist doch so, als ob man entdecken muß, daß die angebetete Person Mundgeruch hat oder volkstümliche Schlager liebt! Von so einer Person läßt man die Finger. Deswegen, Jugend, der Rat eines Älteren: Mühe geben! Ich selbst habe auch eine relativ unschöne Handschrift, aber ich versuch's immer wieder. Schon wenn ich morgens im Bette aufrage, marmele ich zu mir: «Heute setze ich keine großen Druckbuchstaben nebeneinander, verwende keinen schmierigen Kuli und schon gar keinen quietschenden, fetten, schwarzen Filzstift, sondern schreibe flüssig richtige Schreibschrift mit einem guten Kuli oder einem dünnen Filzstift oder mit der schönen Sheaffer-Feder. Vielleicht nehm ich den zarten Bleistift gar. Jaja, lieber Gott, laß mich zarte Zeilen finden mit dem Bleistift. Auf keinen Fall werde ich etwas auf ein kariertes Blatt schreiben, das aus einem Kollegblock gerissen wurde, und mein Format sei stets DIN A4. Briefe an mir persönlich Unbekannte will ich stets mit der Maschine schreiben. Walter Kempowski meint, es sei unhöflich, mit dem kleinsten Zeilenabstand zu schreiben, weil das die Augen ermüde, aber ich finde es eher unhöflich, Papier zu verschwenden und mehrseitige Konvolute zu verschicken. Zwei prima Männer, zwei prima Meinungen. So ist die Welt. Herr, gib mir Geduld, damit ich fröhlich auf ihr wohnen mag!» So marmele ich bzw. bete ich schon des Morgens. Es habe niemand Bedenken, mir in diesem Belang tüchtig und tapfer zu ähneln.

Wer dies liest, war vielleicht schon mal im Harz

DA ich im Besitz eines batteriebetriebenen Nasenhaarschneiders der Firma Panasonic, aber auch der Auffassung bin, daß es extrem unangenehm ist, sich inwendig rasiert zu fühlen, dachte ich, es wäre an der Zeit, mal wieder ein Preisausschreiben zu veranstalten und den Beteiligungswilligen das perverse Gerät als Hauptgewinn anzudienen. Ich hatte mir fünf ausgezeichnete Fragen zurechtgelegt: 1) In welchem allgemein bekannten Oldie kommt ein Rechenschieber vor? Auf englisch allerdings. Kleiner Tip: Der Sänger hat fast den gleichen Nachnamen wie der Erfinder des Reisebüros. 2) Welches Obst schmeckt in Dosen erheblich besser als frisch? 3) Welche deutsche Stadt hat wahrscheinlich die vermutlich höchsten Abwassergebühren der Welt? 4) Was bedeutet das brandneue Modewort «Vokuhila»? 5) Wie entstand Österreich?

Nach anfänglichem Pudelwohlsein wegen dieses harmonischen Fragenfächers beschlichen mich Zweifel: Die Leser kommen aus ärmlichsten Verhältnissen. Sie kauern dicht zusammengepfercht in lichtlosen, feuchten Verschlägen, leiden oft an Beriberi, der berühmten Krankheit. Das weiß ich, seitdem ein Leser mir Entsetztem schrieb, daß er auf seiner einen Lautsprecherbox seinen Mikrowellenherd stehen habe und die andere als Sitzgelegenheit dienen lassen müsse, so beschränkt seien seine Wohnverhältnisse. Vater Zille läßt grüßen, und das Skelett von Käthe Kollwitz ärgert sich grün und blau über das entgangene Motiv. Ich fragte mich: Kann in einem solchen Milieu die profunde humanistische Bildung gedeihen, die notwendig ist, um meine Fragen zu beantworten? Ich entwand mir ein schmerzhaftes Nein. Schon in der letzten Ausgabe kritisierte ich Mißstände im deutschen Bildungswesen. Sicher: Viel hat sich seitdem getan. Die Verantwortlichen erwachten aus ihrer Lethargie. Natürlich ist es mir nicht verborgen geblieben, daß seit meinem Pamphlet schon in der ersten Grundschulklasse gelehrt wird, daß Gary Glitter zwar besser ist als Miles Davis, Miles Davis aber besser ist als die Toten Hosen, die zu hören aber immer noch angenehmer ist, als Betten beziehen zu müssen, was aber wiederum leichter erträglich ist, als von Unholden verkloppt zu werden. Doch diese Verbesserung ist nicht mehr als ein Strohhalm, ein Hoffnungsschimmer, ein Brett im Bauch der Arche Noah. Für die korrekte Beantwortung meiner Preisfragen aber ist das noch nicht Grundlage genug. Weiterhin begann ich die Reizwirkung der in Aussicht gestellten Prämie realistisch einzuschätzen. Abgesehen von mir selbst und Golo Mann habe ich noch nie jemanden gesehen, der eines Nasenhaarschneiders wirklich bedurfte. Erst einmal erfuhr ich von einem noch weniger attraktiven Hauptgewinn, und da hatte sicher der Druckfehlerteufel seine Klauen im Spiel: Im Preisausschreiben einer Seniorenzeitschrift wurde als erster Preis eine *93tägige Busrundreise durch den Harz* genannt. So gab ich meinem inneren Schweinehund einen Knuff in seine grüne Seite und beschloß, auf das Preisausschreiben zu verzichten und mit den Antworten einfach so rauszurücken.

1) In dem Oldie «What a Wonderful World» besingt Sam Cooke u.a. sein Unwissen über den Zweck eines Rechenschiebers. (Während meiner Schulzeit bestand sein Zweck darin, ihn seinem Vordermann auf den Kopf zu hauen.)

2) Es sind Mandarinen, die aus Dosen erheblich besser munden als frisch. Es gibt Indizien dafür, daß der Verein der Freunde des hektischen Mandarinendosenauslöffelns

als ebenso viele potentielle Mitglieder aufweisend betrachtet werden muß wie die Interessengemeinschaft der mitten in der Nacht in die Wohnung Schwankenden und sich über Fischkonserven Hermachenden und dabei die ganze Bude Vollsauenden.

3) *Die Stadt mit den vermutlich höchsten Abwassergebühren der Welt ist wahrscheinlich Lutherstadt Wittenberg.* So stand es wortwörtlich in einem dort erschienenen kritischen Aufsatz. Interessant in diesem Zusammenhang ist auch, daß die beiden deutschen Städte mit den relativ meisten und den relativ wenigsten Verkehrsunfällen pro Jahr beide mit LÜ beginnen, nämlich Lüneburg und Lüdenscheid. Das las ich vor Jahren in der Zeitung und dachte sofort: «Hoffentlich merke ich mir das nicht!» Doch ich merke mir leider immer nur so was. Bedenklich ist auch, daß ich absolut unfähig bin, aus meinem Gedächtnis zu streichen, daß die Leuchtstoffkörperstarter in der Herrentoilette des Stuttgarter Ratskellers «made in Costa Rica» sind. Das muß ich nun mein ganzes Leben mit mir rumschleppen. Man denke sich nur: Ich liege auf dem Sterbefuton. Um mich herum stehen diejenigen, die sich nach meinem Ableben dumm und dämlich an mir verdienen wollen. Sie flehen mich an: «Nun sag doch noch irgendwas Schönes! *Mehr Licht* z. B. Oder wenigstens *mehr Ton* oder *mehr Bier*.» Doch was sage ich? «Die Leuchtstoffkörperstarter in der Herrentoilette des Stuttgarter Ratskellers sind ‹made in Costa Rica›.» Wie werd ich in der Nachwelt nur dastehen! Uwe Johnson – der Dichter der Teilung. Heinrich Böll – der warmherzige Versöhner und Mahner. Und ich? «Derjenige, der immer auf Herrenklos rumkroch, um zu gucken, wo die Leuchtstoffkörperstarter her sind.» Da lieg ich nun in meinem Sarg und schäme mich. Eines Nachts halt ich es nicht mehr aus, krabbele heraus und

leg mich mit in den Sarg von Käthe Kollwitz, kuschel mich an ihr Gerippe und rufe: «Tante Kollwitz, Tante Kollwitz, mal mein Elend.» Da knipst Käthe Kollwitz das Licht an. «Nanu», sage ich, «du bist ja ganz grün und blau!»

«Das kommt davon», sagt sie, «daß ich mich so geärgert habe.» Und dann fängt sie an zu nölen, daß es einen jungen Mann gebe, der aus lauter Armut seine Mikrowelle auf eine Lautsprecherbox stellen muß, und wenn sie den gezeichnet hätte, wäre sie viel größer rausgekommen etc. Und wie ich so daliege und das redselige Skelett ertragen muß, gucke ich in die Lampe am Sargdeckel und, buah, Schock, Horror, was steht dran? «Made in Costa Rica». Und als ob das nicht ausreichen würde, steht in Schreibschrift darunter: «Wer dies liest, ist doof». Man sieht, die Schande hört auch mit dem Tod nicht auf, und daher will ich niemals sterben. Ab morgen will ich ganz nach den Richtlinien leben, die Helmut Wandmaker in seinem Buch «Willst du gesund sein? Vergiß den Kochtopf!» aufstellt. Das ist ein ganz wildes, irres Buch. 600 Seiten darüber, daß man nichts essen darf außer rohem Obst und einigen wenigen Gemüsesorten. Brot sei ein «Stoff des Todes», auch andere Getreideprodukte führen zum frühen Tod, denn als vor 6000–8000 Jahren in Ägypten das Getreide gezüchtet wurde, sei das nicht zu Ernährungszwecken geschehen, sondern für die Sprengung der Steinblöcke im Pyramidenbau. Spinat und Zwiebeln seien giftig, und sexuelles Verlangen rühre vom übermäßigen Haferflockenkonsum. Milch verschleime die Gefäße, und Vollwertkost, das allerschlimmste, führe zu völliger Darmverwurmung und epileptischen Anfällen. Auch Mineralwasser erlaubt Wandmaker nicht, lediglich destilliertes Wasser und, aber nur, wenn es die «Gemütlichkeit» erzwingt, Lindenblütentee, weil er als einziger

Tee keine krebserzeugenden Tannine enthält. Wer gar Alkohol trinkt und raucht, der muß das Fernsehen laut stellen wie in einer Disko, und es fallen ihm die Zehen ab. Das Buch, in dem dies und noch viel mehr steht, gibt es in jeder Bahnhofsbuchhandlung, und wenn man es als Reiselektüre wählt, bekommt man unterwegs viele sympathisch wirkende Lachfältchen, denn es ist, obwohl vermutlich kenntnisreich geschrieben, in seiner düsteren Kompromißlosigkeit eines der komischsten Bücher, die ich in letzter Zeit las.

4) Das Wort «Vokuhila» hörte ich das erste Mal vor einem halben Jahr in Österreich. In den letzten Wochen begegnete es mir vereinzelt auch am Strand der Spree. Es bedeutet «vorne kurz, hinten lang». Gemeint ist eine verbreitete Herrenfrisur. Menschen, die eine Neigung zu barschen Kategorisierungen haben, jedoch müde sind, die betreffenden Herren als Manta-Fahrer, Schnauzbartträger und Goldkettchenträger zu brandmarken, werden diese Sprachnovität sicher gerne aufgreifen. Geigen.

Apropos Geigen: Der weise Geiger Sir Yehudi Menuhin machte kürzlich den Vorschlag, ausländerquälende Jugendliche auf Po und Rücken auszupeitschen. Diese Jugendlichen wollen, so Menuhin, Kraft und Stärke spüren, und das sollen sie dann auch. Außerdem solle man ihnen für zehn Jahre das Wahlrecht entziehen. Ich halte diesen Vorschlag für gut. Man muß sich ganz locker bei einer Tasse frischgebrauten, duftenden Kaffees zusammensetzen und ohne Orgasmuszwang darüber reden. Alle Welt fordert schwere Strafen, aber wie soll man sie denn bestrafen? Einsperren bringt nichts, da sind sie den ganzen Tag mit ihresgleichen oder noch Schlimmeren zusammen, und wenn sie wieder herauskommen, sind sie obendrein drogensüchtig. Öffentliches Auspeitschen und mit Schandkragen auf den Marktplatz stellen, daß sie ein jeder sehen kann – das scheint mir sinnvoller, humaner und billiger, als sie in Anstalten zu verstecken, wo sich überforderte und resignierte Beamte mit ihnen herumplagen müssen. Der große Geiger verwies auch auf die schlechte Ernährung der Jugend. Wie wahr: Die Jugend ißt den ganzen Tag mit Mettwurst überbackene Aspikbrutzelstullen und trinkt literweise Fanta dazu. Davon wird sie ganz hibbelig und überreizt. Der Zusammenhang zwischen falscher Ernährung und Gewaltbereitschaft mag einigen noch nicht vertraut sein. Doch ist es sicher weniger bizarr, auf ihn aufmerksam zu machen, als ständig zu behaupten, die Jugendlichen seien so böse, weil allewei Jugendzentren geschlossen würden. Daher noch ein Nachtrag zu meiner im letzten Heft angeleierten Schulreform: Ich fordere pro Woche eine Doppelstunde Ernährungswissenschaft und Kochen. Die essentiellen Dinge im Leben sind Schlaf, Liebe und Ernährung. Schlaf und Liebe sind leicht; aus einfachen, preiswerten Nahrungsmitteln gesunde Köstlichkeiten anzufertigen und diese mit echter Freude zu verzehren, das will gelernt sein. Den erwachsenen Pöbel muß man mit Arbeitsplätzen und Wohlstandsschnickschnack bändigen. Der Jugend aber muß man was beibringen, damit sie nicht verpöbelt. Ich möchte den Vorschlag Sir Yehudi Menuhins noch um einen Punkt ergänzen: Man kann aggressive Jugendliche auch sehr schön bestrafen, indem man sie zwingt, Betten zu beziehen. Im Haushalt gibt es drei Dinge, vor denen man erschaudert: Fenster putzen, Bügeln und Betten beziehen. Bügeln kann man notfalls bleibenlassen, und hat je einer davon gehört, daß dreckige Fensterscheiben irgendwann zu stinken anfangen? Nein. Aber die Betten. Daher wechsele ich ungefähr alle drei

Monate mein Bettzeug. Manch brave Hausfrau mag wegen dieser Information in Ohnmacht sinken, aber ich wüßte nicht, warum man Bettwäsche wechseln sollte, bevor sie richtig deutlich mieft. Wenn das erste Abwasser aus einer Waschmaschine voll Bettwäsche nicht ackerkrumenbraun ist, dann wäscht man zu zeitig und un-öko. Außerdem ist Betten beziehen einfach das Letzte. Es ist eine akrobatische Herausforderung. Gerne würde ich im Zirkus sitzen und Frauen in glitzernden Badeanzügen dabei bewundern, wie sie Betten beziehen. Ebenso gern phantasiere ich von einer Welt, die perfekter als die unsrige ist, eine, in der es keine elektrischen Nasenhaarschneider, sondern Bettenbezugsmaschinen gibt.

Am liebsten aber würde ich für rechtsradikale Jugendliche eine 93tägige Busrundreise durch den Harz organisieren. Vor jeder Pension müßten sie aussteigen und sämtliche Betten beziehen. Zwischendurch werden sie ausgepeitscht. Zu essen gibt's nur Porreepüree und Mandarinchen, aber nicht die leckeren aus der Dose, sondern die doofen vom Bäumchen. Ist eigentlich jemandem aufgefallen, daß die Obsthändler Mandarinen neuerdings *mit Blättern dran* anbieten? Früher waren da nie Blätter dran! Vielleicht denkt man, daß Mandarinen mit Blättern obstartiger, natürlicher wirken und weniger wie vorweihnachtliche Demagogik.

Fast hätte ich die Antwort auf Frage 5 vergessen: Der erste Österreicher hieß Robin Hood. Er hatte eine Tochter, der legte er eine Zwiebel auf den Kopf, und plötzlich gab es Österreich.

Ich war auf keinem Bauernhof außerhalb der USA

Auf der Welt gibt es eine Reihe von Städten, von denen ich annahm, daß keine zehn Pferde in der Lage wären, mich zu ihnen zu zerren. Neben Djakarta, Murmansk, Brasilia und Döbeln-Ost 2 zählte ich Los Angeles zu dieser Reihe. Vor einem Jahr jedoch beschloß meine Ex-Gattin Else, ebendort ihre Zelte aufzuschlagen und ein neues, von Palmen umwedeltes und von Autobahnen umsurrtes, kosmopolitisches Künstlerleben zu beginnen, und da wir uns im Herzen stets gut geblieben, bat sie mich um weihnachtlichen Besuch.

«Bring Vollkornbrot und Quark mit, ich lechze danach!» rief sie ins Telefon. Quark zu schmuggeln war mir allerdings etwas zu blöd. Sie weiß bestimmt bloß nicht, was Quark auf englisch heißt, dachte ich, unfähig, mir vorzustellen, daß Millionen von Menschen ein Dasein ohne Quark fristen müssen. Aber ich besorgte ein gutes Kürbiskernbrot aus dem Bioladen, denn das bringt es total: deutsches Bioladenbrot, hart wie unsere Währung. Den deutschen Paß hat nicht verdient, wem Baguette aus seiner Tasche ragt. Allerdings sollte den Bäckern mal einer erzählen, daß die Körner *in* das Brot gehören und nicht obendrauf. Wenn man da eine Scheibe abschneidet, fliegen die Dekorationskörner in der ganzen Bude herum, und wer macht die Sauerei wieder weg? Die Bäcker bestimmt nicht. Das hervorragende Brot trug ich ins Flugzeug, wo ich einen Wisch auszufüllen hatte, der mich etwas an die Einreisewische der DDR erinnerte, auf denen man angeben mußte, ob man Harpunen mit sich führe. Die US-Zollbehörden verlangen neuerdings Auskunft darüber, ob man Schnecken, Erde und Vögel einzuführen gedenke. Auch muß man zu dem Satz «Ich war auf einem Bauernhof außerhalb der USA» Stellung beziehen, indem man ja oder nein ankreuzt. Früher wurde man nach kommunistischen Neigungen gefragt, heute nach Schnecken und Bauernhöfen. Ist es das, was Bill Clinton im Wahlkampf mit «Change» gemeint hat?

Else war ungehalten, weil ich ihren Quarkwunsch nicht erfüllt hatte. «Komm, Frau», sagte ich, «wir gehen in einen Laden.» Aus einer hinteren Ablage meines Gedächtnisses hatte ich die nicht völlig sichere Information hervorgekramt, daß Quark «fresh cheese» heiße. Im Laden nichts dergleichen. Wir fuhren zum gigantischsten Supermarkt von Los Angeles. Wir fragten eine Angestellte, welche fröhlich auf ein Kühlregal deutete und rief: «All our cheese is fresh!» Daraufhin versuchten wir, der Frau zu erklären, was Quark ist. Dies ohne Vorbereitung zu tun fiele mir schon auf deutsch nicht wenig schwer: «Ja, da ist so weißes Zeug aus Milch, da wird, wie heißt das Zeug noch, Lab, glaube ich, reingetan, und dann wird das vielleicht zentrifugiert oder durch ein feines Tuch oder eine alte Damenstrumpfhose gequetscht ...» Ich fühlte in mir tiefes Verständnis für eine Fremdenführerin aufsteigen, die mir einst von einem Trauma berichtet hatte, das entstand, als sie einer Reisegruppe völlig unvermittelt auf englisch und französisch die Funktion einer Schleuse zu erklären hatte. «Ja, da kommt ein Schiff, und dann geht das dann so runter, und auf der anderen Seite geht das dann irgendwie wieder hoch ...» Und das in zwei Fremdsprachen!

Wir fuhren nach Las Vegas. Else hatte vorgeschlagen, «die Feiertage» in einem bombastischen Hotel-Casino-Komplex zu verbringen, und ich habe gelegentlich eine Neigung, auf gräßliche Vorschläge mit begeistertem Gejauchze zu reagieren. Unser Hotel-Monstrum erkannten wir sofort, weil wir aus dem Prospekt wußten, daß vor ihm alle 15 Minuten ein künstlicher Vulkan ausbricht, und der brach gerade aus. Wir folgten einem Schild «Valet parking».

«Weißt du, was valet bedeutet?» fragte Else.

«Keine Ahnung, vielleicht kriegt man da einen Gutschein oder so was.» Mir wurde mulmig. Vor und hinter Elses klapprigem Cadillac standen schwere Limousinen, in denen, soweit man es durch die verdunkelten Scheiben erkennen konnte, mit Juwelen behangene Personen saßen. «Hilfe, das sind die, die ganz oben in den Penthouse-Suiten wohnen!» stellte ich fest und wußte auch gleich, was Valet parking ist. Ich kannte es bislang nur aus dem Fernsehen. Die Autoinsassen steigen aus, und ein livrierter Schnösel fährt das Auto dann irgendwohin. Ich hatte mich immer gefragt, wie die Besitzer ihre Autos wiederfinden.

Mich grauste bei dem Gedanken, hier den Wagen verlassen zu müssen. Wir hatten nämlich «unangenehmes Gepäck». Else hatte ihr Damengerümpel auf fünf Supermarkt-Pappbeutel verteilt, und ich trug einen braunen Rucksack und einen Baumwollbeutel mit der Aufschrift «Butter-Lindner». Würde man uns nicht für mexikanische Flüchtlinge halten? Unnötige Angst – einer der Livrierten bemerkte unseren Irrtum und wies uns ohne jede Herablassung den Weg zum «Self-Parking».

An der Rezeption reichte man uns eine Karte, die wir, da darauf ein Wald, Wasserfälle, ein Dutzend Restaurants, der zu den Tigern von Siegfried und Roy gehörige Swimmingpool und ein Delphinarium eingezeichnet waren, zunächst für einen Stadtplan hielten. Es handelte sich aber lediglich um eine Orientierungshilfe durch die Hotelhalle. Während wir nun unser erdbebenopfergemäßes Gepäck auf dem Weg zum Fahrstuhl durch den künstlichen Urwald trugen, der, damit er weniger künstlich wirkt, mit künstlichen Gewächshausdüften aromatisiert wird, begann ich zu zweifeln, ob ich es durchstehen würde, diesem überkandidelten Ort wie geplant «europäisch», d.h. belustigt, aber mit dem Gefühl kultureller Superiorität zu begegnen. Und richtig: Ich fand alles äußerst angenehm.

So auch «Cesar's Palace», den benachbarten Hotelpalast. Auf Laufbändern gleitet man vorbei an einer Vielzahl von Tempeln, Säulen, Arkaden und teilweise sprechen könnenden Statuen, akustisch begleitet von Gladiatorenfilmmusik, künstlichem Tropenvogelgekreisch und schmetternden japanischen Durchsagen zu einer in ständiger Abenddämmerung versunkenen Piazza, wo man in «European style restaurants» Gerichte essen kann, die wörtlich übersetzt z.B. «Zwei monströse Fleischbälle in mundbewässernder Sauce» heißen. Cesar's Palace ist nichts für Lateiner und Faltenwurf-Fans, aber ein audiovisueller Schleckspaß für Leute, die bereit sind, sich vier Tage lang ihre von jahrzehntelangen Blicken auf Gebäude in vermeintlicher oder echter Bauhaus-Nachfolge (beides gleich ermüdend) oder karg dekorierte Theaterbühnen ergrauten Augen lustvoll rot zu reiben. Ich sage: New York sieht so aus wie im Fernsehen, da muß man nicht unbedingt hin, Los Angeles ist wie – hier zitiere ich meine formulierungsbegabte ehemalige Ehefrau – wie hundertmal den gleichen Satz an die Tafel schreiben. Las Vegas aber ist eine der wenigen legitimen Schwestern deutschen Vollkornbrots: unersetzlich, das muß sein, keiner macht es besser. Angesichts des unerhörten Energieverbrauchs an diesem Ort muß man allerdings seinen Öko-Heiligenschein, falls man einen solchen trägt, vorübergehend auf Stand-by stellen, sonst hält man es nicht aus. Doch selbst wenn es einst gelingen sollte, die ganze Welt ökologisch umzustrukturieren, Las Vegas sollte bleiben: als Mahnmal eines heiteren Irrwegs und als Museum der Verschwendung.

Froh war ich, daß es meiner klugen einstmals Angetrauten trotz all des kulturell zweifelhaften Geprunkes in keinem Moment einfiel, das Wort «Kitsch» zu verwenden. Ich schätze diese Kurzverurteilung nicht, erst recht nicht, wenn modisch paradox dahergeredet wird, etwas sei «herrlich kitschig». In keinem Lexikon fand ich je eine mir einleuchtende Definition von Kitsch. Ganz gleich, ob man entbehrlich scheinenden Gefühlsausschüttungen, ablehnungsfreien Darstellungen von Volksfrömmigkeit, verheulten Schilderungen gesellschaftlicher Ungerechtigkeit, ungezähmter Freude am Ornament, naivem Weltverschönerungsdrang, Verwendung von Mustern aus der Pflanzenwelt in der bildenden Kunst, eklektizistischem Eifer, einem Mißverhältnis zwischen Form und Inhalt oder zwischen Ambition und Resultat begegnet – stets wird hastig «Kitsch» gebellt, statt eine der aufgezählten, doch sehr unterschiedlichen Erscheinungen präzise zu nennen. Mir ist einmal eine Schülerzeitung in die Hände gefallen, in der Schüler ihre Lehrer baten, aktuelle Popsongs zu rezensieren. Einer Lehrerin mißfiel, daß ein Sänger im Refrain eines Liedes «I love you, I love you, I love you» sang, und bezeichnete das als kitschig. In diesem hübsch ungequälten Bekenntnis sind jedoch sämtliche Kriterien, anhand deren sich der Begriff Kitsch noch irgendwie eingrenzen ließe, dermaßen abwesend, daß es sich als Schulbeispiel für Nichtkitsch vorführen ließe. Möge die Jugend die Kraft beschleichen, nichts auf Leute zu geben, die einfach formulierte Gefühlsregungen und Freudensäußerungen für entbehrlich halten. Entbehrlich ist allein der Begriff

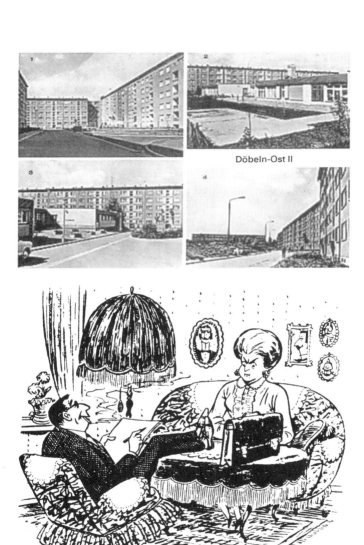

Döbeln-Ost II

„Was halten Sie von Amerika?"

«Kitsch» – eine Totschlagvokabel, die aufgrund semantischer Überlastung gar nichts mehr transportiert außer einer diffusen Überlegenheitssehnsucht des Sprechers und daher geflissentlich gemieden werden sollte.

Natürlich mußten Else und ich dort auch eine klassische Las-Vegas-Show besuchen, und da zwar die Tiger von Siegfried und Roy, nicht aber die Herrchen selber in der Stadt waren, wählten wir einen Komödianten-Abend in einem Glitzer-Etablissement der sechziger Jahre. Wir hatten altmodische Gentleman-Anzüglichkeiten erwartet, doch statt dessen wurden uns drei feministische Kabarettistinnen serviert, die Witze über Penisse, gynäkologische Untersuchungen und die religiösen Gefühle ihrer mittelständischen Zuschauerschaft machten, welche indes beneidenswert gelassen lachte. Insgesamt schien mir Las Vegas eine unreligiöse Oase zu sein. Nirgends eine Spur von feister Weihnachtsmenschelei, nirgendwo bösartige Lieder reicher Hoffnungsdelirianten – «Heal the world», «I have a dream» –, nicht in Las Vegas! Gefallen hat mir auch das Fehlen allen Disneytums. Ich weiß nicht, ob das Disney-Imperium in Las Vegas irgendwelche Hotels besitzt, aber es laufen keine aufdringlichen Micky-Maus- oder Goofy-Figuren herum, die einen zwingen, sich mit ihnen fotografieren zu lassen. Man wird zu überhaupt nichts animiert, nicht einmal zum Spielen. Wer will, kann auch bloß saufen, was obendrein, genau wie die Übernachtungen, billig ist. Ein komfortables Doppelzimmer mit Vulkan vorm Fenster kostet höchstens halb soviel wie ein enges Einzelzimmer in Leipzig ohne Vulkan. Bedauerlich war eines: Man kann sich nirgendwo mal ruhig hinsetzen und eine Postkarte an seine Lieben schreiben. Selbst in die Bartresen sind Videopoker-Maschinen eingebaut. Selbst noch auf Zimmer 21027 hört man den

Vulkan dröhnen. Und Briefkästen habe ich auch nicht gesehen – vermutlich, weil sie nicht glitzern.

Zurück in Los Angeles, fuhren wir zum Hollywood Boulevard, weil man dort den ‹Spiegel› kaufen kann. Ich hatte in den Wochen davor ca. neun Artikel gelesen, in denen stand, daß die Frauen bei den Skinheads «Renees» heißen, und ich hoffte nun, den zehnten zu finden. Und ich wurde fündig! Ich finde, in jeder Zeitschrift sollte stehen, daß die Frauen bei den Skinheads «Renees» heißen. Das muß man doch wissen. Und ei, ein Interview mit der Gruppe «Störkraft». Ich finde, in jeder Zeitschrift sollten Interviews mit der Gruppe «Störkraft» stehen. Das muß man doch lesen. Damit man hinterher durch die Stube schleichen und murmeln kann: «Ojemine, die Gruppe ‹Störkraft›.» Neulich setzte sich ein junger Mann in mein Zugabteil. Er sah sehr nett aus, trug allerdings ein Rudolf-Heß-T-Shirt. Wer lief rot an und verbarg sich hinter einer Zeitung? Ich! Der andere kramte seinen Walkman hervor. «Jetzt hört er bestimmt die Gruppe ‹Störkraft›», dachte ich. Aber nein: Er hörte Herbert Grönemeyer, den am dollsten gegen rechts rockenden Musiker. Vielleicht hielt er Rudolf Heß ja auch für einen Popstar. Ich hatte in meinem Jugendzimmer jahrelang ein Poster von Angela Davis hängen. Ich dachte, das sei eine Sängerin. Ich hatte schon Schuhgröße 44, als ich erfuhr, daß Angela Davis eine Funktionärin der Kommunistischen Partei der USA war.

Nun soll mein Aufsatz zu Ende sein. Wie ist er mir geraten? Habe ich Wertvolles mit auf den Weg gegeben? Hat man derlei «so» zuvor noch nicht gelesen? Spürt man in jedem zweiten oder dritten Wort das Glühen Gottes? Nein? Kitschig ist der Aufsatz? So mag es sagen, wer nicht anders kann.

PS: Wußten Sie schon, daß die Frauen bei den Skinheads «Renees» heißen?

Nachbemerkung Herbst 1994:
Natürlich gibt es im Englischen ein Wort für Quark: *curd* oder als Pluraletantum *curds*. Die damit bezeichnete Substanz trifft man aber nur selten an. Immerhin gibt es bei Hüttenkäse *small curd* und *large curd cottage cheese*.

Warum Dagmar Berghoff so stinkt

IN der alten Zeit, als die people, wie man auf neudeutsch sagt, noch mit Haspeln und Raspeln hantierten, strich man sich den Schmutz aus den Ohren einer Eselin auf die Stirn, um gut schlafen zu können. Auch glaubte man, daß, wenn eine menstruierende Frau an einem Gurkenbeet vorbeiginge, die Gurken verdorren würden. Wäscherinnen, die sonniges Wetter wünschten, empfahl man, in eine Unterhose hineinzulachen, und das Essen von Käse galt als ein Mittel, die Langeweile zu vertreiben. Der Trunksucht dagegen glaubte man mit dem Trinken von Leichenwaschwasser beikommen zu können. In einigen Gebieten wurde geglaubt, daß man Petersilie lachend und mittwochs auszusäen habe, in anderen Gegenden hieß es, man müsse das zornig und dienstags tun. Abgeschnittene Haare durfte man nicht aus dem Fenster werfen, weil man Gedächtnisschwund fürchtete, wenn ein Spatz die Haare zum Nestbau verwendet. Auch war man überzeugt, daß Hexen aus Haaren Hagelkörner herstellen. Insgesamt wurde zum Vergraben von Haaren geraten. Heute sitzen die Menschen in kleinen Gruppen in den Pizzerien und beschmunzeln solchen Aberglauben. «Hach, wie naiv-skurril, unsere Altvorderen», hört man sie krähen. Dabei ist der Drang zu putzigen Irrlehren heute so stark wie zu jeder Zeit.

Weit verbreitet ist der Glaube, daß ein Eilbrief den Empfänger einen Tag eher als ein Normalbrief erreiche. Das ist aber ein Ammenmärchen. Es sitzt die Amme an der Wiege und flötet zum Kinde: «Hallihallo, ich bin deine Amme, und ein Eilbrief kommt einen Tag eher an als ein normaler, dutzi, dutzi, dutzi», und der Nachwuchs denkt: «Ei, das ist schön, dann werde ich, wenn ich groß bin, alle Welt mit Eilbriefen bombardieren, und darüber hinaus denken irgendwelche doofen Akademikerinnen oder SPD-geführten Frauen, daß kleine Kinder es nicht mögen, wenn man dutzi, dutzi, dutzi zu ihnen macht, dabei fahren wir in Wirklichkeit voll darauf ab!» Ich hingegen habe mir in meinem Postamt meine Vermutung bestätigen lassen, daß es bei der Deutschen Bundespost keine beschleunigte Brief*beförderung* gibt, da sämtliche Post so schnell wie technisch möglich befördert wird. Das allgegenwärtige Gemotze über die langsame Post entstammt derselben unheiligen Allianz aus komfortübersättigten Rechtsspießern und linken Deutschlandhassern, die einem auch eintrichtern wollen, daß es zwischen «Ossis» und «Wessis» unüberbrückbare Gegensätze gebe.

Fast alle Briefe sind flink wie motorisierte Wiesel. Wer gerade sich selbst beim schnippischen Anzweifeln meiner Aussagen auf frischer Tat erwischt, sollte sich lieber vornehmen, seine Briefe fürderhin lesbar und vollständig zu adressieren und sie in häufig geleerte Briefkästen zu werfen. Wer sie in verrostete Kästen nahe seit fünf Jahren pächterlosen Waldgaststätten tut, darf sich nicht wundern. Die Post ist eine heilige Institution, und das Bekommen von Post hat am späten Vormittag die gleiche tröstende Funktion, die der mäßige Genuß leicht alkoholischer Getränke am Abend und der Schlaf in Nacht- und Morgenstunden ausüben. Die öffentliche Verehrung, die Sportlern oder Schönheiten der Unterhaltungsindustrie zuteil wird, sollte man lieber den Postboten widmen; ein Brief, scherzhaft gerichtet an «Kapitän Zahngold», wurde mir pünktlich zugestellt. Natürlich kann es auch im gelecktesten Postamt mal vorkommen, daß etwas hinter den Heizkörper flutscht oder auf den Philippinen landet. Ein Bekannter erhielt neulich eine Karte von mir mit dem Stempelaufdruck «missent to Manila». Toll, daß die dafür extra einen Stempel haben! Gut ist so was! Liebenswürdiges Schludern verwandelte einen ordinären Gruß in einen tropisch duftenden, luftpostphilatelistischen Leckerbissen. Wegen Poststücken mit dem Aufdruck «Hinter den Heizkörper geflutscht» gibt es auf Auktionen zweifelsohne Raufereien.

Doch zurück zum Mythos Eilbeförderung. Wie sollte diese denn vonstatten gehen? Am Abend fliegt ein Postflugzeug mit sämtlicher Post von Berlin nach Hannover oder Frankfurt oder weiß der Geier. Denken denn die Eilpostapostel im Ernst, daß der Eilbrief in einen Düsenjäger gesteckt wird, der dann das normale Postflugzeug – wroom – überholt? Stellen sie sich vor, daß für wenige Mark Expreßgebühr Motorradkuriere die Autobahnen entlangdonnern? Nein, es gibt lediglich eine beschleunigte *Zustellung* am Zielort, d. h., der Brief kommt um sieben Uhr morgens statt um zehn Uhr an. Es ergibt also nur Sinn, einen Eilbrief zu versenden, wenn man weiß, daß der Empfänger um acht Uhr morgens außer Haus zu gehen pflegt, um Säcke durch die Stadt zu schleppen, Ölumlaufpumpen heile zu machen oder Kinder vollzusülzen. Jemanden mit Eilzustellungen zu behelligen, dessen Aufstehzeit man nicht genau kennt, ist eine schallende Ohrfeige ins Gesicht des menschlichen Miteinanders, ein düsterer Rückfall in die Mottenkiste nicht vorhandener Nächstenliebe. Niemand liebt es, um sieben Uhr morgens in der Unterhose und mit sekretverkrusteten Gesichtsmerkmalen die Türe zu öffnen. Die meisten Menschen sehen um diese Zeit aus wie Rübezahl. Auch Cindy Crawford sagte in einem Interview, daß sie nach dem Aufstehen nicht wie Cindy Crawford ausschaue, sondern – das sagte sie nicht selber, das ergänze ich – wie Rübezahl. Folglich sage ich: Eilbriefe? Forget it, wie man auf neudeutsch sagt. Es ist nämlich so, daß gerade Freiberufler und beautiful people, wie man auf neudeutsch sagt, um sieben Uhr oft noch die Matratze belauschen, statt Verve und Elan zu versprühen. Viele wird es erschüttern, etwas dermaßen Abscheuliches erfahren zu müssen. Gerade die Säckeschlepper halten das für einen Skandal. Daher brüllen und schreien sie während ihrer Arbeit: «Wir brüllen und schreien beim Säckeschleppen zwecks Folter fauler Künstlerdeppen.» Und durch die Studentenbudenhochburgen schallt es: «Wir renovieren und wir bohren bevorzugt vor Studentenohren.» Armeen sekretverkrusteter Studenten kennen diese ungelenken Reime.

Ich bin bekannt als jemand, der in puncto schonungsloser Tatsachenbrutalität kein Blatt vor den Mund zu nehmen pflegt, und ich halte die Leser für im positiven Sinne abgebrüht genug, zumindest zu respektieren, daß ich meine vorhin geäußerte Nutzinformation, es gebe Menschen, die um sieben Uhr noch im Bett liegen, noch ausdehne, indem ich sage, daß es sogar welche gibt, die noch um acht einfach daliegen, statt herumzuspringen. Mir hat vor vielen Jahren mal ein Erdenkenner hinter vorgehaltener Hand erzählt, daß er von jemandem wisse, der oft noch um neun im Bett liegt. Ich habe das damals für eine satirische Zuspitzung im Stil von Mark Twain, wie man auf neudeutsch sagt, gehalten, aber in der Zwischenzeit bin ich von allen Mühlen des Lebens gemahlen worden und weiß, daß es eine ganze Menge Menschen gibt, die sogar noch um halb zehn keinen Gedanken ans Herumspringen verschwenden. Diese soziologische Delikatesse zu enthüllen scheint mir angebracht, seit ich im Hofe meines Wohnhauses einen Altglascontainer entdeckt habe, in welchen man von 7.00–13.00 und von 15.00–18.00 Flaschen hineinschmeißen darf. Die Sippe der Reinschmeißzeitenbestimmer scheint hinter dem Monde zu wohnen. Wieso nicht von 13.00–15.00? Mittagsschlaf? Ach was: Das Kulturphänomen Mittagsschlaf ist in unserem Lande ca. 1965 so gut wie ausgestorben. Man begegnet ihm heute so selten wie heißem Orangensaft oder einem Langwellenhörer. In meiner Kinderzeit wurde für «Hohes C» noch mit dem Argument geworben, daß es auch heiß sehr gut schmecke. Heute belehren einen schon Dreijährige auf dem Dreirad, daß Vitamin C nicht hitzebeständig sei. Und wer lauscht heute noch der Langwelle? Weil ich Lust hatte, etwas Bizarres zu tun, habe ich neulich mal gehört, was da kommt. In der Mitte hat es geknattert, links davon hat es asthmatisch gefiept, nur ganz links redete eine dänische Dame sehr leise und langsam. Ebenso leise und langsam sprach eine russische Dame, die ich ganz rechts fand. Ich nehme an, sie sprachen miteinander. Wahrscheinlich darüber, daß es bei dem Geknatter und Gefiepe unmöglich ist, Mittagsschlaf zu halten.

Eigentlich wollte ich nun das Publikum mit der Information frappieren, daß es Menschen gibt, die teilweise bis halb elf im Bett liegen. Aber das hebe ich mir lieber fürs nächste Heft auf. Schön ist das mich warm durchstrudelnde Gefühl, den Menschen etwas zu geben, auf das sie sich freuen können. Also:

Im nächsten Heft wird stehen, daß gewisse Personen bis teilweise Viertel vor elf schlafen, ach was, bis Punkt elf sogar, doch pst! Ich will nicht zuviel verraten. Durch meinen Ankündigungs-Service wird die wegen der Kohl-Titelblätter gesunkene Auflage des Satireheftchens, für das ich mich hier abmühe, gewiß nach oben zoomen, wie man auf neudeutsch sagt.

Apropos Kohl: Stets habe ich das Gezetere kritisiert, das unser Land überschwemmt, wenn Kohl einen Satz sagt. Wir erinnern uns daran, daß er in Israel mal von der «Gnade der späten Geburt» sprach. Immens war das Gezeter, obwohl das eine kluge Formulierung war. Nun wieder das gleiche: Kohl hat den russischen Präsidenten versehentlich als sein «lila Lutschmobil» bezeichnet. Sofort wurden drei neue Privatsender aus dem Boden gestampft, in denen sich Kabarettisten drängeln, die sich gar nicht wieder einkriegen vor lauter Lutschmobil-Tätärätä-Satire. Wenn Walter Jens Boris Jelzin «lila Lutschmobil» genannt hätte, dann hätten die Menschen gesagt: «Welch meisterliche Rhetorik!», wenn ich Jelzin so bezeichnen würde, hieße es: «Was für eine skurrile Alltagsbeobachtung!», und wenn Reinhold Messner über Boris Jelzin gesagt hätte, er sei ein lila Lutschmobil, würden alle rufen: «Was für ein schönes Gebirgsvideo!» Aber wenn Helmut Kohl so etwas sagt, hinterläßt er angeblich einen Scherbenhaufen. Das finde ich etwas ungerecht.

Wegen der Überschrift dieses Artikels sollte man sich keinen Kopf machen und statt dessen vermuten, daß News-Lady Dagmar Berghoff, wie man auf neudeutsch sagt, gar nicht stinkt, sondern daß sich, wo sie wirkt und werkt, frauliches Düfteln bemerkbar macht. Sie ist reinlich und von heute. Selbst als sie noch menstruierte, ist nie eine Supermarktgurke ansichtig ihrer verdorrt. Nie lacht sie in eine Unterhose, denn sie weiß, das Wetter kommt von den Experimenten im universe, wie man auf neudeutsch sagt, und ihre Haare wirft sie immer aus dem Fenster.

Dagmar Berghoff springt um sieben Uhr morgens aus dem Bett, und während sie sich die Sekretkrusten aus dem Gesicht klopft, geht ihre Klingel. Sie legt das Sekrethämmerchen beiseite. Ein Eilbrief. Von mir. Sie liest: «Der Eilbote ist ein Freund von mir, und ich schicke Ihnen diesen Brief nur, damit er mir erzählt, wie Sie um sieben Uhr morgens aussehen.» Schon am nächsten Tag bringt mir der Normalbriefträger einen Brief vom Eilbriefträger. Darin steht: «Ich mache bei diesem schmutzigen Spielchen nicht mit. Würdest Du etwa wollen, daß jemand herumtrompetet, wie Du um sieben aussiehst?» Ja! Warum nicht? Ich sehe nämlich morgens um sieben aus wie Cindy Crawford. Aber wirklich nur Punkt sieben nach der Braunschweiger Atomuhr. Die Braunschweiger Atomuhr flüstert mir gerade zu, daß jetzt der günstigste Zeitpunkt ist, meinen Aufsatz abzubrechen, in welchen ich mancherlei einstreute, zum Beispiel etwas gütigen Spott über die ermüdende Angewohnheit vieler Leute, in ihrer Rede jedem englischen Ausdruck die Floskel «wie man auf neudeutsch sagt» nachzuschicken. Très chic wird es zur Zeit übrigens gerade, die deutschen Interjektionen «Hoppla» und «Huch» durch ein englisches «Oops» zu

Hier gehe ich jeden Tag hin, um zu schwören, daß ich die Lutschmobil-Passage zuerst streichen wollte, dann aber dachte: Wieso denn? Ist doch lustig!

ersetzen. Diejenigen, die das bedauern, sind, rein menschlich gesehen, wahrscheinlich ungefähr gleich gut wie die, welche das gutheißen, und die, denen es egal ist.

PS: Da trotz der Strukturierungshilfe der Atomuhr noch Platz ist, hier meine derzeitigen Lieblingsdefinitionen aus Wahrigs Deutschem Wörterbuch:
1) Stilb = nicht mehr zulässige Maßeinheit der Leuchtdichte selbst nicht leuchtender Körper
2) abböschen = einer Sache die Form einer Böschung geben

Lieder sind geschmolzene Stadthallen
oder: Früher war alles gelb

EINES Nachmittags hatte ich eine Stunde in einem Café totzuschlagen. Ich hatte keinen ausgesprochenen Wohlfühltag und bildete mir ein, daß alle anderen Cafégäste mich böse anschauen. Ich wollte daher nicht einfach nur dasitzen, sondern einen beschäftigten Eindruck machen. Da keine Lektüre vorhanden war, knöpfte ich mir mein Notizbuch vor. Ich wußte aber nichts zum Reinschreiben. In meiner Verzweiflung begann ich das mitzuschreiben, was zwei Jugendliche unterschiedlichsten Geschlechts am Nebentisch einander erzählten. Es waren archetypische blondierte Studenten vom Schlage «Kino, Kneipe, miteinander quatschend», Geburtsjahr ca. 1970, das Jahr, in dem ich nach den großen Ferien in einem gelben Batikhemd mit Schnürverschluß zum Unterricht kam und dachte, das finden bestimmt alle gut.

Zuerst redeten die jungen Leute darüber, daß Ofenheizungswärme viel kuscheliger sei als eine von Zentralheizung erzeugte. Ächz, dachte ich, schrieb aber tapfer weiter, mich mit der Hoffnung auf Versprecher oder Merkwürdigkeiten tröstend. Ich sammele so was, und zwar ohne Arroganz und Absicht. Ein Freund z. B. sagte neulich versehentlich, daß die Fischer in der DDR ihre Hühner mit Eiern gefüttert hätten; und Schopenhauer, eine verstorbene Intelligenzbestie, bemerkte einmal, Architektur sei gefrorene Musik. Wie herzerfrischend es ist, wenn die Zunge auf Glatteis zu Fall kommt. Ausrutscher dieser Schönheit brachte die Studentenkonversation zwar nicht ein, aber doch einiges, was mir gefiel.

Die Frau beschrieb eine Insel: «Das ist total surrealistisch, wie die Farben da aufeinanderprallen, also überhaupt nicht weich von der Landschaft her, eigentlich unheimlich karg, aber eben auch faszinierend.» Um welche Insel es ging, ist mir entgangen. Vielleicht um die Blumeninsel Mainau, wo Graf Bernadotte, der dort wohnt und wirkt, sich einmal vor eine Palme pflanzte und sprach: «Ich bin Graf Spermadotte, denn ich habe 13 Kinder oder sogar 15 und, wie Sie gerade hören, auch Humor.»

Vielleicht sprach sie aber auch von irgendeiner anderen Insel. Dann redeten sie über den TV-Dauerbrummer *Raumschiff Enterprise*, die Super-Gutfindserie für Super-Gutfindleute von heute, die gut drauf sind und stolz darauf, daß sie das gut finden, so gut drauf zu sein.

Er: «Ich versuche ja immer, das kulturhistorisch aufzuwerten, aber spätestens nach der dritten Folge muß man doch zugeben: Das ist einfach nur platt.»

Sie: «Das ist überhaupt nicht platt.»

Er: «Das ist nur platt.»

Sie: «Das ist natürlich schon platt, aber die Folgen sind alle unterschiedlich platt.»

Er: «Die sind alle gleich platt.»

Sie: «Nee, da sind irgendwo riesige Unterschiede.»

So einen leuchtenden Dialog hatte ich lange nicht gehört. Die Serie geht mir zwar am Arsch vorbei (deutsche Redewendung, *derb*), aber ein Vorteil am Älterwerden ist, daß man aufhört, Leute doof zu finden, weil die etwas gut finden, was man selber doof findet. Alle meine Bekannten fanden z.B. die Lichterketten doof. Ich fand sie gut. Prallten aber harte Worte an wutgeschwollene Schädel, zerschellte Porzellan am Boden, knallten Türen, ging man grußlos auseinander? Nö, i wo, kein bißchen! Junge Leute sind da anders. Die sagen: «Mario ist doof, denn der hört HipHop.» Da rufe ich:

«Aber ihr Kinder! Seid doch nicht so engherzig! Ihr könnt doch den lieben, süßen Mario nicht doof finden, nur weil er eine andere Musikrichtung als ihr bevorzugt! Ihr müßt sagen: ‹Mario ist doof, obwohl er HipHop hört!›» Angefüllt mit Dank und mühelos gereift, entschleicht die Jugend meiner Einflußsphäre.

Bleiben wir beim Phänomen des Gutfindens und seinem Geschwisterphänomen, dem Schlechtfinden. Oft finden Menschen z. B. etwas schlecht, weil sie die Menschen doof finden, die das gut finden. Früher dachte ich immer, Guns N' Roses müssen schlecht sein, weil die Leute, die Guns N' Roses gut finden, so doof sind. Das sind sie natürlich auch – manche sind ja sogar im Gesicht tätowiert. Ich versuche zwar, mir die Auffassung abzugewöhnen, daß jemand, der sich im Gesicht tätowieren läßt, in eine Lebensstraße einbiegt, an deren Anfang sich ein Objekt in ein Subjekt und an deren Ende sich ein Subjekt in eine Substanz verwandelt, aber es gelingt mir nicht, zu dieser gewiß unschönen Auffassung Servus zu sagen.

Guns N' Roses sind relativ prima. Als ich dies vor wenigen Jahren staunend zur Kenntnis nahm, klatschte ich mir vor Freude über die Elastizität meiner eigenen Auffassungen auf die Schenkel. Den Zwanzigjährigen mit ihrer Abba- und Enterprise-Gutfinderitis rufe ich zu: «Ihr habt diese Zeiten ja nicht miterleben müssen», und zwar in einem Ton, den ich in scherzhafter Absicht jenem Ton ähneln lasse, in welchem meine Großmutter ihr «Ihr habt ja keinen Krieg erlebt» vorzutragen pflegte. Die Mädchen trugen zu Abba-Zeiten Glockenröcke oder gelbe Polyesterhosen mit Ringreißverschluß hinten! Heutige Damen lachen oft mehrere Stunden lang, wenn sie von solchen Torheiten erfahren. «Haha, Reißverschluß hinten! Da zieht doch ständig einer dran!» Genauso war es: Dran ziehen und weglaufen, ein beliebter Spaß unter dreizehnjährigen Knaben. Nach den Ferien übertrumpften die Mädchen einander mit neuen Glockenröcken. Sie betraten das Klassenzimmer mit einem Blick, der sagte: «Ich hab zwar einen neuen Glockenrock an, aber da ist doch gar nichts bei; es ist doch ein ungeschriebenes Schülergesetz, daß man nach den Ferien etwas Neues anhat.» Aber sie waren natürlich total beleidigt, wenn man nicht auf sie zuschritt und rief: «Oh, du hast ja einen neuen, wirklich faszinierenden Glockenrock an. Herzlichen Glückwunsch!» Die Lehrerinnen trugen schenkellange Strickjacken mit riesigen, aufgenähten, von Zigarettenschachtel- und Orangentransport ausgeleierten Taschen, natürlich auch Glockenröcke und mittelbraune, kniehohe sogenannte «Damenstiefel» mit Ringreißverschluß. Im Unterricht setzten sie sich auf die Heizkörper, wodurch zwischen Stiefeloberkante und Rocksaum grobknorpelige, käsige Kniescheiben sichtbar wurden. Ich weiß nicht, worauf sich Lehrerinnen heute niederlassen, aber in den siebziger Jahren saßen sie grundsätzlich alle auf der Heizung. Wodrauf sich die männlichen Lehrer damals setzten, weiß ich nicht mehr, sie waren mehrheitlich recht uneinprägsame Gestalten. Die Jungens trugen gelbe Hemden mit Dackelohrkragen und Sternzeichenanhänger. Die Sachen, die jetzt die Seventies-Revival-Leute tragen, die trug damals kein Mensch. Am gelbsten war es, wenn es regnete. Dann trug jeder eine gelbe Öljacke, vom überschäumenden Humor jener Jahre auch Ostfriesennerz apostrophiert. Wenn eine Gruppe Schüler vom Erde- oder Bioschwänzen kam, sah es aus wie eine Prozession von Briefkästen. Und wenn mein gelbes Mofa seinen Geist aufgab, dann mußte ich es schieben. Das war nicht das Gelbe vom Ei, aber sonst war alles gelb. Alles, alles, alles! Ich bin jedenfalls froh, heute zu leben. Ich will moderne Musik und moderne Serien, z. B. *Lindenstraße*. Verglichen damit ist *Raumschiff Enterprise* eine Gesprächsrunde mit tablettenabhängigen schwäbischen Pastorinnen. In jeder Folge dieser angeblich alltagsnahen Serie kommt mehr Science-fiction vor als in zehn Jahrgängen Perry Rhodan. Einmal überlegte Gabi, ob sie Lisa adoptieren soll. Eine Woche später bekam sie positiven Bescheid vom Amt. In einer anderen Folge hatte die Blumenhändlerin Schmerzen in der Brust, und schon in der darauffolgenden war die Brust futschikato, aboperiert. Galaktisches Tempo, kann man da sagen. Anderes Beispiel: Hans Beimer verliert seinen gutdotierten Hoteljob. Spielte die Serie in der normalen Welt, würde Hans halt auf die Ersparnisse zurückgreifen, die normale deutsche Familien nun einmal haben. Da die *Lindenstraße* aber in einem kosmischen Parallelmünchen jenseits der Zeitleiste spielt, hat Hans schon zwei Wochen nach seiner Entlassung nichts mehr zu essen und muß auf alten Teebeuteln herumkauen. Wäre ich Sarkast, würde ich krähen: «Wenn das Volk kein Brot hat, warum ißt es dann keinen Kuchen?» Das hat, glaube ich, einmal Mutter Teresa gesagt. Entschuldigung, ich meine natürlich Maria Theresia. Bzw. Marie-Antoinette. Aber ist ja egal. Was Frauen so daherreden, wenn der Tag lang ist.

Und Männer erst mal! Schopenhauer, die beliebte Intelligenzbestie, die sich ja nun ooch schon seit geraumen Jahren die Radieschen von unten begucken muß. Stellte sich mir nichts, dir nichts vor irgendeine Palme und sagte, Architektur sei gefrorene Musik. Oder ich: Ich sage z. B. folgendes zur Musik von heute: In meinen diversen Tonwiedergabegeräten können sich die modernsten Ensembles und Solisten sämtlicher Rassen und aller anerkannten Klangerzeugungsnationen gründlich die Türklinke in die Hand geben und austoben. Hätte ich als Jugendlicher die schöne Musik zur Verfügung gehabt, zu der sich heutige Jugend die Seele aus dem Körper strampelt, hätte ich in den Diskos meiner Heimatstadt dermaßen intensiv herumgezappelt, daß meine Sternzeichenanhängerkette gerissen wäre. Schöne Vorstellung: Sechzehnjähriger mit Brille, der zwischen lauter Tanzenden am Boden herumkriecht und greint: «Macht doch mal das Licht an. Mein Sternzeichenanhänger ist abgegangen.» Aber für mich wäre das nichts gewesen: Ich hatte nie eine Brille, und zu «Una paloma blanca», «Mississippi» und «Fernando» mochte ich nun wirklich keinen Finger und schon gar kein Tanzbein krümmen. Solche Lieder wirkten auf mich damals, um bei Schopenhauer zu bleiben, wie geschmolzene Stadthallen.

Und weil ich gerade von der Disko sprach: Was wollte eigentlich Joan Baez in zwei Mannheimer Diskotheken? Unter der schönen Überschrift «Joan Baez darf nicht in Mannheimer Diskos» stand in der Zeitung die häßliche Geschichte, daß Joan Baez und ihren sechs Musikern der Zutritt zu zwei Mannheimer Diskos verwehrt wurde. Argument: «Das sind zu viele Ausländer auf einmal.» Das Schlechtfinden dieses Ereignisses erübrigt aber nicht die Frage, was Joan Baez in einer Disko wollte. Wollte sie in den Laser-Kaskaden mal so richtig in Trance geraten oder einfach nur ein paar Tequilas auf ex trinken? Beides mag man ihr gar nicht so recht zutrauen. Wahrscheinlich wollte sie sich nur auf den Heizkörper setzen und mit ihren dikken Knien protzen. Gerhard Widder, der Mannheimer OB, hat sich bei der sympathischen Künstlerin («The Night They Drove Old Dixie Down») übrigens telefonisch für die ihr verweigerte Trance entschuldigt. Telefonisch – das ist typisch! Statt zu ihr hinzugehen und zu sagen: «Oh, Sie tragen ja noch immer Ihren faszinierenden Menschenrechtsglockenrock. Aber das ist ja normal, daß man sich als 52jährige nicht ständig neue Glockenröcke kauft.»

Apropos Joan Baez («The Night They Drove Old Dixie Down»): Es gibt ja Leute, hinter deren Namen regelmäßig was in Klammern steht, z.B. Helmut Kohl (CDU) oder Johann Wolfgang Goethe (1749–1832). Eine Zeitlang fraß die Ambition an mir, eine utopische Situation zu konstruieren, in welcher alles durcheinandergewirbelt wird, die Menschen von ihren angestammten Klammerinhalten separiert werden, so daß es plötzlich heißt: Helmut Kohl (1749–1832) und Goethe (CDU). Das gewagte erzählerische Projekt sollte heißen «Deutschland atmet auf». Ich dachte: Ach, selbst in den rückständigsten Mauselöchern unseres Landes hat sich inzwischen herumgesprochen, daß Kohl-Witze nerven, so daß man durchaus schon wieder ein wenig in Richtung Revival experimentieren könnte. Dann fiel mir aber erstens ein, daß nationales Aufatmen auch im Science-fiction-Milieu nie wieder an Einzelpersonen gebunden sein darf, und zweitens konnte ich der Konstellation Jay Jay Okocha (Marie-Luise Marjan) und Helga Beimer (Eintracht Frankfurt) gar nichts abgewinnen. Fröhlich ließ ich die schauderhafte Idee sausen.

Schließen möchte ich mit einer Buchkritik. Der neue Duden-Band *Redewendungen und sprichwörtliche Redensarten* ist so mittel. Hübsch sind aber diverse Beispielsätze daraus, z.B.: «Na, du altes Register, gehst du mit mir auf ein oder zwei Bier zum Schwanenwirt?» – «Du hast alle Äpfel weggefuttert. Das sollst du am Kreuze bereuen!» Oder: «Mit zwei Pornoheften verschwand er im Badezimmer, um sich einen von der Palme zu wedeln.» Apropos Palme: In einer etwas länger zurückliegenden Kolumne brachte ich div.

Leute auf die Palme, indem ich schrieb, daß sich Männer von Frauen dadurch unterscheiden, daß sie nichts auf Lautsprecherboxen legen. Der Stimmt-ja-gar-nicht-Briefe Zahl war sondernormen. Nun weiß ich noch einen guten Unterschied: Frauen, die etwas auf Kassette überspielen, denken, daß der Lautstärkeanzeiger nicht «ins Rote» schwappen darf. Männer denken das nicht.

Die brutale Welt des Helmut Schmidt

Hinter der Berliner Philharmonie befindet sich ein mehrere Meter langes verrostetes Ungetüm, welches von einem Künstler stammt, der schon in allerlei anderen Städten rostige Monstrositäten aufgebaut hat, worauf Berlin sagte: «Wir brauchen auch so ein widerliches Rostding, sonst denkt die Kunstwelt, man sei hier nicht auf internationalen Rang erpicht.» Zu einem Spaziergangsbegleiter, der «auch schreibt», sagte ich neulich, daß ich es prima fände, wenn «die» das Ding da wegmachten und an seine Stelle einen Baum pflanzten. Der Angeredete entgegnete, daß er durchaus meiner Meinung sei, aber das sei so ein typisches Beispiel für etwas, was er zwar denke, aber nicht schreiben würde.

Fern liegt es mir, einen volksnahen Aufsatz über visuelle Kunst zu verfassen, der in launig gewandeter Rehabilitierung des «Das-kann-doch-jeder»- und «Würd-ich-mir-nicht-hinhängen»-Arguments gipfelt. Ich bin keiner, der, was Kunst im öffentlichen Raum betrifft, Bürgerbefragungen fordert, denn ich lechze nicht nach Reiterstandbildern und Springbrunnen mit wasserausspeienden Bronzespatzen. Ich meine aber, daß man die Angst, von anderen Leuten für spießig gehalten zu werden, unbedingt ablegen sollte. Vor Jahren verdiente ich Geld damit, Busrundfahrten zu kommentieren. In Kreuzberg waren zahlreiche Häuser mit umkreisten A's oder platten Wortspielen wie «Laßt euch nicht BRDigen» beschmiert. Stets krähten die Reisebus-Omas: «Frisch renoviert, schon vollgeschmiert.» Mich nervte das, und nur, weil ich keine Lust hatte, Gemeinsamkeiten mit pepitahütigen Rentnern zu haben, die mit Spazierstöcken auf Anarchiekringel deuten und was von Steuergeldern brabbeln, entwickelte ich mich zum Graffiti-Befürworter.

Heute amüsiert mich meine verschwundene Unreife. Wäre ich 1980 dem damals berühmten Zürcher Sprayer begegnet, hätte ich gerufen: «Oh, Sie wilder Erneuerer, kommen Sie in meine solidarischen Arme und vergessen Sie einen Moment den Sie peinigenden Scheißstaat!» Heute würde ich rufen: «Wagen Sie es ja nicht, in meine solidarischen Arme zu kommen, welche durchaus keine geeigneten Orte sind, Scheißstaaten zu vergessen. Außerdem ist die Schweiz gar kein Scheißstaat, denn in einem Land, wo die Bürger ihre Abende über Kaffeerahmdeckeli-Kataloge gebeugt verbringen, kann man sicher angenehm leben.»

Ein großer Teil des Schweizer Volkes widmet seit einigen Jahren seine freien Stunden dem Kaffeerahmdeckeli-Sammeln. Daran ist nur eines bedenklich: Viele sind nur am Deckeli interessiert, nicht aber am Inhalt des Napfes unter dem Deckeli. Sie kaufen ganze Napfpaletten, die Sahne jedoch gießen sie in den Ausguß oder zwingen ihre Kinder, sie zu trinken. Dies ist eine frankenverschlingende Leidenschaft. Auch wird der Nachwuchs schwabbelig. Es gibt ein Schweizer Sprichwort: «Tee, Kaffee und Leckerli bringen den Bürger ums Äckerli.» Wenn man das Wort «Leckerli» durch «Deckeli» ersetzt, ist man um einen Reim ärmer, aber um einen Realitätsbezug reicher. Manch einem ist das neue Nationalhobby sowieso peinlich, denn es scheint ihm geeignet, gewisse regionale Klischees zu festigen. So sieht man den Schweizer zwar sein Deckeli hinten abwischen und einstekken, hört ihn aber gleichzeitig schwindeln, daß er das natürlich nicht sammele, das sei für seinen geistig zurückgebliebenen Neffen, und warum solle man dem nicht eine kleine Freude gönnen. Da sage ich: «Liebe Nachbarn! Schämt euch nicht. Das kann euch doch egal sein, ob irgendwelche Bolzer und Dröhner euch für kleinkariert halten. Von mir aus könnt ihr es noch wilder treiben. Ihr kennt doch Teebeutel, oder? Und an den Teebeuteln hängen doch immer so kleine Anhänger, wo die Geschmacksrichtung draufsteht, oder? Wenn ihr eure Teebeutelindustrie ganz, ganz lieb bittet, auf diese Anhänger Oldtimer-Autos, Kätzchen oder Fußballstars draufzudrucken, dann wird man euch diesen Wunsch gern erfüllen, und dann könnt ihr auch noch Teebeutel-Anhängerli sammeln!» Die Schweizer entgegnen: «Kann es sein, daß Sie soeben die Bekanntgabe einer grundsätzlichen Sympathie auf dezente Weise mit etwas Spott vermischt haben?» Ich erwidere: «Sie beobachten scharf wie Türkendolche.»

Was spießig ist, da hat ein jeder seine Privatdefinition. Man mag «Stilmöbel», Dauerwellen, das Café Kranzler oder eben Kaffeesahnenäpfchendeckelsammeln für den Inbegriff von Spießigkeit halten. Für mich wird der Spießigkeitssiedepunkt von Gulaschsuppe mit Sahnehäubchen oder von Zusammenkünften orthodoxer Elvis-Presley-Verehrer verkörpert. Ähnliches Mief-Niveau hat es, jemandem eine in Geschenkpapier eingewickelte Schachtel Weinbrandbohnen zu schenken oder einer ungewöhnlich gekleideten Person hinterherzurufen: «Fasching ist aber vorbei.» Doch alles wandelt sich. Vor zehn Jahren habe ich es für massiv spießig gehalten, einer Abneigung gegen sinnlos scheinende oder häßliche Kunst Raum zu geben, indem man den Begriff Kunst in Gänsefüßchen setzt. Heute habe ich damit überhaupt keine Probleme mehr. Ich scheue mich nicht, ein Beispiel aufzuschreiben: Vor zwanzig Jahren hielt es ein «Künstler» für angebracht, mit einem Auto voll Kopfsalat 200mal zwischen Köln und Aachen hin- und herzufahren. Das Resultat dieser «Kunstaktion», eine Holzkiste mit einer Kruste verwester Blätter darin, habe ich in der Mannheimer

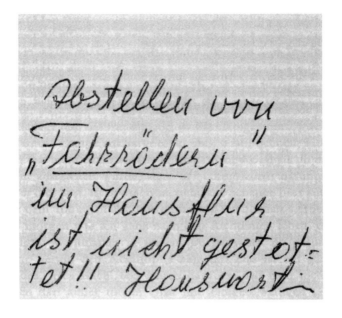

Kunsthalle gesehen. Vielleicht war es auch in einer anderen Stadt, die modernen Museen sind ja ungefähr alle gleich. Gibt es eines ohne Nagelbild von Günther Uecker?

Während meiner Stadtrundfahrtenzeit mußte ich mal mit einer Busladung von Kunstfreunden eine Privatgalerie besuchen. Diese bestand nur aus einem Raum, in welchem entlang der Scheuerleiste Polaroids aufgestellt waren, die auf einem Eisenbahngelände liegende Getränkedosen zeigten. In der Mitte des Raumes lag irgendein oller Ast. Die Gruppenleiterin entlockte mir eine Meinung. «Das ist Mist», sagte ich, worauf sie mir spitz an den Kopf warf, ich sei wohl einer von denen, für die es jenseits von Spitzweg nichts geben dürfe.

Dabei gehe ich sogar manchmal zu Schmierbilder-Vernissagen. Ich habe dort aber nicht die Befürchtung, daß ich mich gesellschaftlich unmöglich mache, wenn ich zu dem Künstler sage: «Sie malen zwar nur Schmierbilder, aber ich gönne es Ihnen von ganzem Herzen, wenn Sie Freude daran haben, Gratulationen einzuheimsen von den üblichen Herren in Schlabbersakkos aus Mailand und mit nach hinten gekämmten, grauen, mittellangen Haaren und den unvermeidlichen, froh gewordenen vierzigjährigen Frauen, die bejahend ihre Beine zeigen und immerfort ‹Campari›, ‹Ambiente›, ‹Stil› zu tirilieren scheinen.»

In Fernsehfilmen sieht man recht häufig dilettantisch inszenierte Galerieszenen, die den Zweck haben, z. B. öden Krimisendungen satirischen Pfeffer zu verleihen. Man sieht darin irgendwelche Vertreter von Durchgeistigung oder Schickeria vor einem Schmierbild stehen und hört sie geschraubte Sätze äußern wie: «Hach, diese Schlankheit des Stils, gepaart mit der Infragestellung des Eigentlichen.» Das ist freilich ganz schlecht beobachtet. In wirklichen Galerien reden einige ganz normal über die Bilder, die meisten aber stehen nur davor und unterhalten sich über Restaurants, ihre letzte Urlaubsreise oder sonstwas. Was soll man über Schmierbilder auch groß reden?

Nach der Vernissage gehen sie heim und hören Lisa Stansfield oder, wer weiß, vielleicht sogar die CD «Emozioni 2 – Schmusen auf italienisch». Ihren Anspruch auf Zugehörigkeit zur Welt der Kultur haben sie ja schon mit Anwesenheit beim Schmierbild-Stelldichein geltend gemacht. Ein Bild kann man zwei Sekunden betrachten und begeistert losquietschen, ganz gleich, wie widerlich es ist. Sichtbares schmerzt nicht mehr. Musik hingegen muß ertragen werden und dauert manchmal lange. Musik ist, um mal eine besonders blöde Phrase zu verwenden, mitnichten «eine Sprache, die jedermann versteht». Sie zu hören bedarf großer Aufmerksamkeit, welche erlernt, trainiert werden muß. Dies ist dem Konsumenten urbaner Genußkultur zu «anstrengend». Ein Blick in die Plattensammlung eines sogenannten Intellektuellen ist um nichts erbaulicher als der Blick in den Schlund eines alten, magenkranken Straßenköters.

Allsommerlich gibt es in Berlin die gigantische «Freie Berliner Kunstausstellung». Dort darf jeder ausstellen. Werke anerkannter Schmierbildmogule finden sich dort ebenso wie Miniaturbilder Spandauer Hausfrauen, auf denen Harlekins durch Venedig hüpfen. Auch sieht man dort Bilder mit toten Fischen in dreckigen Flüssen, wo drunterstehen «WHY?». Zu diesen Bildern hat die phrasische Sprache einen Standardkommentar. Zunächst muß ich aber erklären, was «phrasisch» ist. Es ist eine Spezial-Sprache, die insbesondere von Rundfunkmenschen benutzt wird. Der Satz «Der Disko-Eintritt ist teurer geworden» heißt z. B. auf phrasisch: «Die Fans müssen jetzt tiefer in die Tasche greifen, um das Tanzbein zu schwingen.» Der phrasische Kommentar zu den Amateurgemälden heißt: «Das ist gut gemeint, aber nichts ist schlimmer als gut gemeint.»

Ich bin überzeugt davon, daß es sehr vieles gibt, was schlimmer als «gut gemeint» ist, wie etwa «böse gemeint» oder «lieblos hingeklotzt», das rostige Ungetüm hinter der Philharmonie z. B. Wenn man so ein Ding in eine lauschige Parkanlage stellt, mag das ja spazierenden Studenten irgendwelche Denkanstöße geben und Senioren ihre liebenswerten Steuergelder-Monologe entlocken. Der Künstler sitzt derweil im Gebüsch und reibt sich die Hände: «Herrlich, ich ecke an, bin unbequem.» Die Umgebung der Philharmonie sieht aber sowieso aus wie ein Schrottplatz, da ist solche «Kunst» – wie genieße ich meine Gänsefüßchen-Courage – nicht vonnöten. Warum die Gemeinden auf diese Objekte so erpicht sind, ist mir ein Rätsel. In Hannover steht z. B. an fast jeder Ecke ein dubioses Gebilde. Ich nehme an, der Bürgermeister möchte mit ihnen protzen, wenn seine Kollegen aus den ausländischen Partnerstädten zu Besuch kommen. Überhaupt fände ich es besser, wenn die Plastiker ihre Dinge nur noch skizzierten, aber nicht ausführten. Sich nicht Vorhandenes vorzustellen ist weniger banal, als vor Vorhandenem zu stehen. Es mag reizend gewesen sein, sich eine Fußgängerzone auszumalen, in der eine völlig sinnlose Betonkugel liegt. Reizlos ist es, zu bemerken, daß diese Idee in zahlreichen Städten verwirklicht wurde. Und wäre es nicht ganz wunderbar, wenn am Kurfürstendamm ein fünfzig Meter hohes Känguruh stünde? Nein, das wäre überhaupt nicht wunderbar. Es macht höchstens zehn Sekunden Spaß, sich das vorzustellen. Selbst die Niedlichkeit sollte komplizierter sein als Jeff Koons.

Sowieso zwecklos ist die öffentliche Kunst, solange die Sprühdosen nicht kontingentiert sind. Selbst das ärgste Machwerk wird nicht dadurch interessanter, daß spätestens drei Tage nach seiner Einweihung Jugendliche kommen und es, als Mutprobe oder um «dazuzugehören», mit ihren ewig gleichen HipHop-Kringeln übersäen. Sie haben jetzt ganz Europa, inkl. der Dörfer, vollgesprüht, und ich finde, es reicht langsam. Ich meine jetzt nicht die paar Ausnahmejugendlichen, die mit der Spraydose Beachtenswertes schaffen und z. B. den Blick auf manche Bahnhofseinfahrt weniger langweilig machen, sondern die dumpfe Masse, die wahllos alles blöd besudelt. Ich wünsche mir eine zunehmende Ächtung der Graffiti auch durch sich betont unspießig gebende Kreise. Doch was ächten diese Kreise statt dessen? Kinkerlitzchen wie den Hundekot auf dem Bürgersteig. Mir passiert es höchstens einmal im Jahr, daß ich da hineintrete, und dann wische ich halt die Sohle an der Bordsteinkante ab, und damit hat sich das. Der Blick auf die allgegenwärtigen Graffiti dagegen stumpft ab, macht gleichgültig. Das Leben erscheint wie ein einziges Schmierbild. Statt sich die Schmierer mit ein wenig autoritärem Schmackes mal zur Brust zu nehmen, biedern sich aber Jugendpfleger und Sozialpädagogen bei ihnen an, indem sie die Krakeleien insiderhaft als «Tags» und «Writings» und unentbehrliche Ausdrucksform einer Generation bezeichnen. «Sehr geehrte Generation», kann ich da nur rufen, «wir anderen Generationen kennen Ihre Ausdrucksformen allmählich zur Genüge. Wir danken sehr, doch nun sind wir informiert.» Ich gehöre keinesfalls zu den Leuten, die fordern, man solle all den Sprayern die Hände abhacken. Dies sind Ansichten aus dem Mittelalter, als die Frauen mit Einschulungstüten, wo oben Tüll raushing, durch die Gegend liefen. Insbesondere für Männer war diese Zeit eine Zumutung. Andauernd mußten sie Kathedralen bauen, aber nicht mit knappen Hemdchen am Leib, wie die Maurer heutiger Dome, sondern in Ritterklamotten. In scheppernder Rüstung hingen sie an den spitzen Türmen unvollendeter Münster und riefen zu Recht: «Diese Epoche ist ja eine Zumutung!» Ich fordere daher keine Maßnahmen aus Zumutungszeiten. Aber wie wäre es, wenn, stellvertretend für alle Sprayer, zehnen von ihnen die Hände *verdorren* würden? Verdorren ist doch noch hübsch human. Diese zehn könnten dann von mir aus durch die Lande ziehen und gutbezahlte Lichtbildvorträge darüber halten, wie das ist, verdorrte Hände zu haben. Oder aber Helmut Schmidt kommt und fährt mit den Jugendlichen mal tüchtig Schlitten. Warum gerade Helmut Schmidt? Weil er brutal ist. In einer Folge seiner Artikelserie für die ‹Bild›-Zeitung hat er geschrieben: «Das Fernsehen macht uns brutal.» Wen er wohl mit «uns» meint? Leute, die ich kenne, kann er nicht meinen. Die sind trotz mancher vorm TV verjuxter Stunde überwiegend mild und sachte. Dann meint er wohl sich und seine Frau. Wer hätte das gedacht: Helmut und Loki Schmidt – verroht durch stumpfsinnige Serien. Schlagen alles kurz und klein, verbreiten Angst und Schrecken. Neben dem Brutalitätsgeständnis war ein Leserbrief folgenden Wortlauts zu lesen: «Was der Ex-Pleite-Kanzler schreibt, könnte ebenso von der Klofrau am Hauptbahnhof verfaßt sein.» Das glaube ich nun wieder nicht. Klofrauen sind nicht so wie Helmut Schmidt. Auch bei den Damen von der Abortpflege herrscht meist sachtes Wesen vor. Nur sehr selten sieht man Menschen, deren blutig geschlagene Lippen den Satz «Ausnahmen bestätigen die Regel» formen, öffentliche Toiletten verlassen.

Den Satz «Ausnahmen bestätigen die Regel» habe ich übrigens nie verstanden. Ich glaube manchmal, dieser Satz

Foyer'en til musikhøjskolens koncertsal er smykket med yderst moderne kunstværker

ist ein enger Verwandter der bekannten Aussprüche «Dreck reinigt den Magen», «Mohn macht doof», «Kalter Kaffee macht schön» und «Jeder Mensch hat irgendein Talent».

Mein «Aufsatz» ist zu Ende. Er enthält manche «Gedanken» zu allerlei «Themen». Nun will ich meine «Hände» in den «Schoß» legen und ein «Erfrischungsgetränk» trinken.

Ein Flugzeug voller Nashi-Birnen,
ein Jesus voller Amseln

WER frische Luft und Vogelzwitschern liebt, der kauft gern auf dem Wochenmarkt. Auf einem solchen fühlte ich mich neulich um Jahrzehnte verjüngt. Anlaß bot ein Obsthändler, der sich den nostalgischen Spaß erlaubte, eine Kiwi für eine Mark feilzubieten; beseelt verharrte ich vor dem Preisschild. Es muß etwa 1972 gewesen sein, als ich meine erste Kiwi sah. Sie kostete eine Mark. Eine Mark bedeutete für mich damals fast eine ganze Stunde Zettelaustragen. So zögerte ich mehrere Tage lang, bis ich mir eine kaufte. Ich schloß mich in mein Zimmer ein und erlöffelte mir ein jugendliches Schlüsselerlebnis, das ich sensationeller fand als mein erstes Ziehen an einem Joint, welches sich ungefähr zur gleichen Zeit abspielte.

Heute ist die Kiwi meist das billigste Obst überhaupt. Kürzlich wurden neun Stück für eine Mark angeboten. Verwöhnte Leute empfinden Kiwis geradezu als ordinär; man hält die ewigen grünen Scheibchen oft schon für eine ebenso penetrante Dekorationsbelästigung wie die Tomatenviertel und Salatgurkenscheiben, die in einfachen Wirtshäusern sinnlos am Rand von Tellergerichten liegen. In der ganzen Lebensmittelbranche dürfte kein ähnlicher Fall von so rapidem Prestigeverlust wie bei der Kiwi bekannt sein, und auch ein Kiwi-Nachfolger scheint nicht in Sicht. Die japanische Nashi-Birne jedenfalls hatte Kaiser Wilhelm nicht im Sinn, als er sagte, er führe uns glorreichen Zeiten entgegen. Ihre Zukunft ist trübe. Wer will schon zwei oder drei Mark für eine Birne ausgeben, die sich von den unsrigen nur dadurch unterscheidet, daß sie nicht birnen-, sondern apfelförmig ist?

Außerdem: Wenn ich gen Himmel deute und sage, da ist ein Flugzeug, dann möchte ich, daß da Staatsmänner drin sind, die zu Verhandlungen reisen, um die Probleme der Welt zu lösen, und nicht Nashi-Birnen. Seit Jahren liegen die harten Brummer in den Auslagen, doch niemand mag nach ihnen greifen. Auch andere Früchte sind problematisch. Litschis spritzen meterweit, wenn man sie wie ein Profi zwischen den Fingern zerknackt, und vom Essen der Kaki-Frucht kriegt man eine so pelzige Zunge, daß man den Kürschnern in seinem Freundeskreis besser eine Zeitlang aus dem Wege geht. Auch sie sind Triebwesen. «Darf ich deine Zunge streicheln?» rufen sie, doch beim Streicheln übermannt sie der Instinkt ihrer Zunft, und vorbei ist es mit weichen französischen Küssen und harten deutschen Konsonanten.

Recht präsent ist zur Zeit die Cherimoya, von der stets behauptet wird, sie schmecke wie Erdbeeren mit Schlagsahne, obwohl man präziser sagen sollte, sie schmecke wie pürierte unreife Erdbeeren mit Süßstoff und Soja-Schlagcreme und extrem vielen großen Kernen, die man in einen Aschenbecher spucken muß, was jedoch nur ein blasser Genuß ist, verglichen mit der heimischen Erdbeere, die zum Glorreichsten zählt, was in den menschlichen Mund gesteckt werden kann und sogar darf.

Eine Sache, die man übrigens sehr, sehr selten sieht im Leben, sind Schwarzweißfotos von Erdbeeren. Man sieht Schwarzweißfotos von Parteivorsitzenden, Verkehrsunfällen und manch anderem, aber nicht von Erdbeeren. Ich habe, glaube ich, noch nie eines gesehen. Bekäme ich welche geschickt, würde ich, sobald genug beisammen sind, die Nationalgalerie mieten und eine große Ausstellung namens «Schwarzweißfotos von Erdbeeren» präsentieren. Ich verspreche das.

Ebenfalls verspreche ich, daß ich nie einen Witz weitererzählen werde, den ich von angetrunkenen Bundeswehrsoldaten aufgeschnappt habe. Allerdings möchte ich dieses Versprechen auf der Stelle brechen. Neulich saß ich in der Eisenbahn und dachte: Eines Tages werden des Erbsenzählens überdrüssige Erbsenzähler kommen und nachzählen, wie oft ich in meinen Texten schon den Satz «Neulich saß ich in der Eisenbahn» verwendet habe. Mal was anderes als Erbsen, werden sie sagen und ein hübsches Sümmchen nennen. Gegenüber von mir saßen in diesem Moment zwei Soldaten der besonders klobigen Sorte und unterhielten einander mit bemerkenswert surrealistischen Witzen. Einer davon war dermaßen nutzlos und schäbig, daß ich über die Schäbigkeit ein klein bißchen lachte, worauf mich die Soldaten argwöhnisch musterten, weil sie ihre Witze in der Absicht erzählten, nur besonders blöde Exemplare vorzutragen, über die allenfalls ausgemachte Idioten lachen können. Der Witz ging so: «Was ist schlimmer als ein Herzschrittmacher? Ein Igel in einer Kondomfabrik.»

Im ‹Spiegel› stand ein Bericht über einen Psychologen, der erforscht, welche Witze man komisch finden darf und welche nicht.

Ein altbekannter Witz der historischen Film-Sexbombe Mae West wurde zitiert. Über den zu lachen, hieß es, sei gestattet, weil das ein «offenes lebendiges Verhältnis zur eigenen Libido signalisiere». Auf keinen Fall aber dürfe man über folgenden, ebenfalls schon sehr alten Witz lachen: «Herr Ober, ich möchte gern Rumkugeln! Antwort: Sicher, aber machen Sie das draußen.» Wer Freude an diesem «Inkongruenz-Lösungswitz» habe, der sei ein konservativer Schwarzweiß-Denker, der Grautöne meide.

Ward je ärgerer Unsinn zu Papier gebracht? Wohl kaum.

ZÄRTLICHKEIT ODER SEXUELLER MISSBRAUCH? *Symbolhaft wird in einer Ausstellung im Sozialministerium der Unterschied gezeigt: Die mit einem weichen Fell «zärtlich» behandelte Kugel (links gezeigt von Staatssekretärin Barbara Stamm) glänzt und strahlt, die mit Schmirgelpapier «mißbrauchte» wird stumpf (demonstriert vom Initiator der Ausstellung, Egon A. Stumpf, rechts).*
Foto: Karlheinz Egginger

Hell aufheulen kann man über den Rumkugelscherz nicht, dazu ist er zu bekannt. Doch er ist von solider Komik, denn: Man stelle sich einmal folgende Geschichte vor. Man sitzt im Zug von Darmstadt nach Frankfurt, und gegenüber sitzen zwei südländische Jungmänner von der Sorte, die einen innerlich fragen läßt: «Nanu, warum haben die denn ihre Kampfterrier nicht dabei? Ob sie vielleicht krank sind? Och, wie schade, die armen Kampfterrier: krank!» Schaffner tritt auf, wünscht Fahrscheine zu sehen. Jungmann eins hat keinen. Schaffner insistiert, Jungmann eins sagt: «Wenn du

mich weiter vollsülzt, schneid ich dir die Gurgel durch.»
Schaffner schreit, Jungmann schlägt Schaffner zu Boden.
Blut. Und man sitzt da und denkt: Dies ist nicht Fernsehen.
Vielmehr erlebe ich live, wie mir der Allmächtige einen zwar
nicht riesengroßen, doch leider unübersehbaren Prüfstein
in die Biographie knallt. Hier ist jetzt wohl Zivilcourage
gefragt, hmhm. Ein Messer hat die dumme Sau wohl nicht
dabei, also kann ich getrost ein bißchen eingreifen. Aber
gildet mein «Ich greife ein»-Button* überhaupt, wenn die
ausländische Seite den Angreifer und die einheimische das
Opfer stellt? Davon war niemals die Rede in den Appellen
der Solidaritätsanfeuerer. Mal gucken, vielleicht steht auf der
Innenseite des Buttons etwas Kleingedrucktes. Man wühlt in
seiner Jackentasche, dort müßte er sein. Aua – jetzt hat man
sich an der Button-Nadel gestochen. Noch mehr Blut.

Jungmann eins starrt ungerührt aus dem Fenster, Jungmann zwei und man selber helfen dem Schaffner auf. Man
sucht nach einem Taschentuch, um dem Schaffner das Blut
von der Nase zu wischen, hat aber nur ein vollkommen vollgerotztes Tempo, das schon am Zerkrümeln ist. «In dieser
Situation ist das egal», denkt man und wischt. Der Schaffner
richtet sich wieder an Jungmann eins. Weint zwar, schreit
aber auch. Da stürzt sich Jungmann eins zum zweiten Mal
auf den Bahnmann, Jungmann zwei zerrt am Landsmann,
man selber zerrt auch an jemandem, ob am Unhold, dem
Schaffner oder Jungmann zwei, weiß man nicht, sie tragen
alle weiße Hemden. Da fällt einem ein, daß der rechte Zei-

---

* Nach einer aufsehenerregenden Welle ausländerfeindlicher Übergriffe in
den Jahren 1992/93 waren für kurze Zeit Anstecknadeln mit diesem Wortlaut im Umlauf, die aber aus naheliegenden Gründen selten sichtbar getragen wurden.

gefinger vom Stich des Solidaritätsbuttons noch blutet und man wohl besser an niemandes weißem Hemd zerren sollte – vielleicht bürden einem alle drei die Kosten für die Reinigung auf. Da hält der Zug in einem Kaff – Polizeibeamte verrichten ihre sinnvolle Arbeit. Jungmann zwei kann einem leid tun. Der muß nun zwei kranke Kampfhunde pflegen, weil sein Freund vermutlich im Kittchen sein Mütchen kühlen müssen wird. Hoffentlich werden sie wieder gesund! Wie intensiv hoffe ich das eigentlich? Ziemlich intensiv! Das schwöre ich. Aber nicht so intensiv, wie ich manches andere hoffe. Meine die Genesung der Hunde betreffende Hoffnung spielt sich zum Beispiel auf einem etwas niedrigeren Niveau ab als meine Hoffnung, daß niemals eine mit Nashi-Birnen gefüllte Concorde über Rotenburg an der Wümme abstürzt, denn dann würden ja die ganzen Nashi-Birnen in die Wümme kullern und den Enten einen Schreck einjagen.

Nun steht man gewaltbedingt verspätet in Frankfurt, und der Anschlußzug hat sich längst verdünnisiert. Was tun? Man will in ein Ristorante stolzieren. Vor dem Eingang jedoch wälzt sich ein Mann am Boden. «Was machen Sie denn da?» Der Mann sagt: «Ich wollte Rumkugeln, aber der Ober hat gesagt, ich soll es draußen machen!» Man entgegnet: «Das ist ja komisch! Wie heißen Sie eigentlich?» «Mein Name ist Kurt Funke!» «Das ist ja prima, Herr Funke! Darf ich Sie auf einen Teller Penne mit Funghi einladen?» «Penne mit Funghi? Ich penne aber lieber mit Funki, wissen Sie, so nenne ich meine Frau, denn die heißt ja Frau Funke.» «Ihr Humor ist ja richtig funky, Herr Funke, kommen Sie, wir setzen uns an diesen Tisch und führen ein weiterführendes Männergespräch.»

Man nimmt mit Herrn Funke Platz. Man sagt: «Schaun Sie mal, Herr Funke, es ist so: Im ‹Spiegel› ist dieser dumme

Psychologe zu Wort gekommen, der meinte, den Rumkugelwitz dürfe man nicht komisch finden. Er ist offenbar der ganz und gar unwissenschaftlichen Meinung, daß ein Witz seine Komik nur aus seiner Pointe bezieht. Sicher: Der Gleichklang zwischen dem Plural des Substantivs und dem Verb ist keine besonders auserlesene Spitze. Aber das Komische besteht hier doch vielmehr aus der hanebüchenen Konstruktion, die der Autor bemüht, um zu diesem Gleichklang zu gelangen. Niemand bestellt in einem Restaurant Rumkugeln. Rumkugeln kauft man in einer kleinen Tüte, die man mit nach Hause nimmt.»

Herr Funke antwortet darauf natürlich irgendwas, aber das interessiert jetzt nicht mehr. Zugegeben: Meine Erklärung, warum der Rumkugelwitz komisch ist, führte über Darmstadt und Frankfurt, über unerklärliche Umwege also. Doch habe ich stets eine meiner Aufgaben darin gesehen, den verunsichert durch die Straßen huschenden Menschen dadurch zu helfen, daß ich ihnen auf einfache, alltägliche Fragen komplizierte, schwerverständliche Antworten gebe, und eine solche Frage, die sich viele stellen, lautet: «Ist die Deutsche Bundesbahn listig?» Komische Frage. Ob die Bahn listig ist! Worauf die Leute nur immer kommen! Aber bitte, hier ist die schwerverständliche Antwort: Die Bundesbahn ist sehr listig! Ein Blick auf ein Abfahrtsplakat beweist es: Beim IC «Seestern», der um 14.42 von Hannover nach Köln fährt, steht der Zusatz: «Besonders geeignet für Bundeswehr-Familienheimfahrten.» Das wird so gekommen sein: Bei der Bahn gingen zahlreiche Beschwerden von ruhebedürftigen Reisenden ein. Etwa so: «Lieber Bahnchef! Mit dem IC Seestern kann man als normaler Mensch nicht mehr fahren. Ich wollte mich gerade in die herrliche neue Parzival-Übersetzung vertiefen, da kamen Soldaten und machten Soldatenheimfahrtsgeräusche. Durch Bierdosenöffnen im Gang begischteten sie gar mein Buch. Und wenn sie dann betrunken sind, machen sie dadaistische Witzchen über Kondome und Igel in Herzschrittmacherfabriken oder umgekehrt. Ändern Sie das! Ihr Pinkas Maria Prätorius.»

Der Bahnchef dachte: Na ja. «Fahren Sie nicht mit diesem Zug, denn er ist voll mit aufstoßenden Soldaten» können wir unmöglich auf unsere Abfahrtsplakate drucken. Aber «besonders geeignet für Bundeswehr-Familienheimfahrten» – das geht. Gesagt, getan. Die Bahnkunden dankten's ihm und sagten sich: «Den Zug nehmen wir man lieber nicht.»

Ganz ähnlich denken übrigens die Amseln. Wenn sie sehen, wie sich die anderen Vögel zum großen Zug nach Süden in die Thermik werfen, schießt ihnen durch den Kopf: «Nee, den Zug nehmen wir nicht. Wir haben das zigtausend Jahre gemacht. Wir haben keine Lust mehr!»

Kaum ein Tier hat in den letzten zweihundert Jahren sein Leben dermaßen umgekrempelt wie die Amsel. Noch um 1800 verbarg sie sich im Fichtenwald, lugte kaum mal heraus, denn damals hat man auch bei uns Amseln gefangen und gebraten. Möglich ist, daß Goethe pro Woche gut und gerne zwei Dutzend Amseln verdrückte. Jesus Christus als Südländer sowieso: 60, 70 Amseln pro Woche. Könnte gut sein. Den Amseln mißfiel der Speisezettel des Heilands. Mit der Zeit aber stiegen die Menschen auf größere und fettere Vögel um, so daß ein kollektives Aufatmen durch die Amselszene ging; da spionierten die Vögel schon mal ein bißchen an den Stadträndern herum. Dann kamen Industrie und Heizungen, und den Amseln behagte die daraus folgende Erwärmung der Städte. Schrebergärten wurden angelegt. Die Amseln waren außer sich vor Vergnügen über die dort vorgefundene Nahrung. Die erste Stadtbrut einer Amsel, die 1820 in Bamberg über die Bühne ging, war noch eine ornithologische Sensation. 1830 dann Augsburg. 1850 Stuttgart, 1875 Chemnitz. Um 1900 gab es überall Amseln. Nun hocken sie gar im Winter in unseren Städten – die Reise in den Süden ist ganz gestrichen worden, ebenso wie die Bundesbahn die Information «besonders geeignet für Bundeswehr-Familienheimfahrten» recht flugs wieder von ihren Plakaten gestrichen hat. Trotz der freundlichen Ausdrucksist hat sich da irgendwer diskriminiert gefühlt. Verständlich: Gibt es etwa Züge, die für die Heimreise von Wehrpflichtigen ungeeignet wären?

Zwickender Wirrwarr

ICH habe so viele Fragen. Wie lautet eigentlich der Fachbegriff für den Stab, den man im Supermarkt aufs Laufband legt, um seine Waren von denen des folgenden Kunden zu trennen?

Es gibt doch für die auserlesensten Vorkommnisse einen Fachausdruck. Wenn man z. B. auf einem galoppierenden Pferd Gymnastik macht, heißt das voltigieren. Aber wie nennt man Leute, die am Bahnhof Zoo ihr Fahrrad in die U-Bahn zwängen und bereits drei Stationen weiter wieder aussteigen? Wozu haben die überhaupt ein Fahrrad? Und ist es eigentlich «typisch deutsch», wenn Bekleidungsgeschäfte Kisten mit überschüssigen Bügeln auf den Bürgersteig stellen, damit Flaneure sich damit gratis eindecken? Oder ist dies auch in Tibet üblich? Und in welcher Stadt sitzt das McDonald's-Kundenparlament? Und wer in Gottes Namen hat das Knäckebrot in Deutschland salonfähig gemacht?

Nur auf die letzten beiden Fragen weiß ich Antwort. Das McDonald's-Kundenparlament hat seinen Sitz in Koblenz, Löhrrondell 10. Die Adresse habe ich von einer Postkarte, die im Koblenzer Bahnhofs-McDonald's rumflog. Hab gleich hingeschrieben, daß ich da Abgeordneter werden und frischen demokratischen Wind in die Versammlung bringen möchte. Und Anrecht auf einen Sitz hätte ich sehr wohl: Bin ich in einer fremden Stadt, habe ich immer eine etwas übellaunige Freude daran, zu sehen, mit was für Sperenzchen McDonald's versucht, sich ins jeweilige Stadtgefüge einzuschleimen, und um mir das in Ruhe zu betrachten, pflege ich einen Fisch-Mac und einen Kaffee zu mir zu nehmen. Viel gibt's zu sehen. In bahnhofsnahen Filialen einiger Städte scheint McDonald's extra Leute eingestellt zu haben, die die

Drogensüchtigen vom Klo jagen, dabei darf man laut §240 StGB niemandem die Notdurft verweigern. Es stelle sich ein jeder nun folgendes vor: Man hat daheim so eine doofe Ding-dong-Türklingel, und die macht mir nichts, dir nichts ding-dong. Man öffnet die Tür. Huah, ein langgesuchter Mörder steht da. Er sagt: «Den Stab, den man aufs Laufband legt, würde ich Ware-Kunde-Zuordnungshölzchen nennen, und außerdem möchte ich bitte bei Ihnen kacken!»

Unangenehme Situation! Wie bedacht handeln? Man sagt: «Ja gerne, lieber Herr Mörder» – das «lieb» muß man natürlich ohne ironischen Unterton aussprechen, sonst schöpft er Verdacht und macht einen alle –, «gerne, kacken Sie nur!» Selbst wer Hitler nicht bei sich kacken läßt, wird wegen unterlassener Hilfeleistung vor Gericht gestellt. Justitia auf Captagon! Nun kackt also unser Herr Gewaltverbrecher. Peng! Bum! Boing! Wie ein Silvesterfeuerwerk hört sich das an.

Man sieht, bei McDonald's ist immer was los, und da ich stets das Bedürfnis hatte, mich politisch zu engagieren, will ich ins Kundenparlament. Mögen meine Reden geschliffen und meine Gebärden ausladend wie Geweihe sein, auf daß die Menschen kraft meines Einflusses bald sagen: «König Politikverdrosselbart bye-bye, eine Zeitlang war's ja schön im Dunstkreis deiner Fuchtel und im Schatten deiner Knute, doch jetzt tritt jemand Neues auf den Huldigungsbalkon!»

Zuerst würde ich eine gewaltige Portion politischen Charismas aus mir herausquellen lassen, um durchzusetzen, daß die Hersteller klassischer Herrenoberhemden ihre Ware nicht mehr mit Stecknadeln pökeln. Ein Hemd ist keine Roulade. Aufgrund einer eilebedingten Nachlässigkeit beim Hemdenentnadeln hatte ich neulich einen für andere Leute gewiß komischen Minimalunfall, in dessen Folge ich mir fast eine Brustwarze amputiert hätte.

Ja, das gute alte Hemdennadelproblem – man kennt es gut: Wenn ein Herr im Sommer auf Reisen geht, muß er gelegentlich feststellen, daß er weniger Hemden dabeihat, als er denkt. Doch das ist nicht gut ausgedrückt; vielmehr stellt er fest, daß er aufgrund von Temperaturen, die höher ausfielen als erwartet, mehr Hemden als erwartet «verbraucht» hat. Folglich muß er sich unterwegs ein neues kaufen, welches er daraufhin, vermutlich im Hotelzimmer, entnadelt. Wohin aber mit den Nadeln? In den Papierkorb, in den Aschenbecher? Nein! Die Frau, die das Zimmer aufräumt, könnte sich an ihnen verletzen. Man sollte sie also in einen Briefumschlag tun, diesen sorgfältig zukleben und mit der Aufschrift VORSICHT! NADELN! versehen. Am besten natürlich mehrsprachig: MIND THE NEEDLES! Oder: BEWARE OF THE PINS! Was denn nun? In den sechziger Jahren gab es mal ein Lied namens ‹Needles and Pins›, eine deutsche Version namens ‹Nadeln und Nadeln› gab es leider nicht, das klänge ja auch wie eine Anwaltskanzlei, die von Heinz Nadeln und seinem Sohn Oliver Nadeln geführt wird, und die Weitervererbung von Anwaltsbüros haben Beatgruppen nie besonders gern thematisiert.

Aber vergessen wir ‹Needles and Pins›, denken wir lieber an die Frauen, die aufräumen, insbesondere an ihre zarten Fingerkuppen. Diese Frauen stammen meist gar nicht aus dem anglophonen Bereich; eher sollte man sich wohl einen Stempel schneiden lassen, auf dem «Vorsicht, Nadeln!» in türkischer, polnischer und russischer Sprache steht, und damit immer schön die Hotelbriefumschläge bestempeln, vielleicht auch schon im voraus, als Service für folgende Mieter. Nur müßte man, um für solche Vorkehrungen gerüstet zu sein, ständig ein Stempelkissen mit sich führen, und das liefe sicherlich nicht nur alle Jubeljahre aus und versaute einem die Wäsche, woraufhin man noch mehr Hemden zu kaufen und noch mehr Nadeln zu entsorgen hätte.

Ich sitze also auf gepackten Koffern und warte auf den Ruf nach Koblenz. Was ich dort alles bewirken könnte! In einigen Jahrzehnten könnten Reiseunternehmen Busrundreisen namens «Wiegen der Demokratie» anbieten. Zuerst geht's zum Hambacher Schloß, wo die Demokratie ja schließlich erfunden wurde, ähnlich wie die Liebe in Paris und die künstliche Fleischbrühe in Gießen. Dann fährt der Bus zur Frankfurter Paulskirche, wo auch mal irgendwas war. Zum Schluß der Höhepunkt: das McDonald's-Kundenparlament. Die Leute steigen aus dem Bus, und der Reiseleiter erklärt: «Und hier befreite, wie hieß er noch, die Männerwelt von den rumpfschinderischen Oberhemdennadeln.»

«Ein feiner Herr! Mögen Truhen mit Talern seinen Alterssitz möblieren!» ruft da verständlicherweise die Menge.

«Glorifizieren Sie ihn nicht voreilig!» mahnt der Reiseleiter, «er hatte auch dunkle Seiten! Er hat z. B. politisch durchgesetzt, daß, solange in Mietwohnungen Spülbecken in Kinder- und Frauenhöhe angebracht sind, auch Kinder und Frauen für den Abwasch verantwortlich sind, weil Personen ab eins achtzig an diesen niedrigen Spülbecken angeblich Wirbelsäulenkoliken bekämen. Sein Wahlkampfslogan lautete: ‹Abtreiben von mir aus, abwaschen allerdings auch.›»

«Lorbeerlaub möge auf diesem vor Klugheit brummenden Kopf wuchern», ruft ein schlaksiger Herr von zwei Metern, aber der Rest der Busgruppe brüllt ihn nieder: «Mögen die Truhen seines Alterssitzes nichts als zwanzig Jahre alte portugiesische Handarbeitszeitschriften enthalten! Mögen erhebliche Mengen kleiner Mädchen mit schorfigen Knien stundenlang unter seinem Fenster auf und ab paradieren und auf reparaturbedürftigen Blasinstrumenten die Nationalhymnen untergegangener sozialistischer Staaten spielen!»

«Gemach, das ist doch alles nur ein Nestroyscher Jux!» beschwichtigt sie der Reiseleiter. «Wahr ist, daß der große Demokrat sich beim McDonald's-Kundenparlament beworben hat. Doch nie kam eine Antwort. Glauben Sie denn im Ernst, daß McDonald's Beziehungen zur Demokratie unterhält? Oder sehen Sie hier etwa ein Parlamentsgebäude?»

«Nie und nimmer», ruft die aufgebrachte Menge, «los, wir zertrümmern McDonald's. Den feinen Herrn so zu verkohlen!»

«Aber womit sollen wir denn das Zertrümmern bewerkstelligen? Wir haben doch keine Baseballschläger!» zögern einige.

«Haben wir nicht, aber vor den Kleiderläden liegen doch immer die Bügel zum Mitnehmen. Die gehen zur Not auch.»

«Genau, und an den Kassen der Supermärkte gibt es diese Warentrennhölzer!» freuen sich wieder andere.

Und so zerstört eine sonderbar bewaffnete Freischar sämtliche Koblenzer McDonald's-Restaurants.

Mir soll es recht sein. Bevor ich mich indessen vollständig in den Ehrenhain der Demokraten zurückziehe, muß ich noch die Frage beantworten, wer das Knäckebrot in Deutschland salonfähig gemacht hat. Es war Vollkorn-Pionier Paul Batschneider von der Firma Lieken-Urkorn. Der ist kürzlich gestorben. Rums, lag er da, 92 Jährchen jung. So kann es gehen: Gestern noch flott rumgekrebst, und pardauz, liegt man auf dem Rücken wie ein Maikäfer. Der arme, alte Mann, hihi.

Allerdings ist «hihi» an dieser Stelle wirklich nicht das richtige Wort. Normalerweise sagt man nicht «hihi», wenn es einem verdienten alten Mann den Boden unter den Füßen wegreißt. Da sagt man normalerweise ganz was anderes. Einen richtig guten Platz auf dem Friedhof bekommt man aber nicht, wenn man immer nur Normales sagt und tut. Man muß Dinge tun und Sachen machen, daß die Leute stehenbleiben und sich fragen: «What makes him tick?» Zum Beispiel Knäckebrot salonfähig machen. Normal ist das gewiß nicht. Ein Salon war doch, wenn man Anno Tobak, als die Leute auf Hochrädern und Draisinen, in Montgolfieren und Bugattis mit Hörrohren am Ohr durch die Städte fuhren, in eine schnieke Altbauwohnung ging, um mit Schöngeistern und Strippenziehern Kultur und Politik zu bekakeln, und Rahel Varnhagen oder Madame de Staël haben immer Kaffee nachgegossen, bis sich alle an die Brust griffen, weil es da so furchtbar pikste. Und in solche Kreise will nun also Paul Batschneider mit seinem Knäckebrot vorgedrungen sein? Das vermag ich gar nicht zu glauben. Es gibt zwar den parodistischen Spruch: «Wer nie sein Brot im Bette aß, der weiß ja nicht, wie Krümel piksen», aber in Salons will man nicht von Krümeln gepikst werden, sondern von starkem Kaffee und von Nadeln edler Hemden.

Nun ist dazu genug gesagt, und wer hier meint, daß zu dieser Angelegenheit auch nur ein einziges weiteres Wort fallenzulassen wäre, der soll sich an die Brust fassen, lila anlaufen und uns über den weiteren Verlauf seines Schicksals, also ob er nun ablebt oder noch mal mit einer blauen Nase davonkommt, im unklaren belassen.

Kennen Sie das Wort «Mevulve»?

FRAGE an die Leser: Was ist der Unterschied zwischen den Sätzen «Ich bin hauteng mit Michael Jackson befreundet» und «Ich kenne jemanden, der mit dem Neffen des Jazz-Musikers Klaus Doldinger zur Schule gegangen ist»?

Schön zu sehen, daß zwei Leser sich zu Wort melden. Der erste heißt Clemens, ist 25 Jahre alt, trägt einen modischen Seattle-Bart und sieht sehr gut aus. Sein Lebensmotto ist: «Ein Mann darf zwar weinen, aber keine Fanta trinken.» Er sagt: «Ich weiß den Unterschied. Der zweite Satz ist viel länger als der erste.»

«Das ist nicht der wichtigste Unterschied, lieber Clemens», entgegne ich.

Nun ist Jasmin an der Reihe, ein auffallend knuspriges Persönchen von 22 Jahren. Es ist schwer, sie zu beschreiben. Fragil, aber nicht zerbrechlich, mit einem Gesicht, in dem russische Züge eine provozierende Einheit bilden mit dem mokanten Lächeln, das man im Altertum der Korintherin nachsagte. «Ich bin schon als Kind allen auf die Nerven gegangen», ergänzt sie unbeschwert und sagt weiter: «Der Unterschied zwischen den beiden Sätzen ist, daß der erste was mit Pop und der zweite was mit Jazz zu tun hat.»

Das ist sicher richtig, liebe Jasmin, doch darum geht es nicht: Der wesentliche Unterschied ist, daß der erste Satz unwahr ist und der zweite wahr. Ich bin nämlich überhaupt nicht mit Michael Jackson befreundet, aber ich kenne tatsächlich jemanden, der mit dem Neffen von Klaus Doldinger in einer Klasse war. Und der erzählte mir eine bezaubernde kleine Geschichte. In den siebziger Jahren gab es mal eine Zigarettenmarke namens LIFE. Das Besondere an dieser Marke war, daß die Verpackung teilweise aus Jeansstoff bestand. Die Mutter des Neffen von Klaus Doldinger hat diese Zigaretten geraucht. Den Jeansstoff-Anteil der Schachteln hat sie aufgehoben, und als genug beisammen war, hat sie ihrem Sohn daraus einen Kopfkissenbezug genäht. Ich wage es, dieses intime Detail aus dem wilden Leben der Jazz-Musiker weiterzugeben, weil ich mir seiner Wahrhaftigkeit völlig sicher bin. Unwahres zu schreiben kann einen heute teuer zu stehen kommen. Ein Journalist der ‹Washington Post› gammelte neulich in seinem Büro herum, und weil gerade nichts passieren wollte, schrieb er in sein Blatt, daß Whitney Houston Abmagerungstabletten gefressen habe und ins Krankenhaus mußte. «Stimmt ja gar nicht!» zeterte die Sängerin, verklagte die Zeitung und forderte Schadensersatzzahlungen. Interessant ist die Höhe der Forderung. Normale Leute könnten vielleicht 2000 Mark fordern, aber diese verrückten US-Stars sind in der Lage und fordern eine Million, na ja, eine Million vielleicht nicht, so durchgeknallt kann selbst Whitney Houston nicht sein. Sollte man meinen. Stimmt aber nicht. Der Star forderte umgerechnet 100 Millionen Mark! Da frage ich: Warum nicht gleich 100 Trilliarden? Warum fordert sie nicht einfach sämtliches Geld, was auf der Welt in Umlauf ist? Mir wäre es recht. Dann könnte die Menschheit zum kommunikationsfördernden Tauschhandel zurückkehren. Ich habe z. B. noch eine antiquierte Rhythmusmaschine, und es wäre mir recht, wenn ich die gegen eine elegante Überleitung vom Thema Whitney Houston zum Thema Gurken eintauschen dürfte.

Botaniker zählen Gurken zu den Beeren. Gern würd ich mal einen Botaniker diskret zur Seite und ins Gebet nehmen: «Was reden Sie denn da? Mit der Erkenntnis, daß eine Gurke eine Beere sei, überfordern Sie den kleinen Mann auf der Straße aber! Und wenn solches Wissen in die falschen

Hände gerät! Wenn ein kleiner Junge seinen Kameraden erzählt, eine Gurke sei eigentlich eine Beere, dann ist seine Zukunft als melancholischer Außenseiter programmiert. Für normale Leute ist eine Beere noch immer so etwas wie eine Erdbeere.» Der Botaniker antwortet: «Nur Amateure halten Erdbeeren für Beeren. In Wirklichkeit sind sie Scheinbeeren. Die tun nur so.» Verbittert wende ich mich ab von dem Mann. Whitney Houston! Botaniker! Alle verrückt!

Wenn man ganz kunstlos und ruppig von einem Thema zu einem anderen kommen möchte, dann vergewissert man sich, daß auf dem Tisch keine Scherben oder Stecknadeln liegen, haut mit der Faust drauf und sagt: «Themenwechsel!»

Das habe ich noch nie gemacht, daher mache ich das jetzt mal: «Themenwechsel!»

Mann, ist das plump und kartoffelig! Aber das alte Thema

Vergeßliche, ja sehr vergeßliche Herren

ist leider alle, es ist ausgeweidet und liegt stinkend in der Prärie. Hyänen und Geier waren schon da, sitzen nun mit prallen Bäuchen unter einem Affenbrotbaum. Es ist eine unschöne Szene, die uns die Natur hier aufgetischt hat, wen also soll es wundern, daß ich das Thema wechseln möchte. Also, wie gesagt, Themenwechsel: In einer jener schlechtgedruckten Zeitschriften, die man umsonst in den Briefkasten gestopft bekommt, hat René Koch, «Starvisagist und Insider», eine sehr lesenswerte Rubrik, in der er regelmäßig darüber informiert, was z.B. «unser Hildchen» gerade wieder ausgefressen hat. In der letzten Ausgabe fragte er Schauspielerinnen, wann und wo sie ihren ersten Lippenstift gekauft haben und was er gekostet habe. Ich bin der Auffassung, daß auch die Menschen außerhalb der deutschen Hauptstadt ein Recht auf Information darüber haben, was der erste Lippenstift von Judy Winter gekostet hat. Er kostete 7 DM. Sie war 15 und wollte unbedingt älter aussehen, was, wie René Koch bissig anmerkt, «ja auch prima gelungen ist». Angelika Milsters erster Lippenstift war 95 Pfennig teurer und hatte «eine hautfarbene Hülle».

Nadja Tillers Lippenstift-Debüt trug sich 1948 in Wien zu. «Die Hülle war aus sogenanntem Kunststoff zum Rauf- und Runterschrauben», erinnert sie sich. Kennen Sie sogenannten Kunststoff zum Rauf- und Runterschrauben? Ich nicht. Hildegard Knef kaufte ihren ersten Lippenstift 1943 in einem kleinen Seifengeschäft in Kreuzberg. Da fallen die Bomben vom Himmel, und wonach gelüstet es «unser Hildchen»? Nach Lippenstift. Den Preis weiß sie nicht mehr, aber es war ein Fabrikat der Firma Leichner. Herr Leichner, das weiß ich, war der Erfinder der fettfreien Schminke. Er liegt auf demselben Friedhof wie Rudi Dutschke. Als ich noch Stadtrundfahrten kommentierte, bekam ich einmal eine Rüge, weil ich erwähnt hatte, daß Rudi Dutschke neben dem Erfinder der fettfreien Schminke bestattet wurde. Eine andere Rüge erhielt ich dieser Tage von einem Gastwirt in Berlin-Moabit, dem ich sagte, er möge mir ein Kristallweizen oder irgendein anderes blödes Getränk geben.

Von Hildegard Knef gibt es eine CD mit dem Mitschnitt ihres Hamburger Konzertes von 1986. Auf dieser CD sagt sie ca. 500mal «Danke», und sie singt 18 Lieder vornehmlich darüber, was sie alles möchte, was sie will und was sie braucht, z. B. Tapetenwechsel. Damit das nicht zu fad wird, singt sie manchmal auch darüber, was sie nicht möchte, was sie nicht will und was sie nicht braucht, z. B. Venedig. Ein Überraschungsmoment gibt es. In ein Schlußgeplänkel hinein stellt sie plötzlich die Frage: «Kennen Sie das Wort Mevulve?» Da ich das Wort Mevulve nicht kannte, guckte ich in «Wahrigs Wörterbuch», wo es jedoch nicht aufgeführt wird. Allerdings ist Hildegard Knef realistisch genug, um zu wissen, daß außer ihr das Wort «Mevulve» wohl nur sehr, sehr wenige Menschen kennen, und daher erklärt sie es gleich nach ihrer Frage: «Wenn einem so ganz weich wird, so um den Solarplexus, hier rum, um diese Gegend herum, das ist ein sehr schönes Gefühl, ein Gefühl von zu Hause, aber das ist nun mal nicht unser Schicksal in dem Beruf, daß wir immer an derselben Stelle kleben dürfen, aber manchmal ist es auch schön, wegzugehen und wiederzukommen.»

Das also ist Mevulve. Ich wünsche Frau Knef noch sehr viele Mevulve-Momente, auch wenn sie neulich, ohne es zu wissen, daran beteiligt war, daß ich menschlich enttäuscht wurde. Ich hatte zwei Herren, die ich in meiner Naivität für Freunde hielt, um einen Gefallen mit Hildegard-Knef-Bezug gebeten. Doch keiner wollte mir helfen! Ich hatte sie gebeten, vor einem Hotel, von dem ich hörte, Frau Knef liege darin, auf die Künstlerin zu warten, um, sobald sie vor die Tür treten würde, auszurufen: «Hildchen, laß dir ja nich unterbuttern!» oder «Kopf hoch, Hildchen, es wird schon wieder werden!»

Ich war nie ein Anhänger der These, daß man Leute, nur weil sie singen oder schauspielern, bedenkenlos anhimmeln sollte. Auf einige Prominente möchte ich jedoch nicht verzichten. Zwar war ich nie Fan von Nina Hagen oder Udo Lindenberg, doch wenn morgen eine Zeitung mit der Schlagzeile «Udo Lindenberg oder Nina Hagen tot» erschiene, dann würde ich sagen: «Na, das ist aber nicht schön.» Zu

Wunderschöne Porzellanfiguren

diesem Personenkreis rechne ich auch Hildegard Knef. Über ihr Augen-Make-up, das kommende Generationen für eines der rätselhaftesten Phänomene des 20. Jahrhunderts halten werden, habe ich mich in einem früheren Aufsatz dahin gehend geäußert, daß ihre Wimpern den Anschein erweckten, als hätten schätzungsweise 10 000 schwarze Blattläuse es sich auf ihnen gemütlich gemacht. Als ich noch jung war und nicht wußte, daß alles, aber auch wirklich alles im Leben unglaublich kompliziert und letztlich unerklärlich ist, dachte ich, daß Frauen sich so zurechtmachen, um Männer abzuschrecken. Inzwischen weiß ich, daß viele Männer es explizit und im engeren Sinne «geil» finden, wenn Frauen drastisch geschminkt und drakonisch parfümiert daherkommen. Und wenn jemandem die Fügung «drakonisch parfümiert» nicht behagt, kann er gern einen Kuli nehmen und das Wort «drakonisch» wütend durchstreichen. Sie können sich auch aus einer Zeitschrift ein Adjektiv ausschneiden und drüberkleben. Machen Sie das nur! Ich bin ein sehr toleranter Autor. Ich kann auch gut verstehen, daß Männer auf große Brüste oder ausladende Becken abfahren. Die Tatsache, daß es, wenn man schon bestimmte Körperteile gut findet, nicht unbedingt schadet, wenn diese groß sind, hat einen Bekanntheitsgrad, der sich nicht auf heterosexuelle gutbürgerliche Kreise beschränkt. Daß Männer Sehnsucht empfinden nach beschmierten und vollgekleisterten Damen, kann ich indes nur tolerieren, nicht verstehen. Auch ich verehre das Weib als solches. Doch sollte es sein wie die Blüte am Bach, möglichst mit Dutt und einer Kiepe voll Reisig auf dem Rücken, und sagen: «Ich habe uns Hölzlein gesammelt, lieber Mann, damit wir es warm haben in unserer Hütte am Waldesrand, wo zwar kein Designer-CD-Ständer für 799 DM, in den nur 20 CDs reinpassen, zu finden ist, aber die selbstgeflochtene Wiege mit dem krähenden Kinde.» Vielleicht würde ich sogar zu einer Prostituierten gehen, wenn sie ungeschminkt wäre, in einem bodenlangen Kleid aus dunkelgrauer Baumwolle an der Straße stünde und natürlich, das muß sein, eine Kiepe mit Reisig auf dem Rücken trüge. Nur diejenigen, die noch jung sind und nicht wissen, daß die Welt mit jedem Lidschlag ihres Fortbestands komplizierter und unerklärlicher wird, werden einen Reisigkiepen-Fetischismus sonderbarer finden als eine Affinität zu Frauen in extrem unbequemen und gesundheitsschädlichen Schuhen, die ja weit verbreitet ist.

Die Welt ist kompliziert. Manche Frauen bekommen 50 Mark dafür, daß sie mit wildfremden Männern sexuell verkehren, andere verlangen 100 Millionen Mark dafür, daß sie keine Abmagerungstablette gegessen haben. Manche Menschen sind so arm, daß sie auf Kopfkissen aus Zigarettenschachteln nächtigen müssen, andere kaufen sich Designer-CD-Ständer für 799 DM, wo nur 20 CDs reinpassen. Erwähnen könnte man auch noch den berühmten Designer-Wasserkessel. Man muß aber nicht, weil jeder jemanden kennt, der einen hat. Jaja, der gute alte Designer-Wasserkessel. Ei, ei, was für ein schöner Wasserkessel. Ist es der von Michael Graves oder der von Aldo Rossi entworfene? Wenn es ihn nicht schon gäbe, müßte man ihn glatt erfinden, den Designer-Wasserkessel. Jaja, der gute, alte Designer-Wasserkessel.

PS: Sehr pervers: Korpulente Männer, die (setzen Sie hier ein todschickes Adverb Ihres Vertrauens ein) geschminkt und drakonisch parfümiert mit Reisigkiepen auf dem Rücken an der Bushaltestelle stehen und rufen: «Oh, oh, wo ist mein süßes Omnibüslein, wann kommt mein zuckersüßer Omnibus denn endlich?»

Herr Kosmos ist von den Menschen enttäuscht

ALS ich neulich mal wieder die Mannigfaltigkeit der Mittel bewunderte, mit der die Welt ihren Willen zur Unvollkommenheit zum Ausdruck bringt, prallte ich mit der Theorie zusammen, daß die Heroinsucht daher kommt, daß man trotz beachtlicher Dünnbeinigkeit und erklecklicher Flachgesäßigkeit von dem Zwang befallen ist, unglaublich enge Hosen zu tragen, und daß die Schmerzen, die durch das Eingezwängtsein in diese Hosen entstehen, sich nur mit Rauschgift ertragen lassen. Eine mirakulöse Theorie, dachte ich, nahm mir aber vor, bei nächster Gelegenheit nachzuprüfen, ob was dran sein könnte. Heroinabhängige lassen sich ja im Gegensatz zu Auerhühnern, die sich gerne verbergen, überall leicht beobachten, und in ihrem Verbreitungsgebiet kommen sie oft in ausgedehnten Beständen vor. Am Hamburger Hauptbahnhof stehen sie z. B. so dicht gedrängt, daß man ohne Schneepflug oft gar keine Chance hat, durch sie hindurchzukommen. Ein interessantes Gesprächsthema für entspannte Abende im Freundeskreis ist, wie man am zweckmäßigsten durch einen Pulk herumstehender Drogensüchtiger hindurchgeht. Hand aufs Geld und in olympischem Tempo durch? Oder Evergreens pfeifend im Schlenderschritt mit einem Blick, der sagt: «Ätsch, ich hatte auch eine blöde Kindheit, ich bin aber trotzdem nicht heroinsüchtig»?

Ich wähle keinen dieser beiden Wege. Ich gehe ganz normal und tue so, als ob die Drogensüchtigen gar nicht da seien. Wem das lieblos erscheint, dem rate ich, sich mal sein Liebesbarometer zu schnappen, bevor er durch Drogensüchtige durchgeht. Wer dann sagt, sein Liebesbarometer habe ausgeschlagen, dem empfehle ich, sich schleunigst nach einem neuen Liebesbarometer umzuschauen und das alte auf den Müll zu werfen. Obwohl ich also kühl den Elendspulk durchschreite, kann ich sehen, daß die Hosentheorie in die richtige Richtung weist. Zumindest die männlichen Exemplare tragen alle diese Würgehosen. Ich glaube nicht, daß ich jemals einen Junkie in Bundfaltenhosen gesehen habe. Bei Biertrinkern sind diese jedoch beliebt. Es scheint auch noch andere, bisher kaum beachtete Zusammenhänge zu geben. In sogenannten Szene-Lokalen, wo das Bier aus schlanken Flaschen getrunken wird, bin ich oft der dickste Gast. Die anderen sind schlank wie die Flaschen. In normalen Lokalen, wo man das Bier in bauchigen Gläsern reicht, bin ich manchmal der dünnste.

Darf man etwas gegen Drogenabhängige sagen? Ich glaube nicht. Man muß sagen: «Das kann doch jedem passieren, die armen Hascherl, sie sind ja nur Opfer, gebt ihnen Methadon, man darf sie nicht kriminalisieren etc.», auch wenn man im gleichen Augenblick denkt: «Mir würde das nie passieren, sie sind selber schuld, sie sind nicht Opfer, sondern Täter, wegen ihrer ständigen Wohnungseinbrüche habe ich mir eine sündhaft teure Stahltür mit Stangenschloß anschaffen müssen etc.» Sagen darf man das aber auf gar keinen Fall! Rohes Reden darf niemals geduldet werden! Gegen die Gedanken kann man leider gar nichts machen. Das Wort «leider» aus dem vorangegangenen Satz würde ich gern in 50 Meter hohe Granitbuchstaben meißeln lassen und auf dem Platz aufstellen, wo Nostalgiefreunde das Berliner Stadtschloß wieder erbauen wollen. Wie gesagt: In den Hirnen der Menschen hausen Einfälle und Ansichten, wie sie übler nicht denkbar sind. Scheinheiligkeit und vorgetäuschte Freundlichkeit gehören zu den größten zivilisatorischen Errungenschaften, denn sie bewahren uns davor, auszusprechen, was wir denken. Zum Beispiel im Supermarkt. Eine Dame, die vor einem in der Kassenschlange steht, sagt: «Würden Sie meinen Wagen bitte mitschieben? Ich habe Müllermilch vergessen.» Was denkt man? Man denkt: «Nur weil du blöde Kuh meinst, dem alten Molkereinazi Müller noch mehr Geld in den Rachen stopfen zu müssen, soll ich jetzt deine verrostete Einkaufswagentöle schieben?» Man sagt jedoch: «Aber gerne, extrem gnädige Dame, huschen Sie nur zum Kühlregal, wo die zu Recht begehrte Erfrischung Ihrer schon harrt, und ich werde vor Vergnügen schnurren, während ich Ihren einer Orchideengalerie ähnelnden De-Luxe-Gourmet-Einkaufswagen mit zarter Hand dem Zahlungsvergnügen näher führe.» Man sollte sich absolut keinen Kopf darüber machen, ob das, was man spricht, mit seinen Gedanken übereinstimmt. Kindern z. B. würde ich stets einschärfen, daß man mit Gewalt niemals Probleme lösen kann, obwohl ich leider ziemlich genau weiß, daß es durchaus auch Probleme gibt, die sich am einfachsten mit Gewalt lösen lassen. Ich würde Kindern auch beibringen, immer genau das zu sagen, was sie denken. Jemandem, der sie Gegenteiliges lehrt, würde ich sogar die Eignung zum Hüter heranwachsenden Lebens absprechen. Möge Gott Hand in Hand mit grimmig blickenden Gesetzeswächtern dafür sorgen, daß meine Schriften niemals in die Hände von Jugendlichen und jungen Erwachsenen geraten!

In meine Hände geriet neulich eine sehr eigenartige Schrift, und zwar die meiner Nachbarin, welche einen Zettel an meine Tür klebte, auf dem es hieß: «Letzte Nacht war es wieder halb zwei. Nachbarin.» Was sollte das bedeuten? Es wird doch jede Nacht halb zwei. Erst halb eins, dann halb zwei, dann halb drei usw. Nach langer Hirnmarter kam mir der Gedanke, daß sie mir mit dieser geheimnisvollen Nachricht wohl zum Vorwurf machen wollte, daß ich bis halb zwei dem Erzlaster des Schallplattenhörens gefrönt hatte. Ich würde ja gerne mal wissen, was meine Nachbarin für eine ist. Da sie ihre Mülltüten gerne vor ihre Wohnungstür stellt, damit sie schön den Hausflur bemiefen, weiß ich, daß sie sich u. a. von sogenannten Disney-Suppen ernährt, auf deren Tüten in großen Buchstaben SCHLABBER steht. Doch wirklich! Da steht SCHLABBER drauf! Gerne wüßte ich auch, was die ZDF-Wettertante für eine ist. Die sagt die sonderbarsten Dinge. Am 9. 6. erklärte sie zum Beispiel: «Am Freitag kann man auch im Südwesten mal wieder richtig die Fenster aufreißen.» Ich bin kein Experte für die gewiß großen und manchmal furchteinflößenden Eigenwilligkeiten des deutschen Südwestens. Aber ist es denn dort so arg, daß man nur an bestimmten Wochentagen die Fenster aufmachen darf? Gerade in Stuttgart z. B. stelle ich mir das unerträglich vor. Für Leute, die Stuttgart nicht kennen: Da unten, also in unserem Südwesten, befindet sich ein gewisses Gebirge, in welchem ein Loch zugange ist. In dem Loch liegt Stuttgart. Wenn man in Stuttgart ankommt, ist man sofort völlig verklebt. Es ist unermeßlich stickig dort. Nie spürt man den leisesten Lufthauch. In Stuttgart zu wohnen muß sein, wie in einem riesigen Kübel mit kochender Marmelade zu leben. Trotzdem sind die Menschen dort nicht schlechter als anderswo. Am beeindruckendsten ist das Stuttgarter Loch-Feeling, wenn man vom Flughafen mit dem Bus in die Stadt fährt. Der Flughafen liegt auf einem Gebirgsgipfel, und von dort führt eine unvorstellbar steile, fast senkrechte Straße zur Stadt. In den Fahrern, die diese Busse lenken, vermählt sich die Muskelkraft belgischer Rösser mit der Nervenstärke von

Astronauten. Es sind die mutigsten Männer Deutschlands! Und diesen Volkshelden verwehrt man das tägliche Öffnen der Fenster? Diejenigen, die verantwortlich sind für die Zustände im Südwesten, die sollten sich schämen, schämen und abermals schämen! Was sind das nur für Menschen?

Fragen wie «Was sind das nur für Menschen?» oder «Was ist meine Nachbarin wohl für eine?» interessieren nicht nur mich. Daher kontaktierte ich den Kosmos-Verlag. Da es nicht nur viele verschiedene Pflanzen, Tiere, Mineralien und Dämpfe gibt, sondern auch sehr verschiedene Menschen, machte ich den Vorschlag, ein Menschenbestimmungsbuch zu veröffentlichen. Als Autor finde ich mich sehr geeignet, denn ich kenne die Menschen. Schon seit der Kindheit pflege ich entsprechende Kontakte, und ich wohne in einer Stadt, wo man nur vor die Tür treten muß, und schon sieht man sie überall herumwandern.

Herr Kosmos vom gleichnamigen Verlag wirkte müde und abgespannt. Von Kinn und Wangen troff schlohweißer Bart ihm. (Dieser mißratene Satz steht da nur, um Leute zu ärgern, die mißratene Sätze mißbilligen, hihi.) Er sprach: «Ach, wissen Sie, mich interessiert es überhaupt nicht mehr, ob mein Nachbar ein Schurke, ein Lümmel oder ein einfacher Schlingelant ist. Die Menschen haben mich zu oft enttäuscht. Ich winke daher ab.» Dann eben nicht. Dabei wäre ein solcher Führer vielerorts hilfreich. Man denke sich eine Dame, die eine Gaststube betritt und einen Herrn erspäht. «Nettes Kerlchen», denkt sie, «aber man müßte wissen, ob es ein Schurke, ein Lümmel oder ein einfacher Schlingelant ist.» Der Herr geht Wasser lassen. Wie er zurückkommt, ist er noch im Gastraum während des Gehens mit dem Schließen von Reißverschluß und Gürtel beschäftigt. «Interessantes Merkmal», denkt die Dame und zückt das Bestimmungsbuch. «Ah, hier steht es», sagt sie zu sich selbst, «Mann, der erst nach Verlassen des Toilettenraumes das Verschließen seiner Hose beendigt: Siehe Lümmel oder siehe Schurke.» Um sicherzugehen, daß sie sich nicht mit einem Schurken einläßt, macht sie den im Buch beschriebenen Geldbörsenattrappentest.

«Lieber Fremdling», sagt sie, «auch ich besitze eine Blase. Sie ist zur Zeit ebenso prall gefüllt wie diese dralle Börse, die ich Ihnen direkt vor die Nase lege und welche ich Sie

In Stuttgart

ersuche, einen Augenblick lang zu bewachen, denn sie fühlt sich auf dem Klo nicht wohl.» Wie die Dame zurückkehrt, sind Mann und Börse noch vorhanden. «Ach wie schön, ein Lümmel und kein Schurke», ruft die Frau begeistert, greift sich den Mann und zerrt ihn in ein hoffentlich einigermaßen glückliches Leben zu zweit. Mit einem Lümmel läßt es sich eh recht angenehm leben, und etwas Besseres finden nur ganz auserlesene Menschen. Wer erlebt schon das Glück, im Walde einem Auerhahn oder einem Frauenschuh zu begegnen? Oder gar einem Auerhahn, der eben einen Frauenschuh frißt? «Schlag den Auerhahn tot, ich muß den Frauenschuh fotografieren», sagt die Kosmos-Blumenfotografin zu ihrem Mann, dem Kosmos-Vogelfotografen. Es entsteht ein Konflikt, wie er in jeder Ehe mal vorkommt. Doch die beiden lieben einander. Das mit dem Herumfummeln an Hose und Gürtel außerhalb des Toilettenraumes wird sie ihm zwar nie abgewöhnen können, aber so schlimm ist das ja auch nicht. Man schmunzelt still in sich hinein und denkt sich seinen Teil. Zum Beispiel, wie das wäre, wenn das Frauen auch machen würden. Wenn sie sich, vom Frischmachen kommend, gehend im Gastraum die Strumpfhosen hochzögen.

Ich weiß ja nicht.

PS: Es gibt ein bestimmtes «komisches Gefühl», das vermutlich jeder kennt, der selbst Texte schreibt. Ich meine jenen Zweifel daran, ob ein eben verwendeter Einfall oder Ausdruck von einem selber ist oder ob er aus einer diffusen Erinnerung an etwas andernorts Gelesenes oder Aufgeschnapptes stammt. Meine Zweifel betreffen den kausalen Zusammenhang zwischen engen Hosen und Heroinsucht. Ist das ein eigener Einfall, oder habe ich das aus einem Film oder was? Ratsuchend rief ich in der ‹Titanic›-Redaktion an. Dort kannte niemand die Theorie, aber das «komische Gefühl» war allen zur Genüge bekannt. Deshalb fordern die Redakteure und ich im Interesse der ganzen schreibenden Zunft die Einrichtung einer Institution, wo Büchernarren und geistige Kanonen allen Ratsuchenden gegen ein gewisses Entgelt immer wieder die eine Frage beantworten: «Ist das von mir, oder gibt es das schon?»

PPS: Meine neueste Lieblingsdefinition aus Wahrigs Wörterbuch:
abprotzen = ein Geschütz von der Protze heben

Nachbemerkung Herbst 1994:
Auf zwei Leserbriefe ist hier kurz einzugehen. Der eine stammt von einer Dame, welche beanstandete, daß der Auerhahn einen Frauenschuh frißt. Das sei widerlich. Ein im Wald liegender Frauenschuh könne ja nur von einem Vergewaltigungs- oder Mordopfer sein. Ich sei doch sonst so sensibel, von dieser Kolumne sei sie wirklich enttäuscht. O weh, ich hatte die Allgemeinbildung von Satireheftchenlesern überschätzt! Wer vom Vierwaldstätter See mit der Zahnradbahn auf die Rigi fährt, kann während der Fahrt erstaunliche Mengen von Frauenschuhen sehen. Frauenskelette liegen aber so gut wie keine dabei. Ein Frauenschuh ist nämlich nicht nur das, was sich Damen über ihre Füße stülpen, um den überall herumliegenden Scherben und Stecknadeln sorglos ins Auge blicken zu können, sondern auch eine in Mitteleuropa beheimatete, aber sehr seltene, meiner bisherigen Erfahrung nach nur neben Zahnradbahnen vorkommende Orchidee. Trotz ihrer Rarität sind Frauenschuhe sehr bekannt, sie sind die unfreiwilligen Filmdiven

Reformkleidung für Heroinabhängige (die komischen Zahlen sind vermutlich Bestellnummern)

unter den europäischen Pflanzen, von Fotografen umlagert wie US-Superlady Liz Taylor. Sie dürften daher zu den Gewächsen gehören, die am meisten darunter leiden, daß Pflanzen nicht weglaufen können. Sie sind dazu verdammt, ihre Fresse in die Kamera halten zu müssen. «Bei Blumen sagt man nicht Fresse», höre ich's in der Atmosphäre wispern, doch ich laß mir nichts in meine Atmosphäre wispern, damit das ein für allemal klar ist. Blumen haben schon deswegen eine Fresse, weil sie dieselbe halten, oder hat schon mal jemand erlebt, daß eine die Fresse nicht gehalten, sondern «gesungen» hat?

Ein Mitarbeiter von SAT.1 schickte mir zum Themenkomplex «enge Hosen/Heroinsucht» einen Dialog aus der Serie *Raumschiff Enterprise* (Folge: «Das Rätsel von Delta-5»; gedreht in den frühen siebziger Jahren):

CAPTAIN KIRK: ... Sie sahen erbärmlich aus, mit ihren abgemagerten Gesichtern und den dürren Beinen, die in viel zu engen Hosen steckten. Genauso wie unser Gefangener.
MR. SPOCK: Faszinierend. Vielleicht sind die vulkanischen Erkenntnisse der Suchtforschung übertragbar auf Ihre Spezies, Captain. Lassen Sie dem Gefangenen ein anderes Paar Hosen geben.

Da mich diese Serie aber nie interessiert hat, glaube ich nicht, daß ich ihr meine Theorie verdanke. Vielleicht ist das so ein Einfall, den jeder Mensch mal hat, der ab und zu in die Nähe eines Bahnhofs kommt.

Volkstrauertag in Neustadt am Rübenberge, Bürstengeschäft: Pustekuchen

Es sei mir unbenommen, einige kritische Bemerkungen zu machen, die das Abkürzen und vor allem das völlige Weglassen des Vornamens zum Gegenstand haben. Einer Person aus meiner Straße kam ihr Kater abhanden. Statt zu feiern, daß sie nun keine Dosen mit stinkendem Inhalt mehr öffnen muß, befestigte sie an den Bäumen Zettel mit Katerbeschreibung und Katerretournierungsbitte. Es war eine Telefonnummer angegeben und als Unterschrift: A. Poppe.

Die Würze, die in dieser Kürze liegt, ist meine Würze nicht. Ebenso wie der Händedruck ist die Preisgabe des Vornamens ein freundliches Signal zur Kommunikationsbereitschaft. Ich möchte zumindest wissen, ob ich für eine Dame oder einen Herrn durchs Gebüsch kriechen soll. Für Amalie oder Adam Poppe würde ich das gerne tun, die würden mich zum Dank mit Gebäck bewirten. Von jemandem, der sich hinter einer Abkürzung verschanzt, ist das nicht zu erwarten. A. Poppe würde wahrscheinlich nicht einmal danke sagen, sondern nur «Alles klar». Person Poppe soll sich ihr Viech selber suchen.

Auch Menschen, die ihre Vornamen gar nicht nennen, dürfen sich meiner Unterstützung nicht sicher sein. Im Werk von Loriot gibt es einige Szenen, die ihre Komik daraus beziehen, daß Menschen einander vorstellen, indem sie sich gegenseitig ihre Nachnamen an den Kopf werfen. Auch ich fand diese Knappheit immer befremdlich. Schon in der Schule störte es mich, wenn die Jungen, insbesondere im Sportunterricht, einander mit dem Nachnamen anbrüllten. Bei Mädchen war das weniger üblich, und bis vor kurzem hatte eine Künstlerin oder Politikerin, wenn über sie Bericht erstattet wurde, Anspruch auf die Nennung des Vornamens oder die Anrede Frau. Allmählich paßt man sich amerikanischen Mediengepflogenheiten an, und in den Nachrichten sind Sätze wie «Röstel hat Kaffee getrunken» zu hören und nicht mehr, wie noch vor kurzem, «Frau Röstel oder Gunda Röstel hat dies getan».

In der Berichterstattung über männliche Politiker beschränkt man sich indes schon seit urvordenklicher Zeit auf die Nennung des Familiennamens. Es ist dies ein Überbleibsel aus einer Zeit, in der das Militär gesellschaftlich den Ton angab. Ein Soldat hatte sich mit Nachnamen und Einheit zu melden, und nur wenn die Nennung des Vornamens zur Vermeidung von Verwechslungen nötig war, wurde er nachgestellt. Der Vorname bezeichnet das menschliche Individuum, der Nachname benennt den Bürger oder Untertan. In einer zivilen Gesellschaft sollten daher auch Männer ihre Vornamen weder vorenthalten bekommen noch selber ungenannt lassen. Interessant ist, daß viele Leute dem Kasernenhofton ausgerechnet in ihren eigenen vier Wänden anhängen. Man wird ja häufig gefragt, was man für typisch deutsch halte, und meist wird darauf geantwortet, Jägerzäune oder Marschmusik. Wesentlich spezifischer erscheint mir der Brauch, sobald das Telefon klingelt, seinen Nachnamen in die Muschel zu krähen. Woher das kommt, wird klar, wenn man ein Berliner Telefonverzeichnis von 1880 aufschlägt. Was für Leute verfügten bereits damals über einen Telefonanschluß? Honoratioren, Geschäftsbetriebe mit Hoflieferantenstatus und vor allem – Offiziere.

Ich will nicht behaupten, daß ich mit den Telefonsitten aller Weltregionen vertraut bin, aber in den Staaten, die mir persönlich bekannt sind, sagt man etwas in der Art von «Ja, bitte» oder «Hallo», in Italien «Pronto». Sollte es eine von Kosmopoliten erstellte Liste zu diesem Thema geben, würde ich diese gern einsehen, um herauszufinden, ob es auch Länder außerhalb des deutschsprachigen Raums gibt, in denen man sich am Telefon mit dem Nachnamen meldet, und ich würde mich nicht wundern, wenn es sich bei diesen Ländern, sollte es sie geben, um Militärdiktaturen handelt.

Manche Namen klingen, für sich genommen, etwas lächerlich. Es gibt Menschen, die Patschke und Brummwein heißen. Es erscheint mir sonderbar, daß Menschen ihr Leben lang in ihrer eigenen Wohnung in unregelmäßigen Abständen aufspringen und auf anonymes Kommando «Patschke» oder «Brummwein» rufen. Eigentlich sollte der Anrufer, also derjenige, der etwas von einem will, zuerst seine Identität preisgeben. Prinzipiell ist jeder Anrufer erst einmal ein Eindringling, und nicht jeder Eindringling ist willkommen. Auch Irrsinnigen und Sodomiten ist es gesetzlich nicht verboten, bei Wildfremden anzurufen und ihnen häßliche Lieder vorzusingen. Solchen Leuten stellt man sich doch nicht vor. Wenn des Nachts die Scheiben klirren und ein Einbrecher steht neben dem Bette, dann ruft man ja auch nicht Patschke oder Brummwein. Es gibt sogar Leute, die ihren Namen auf ihren Anrufbeantworter sprechen. Anonymen Sodomiten in Abwesenheit seinen Namen zu nennen, erscheint mir besonders heikel.

Ich verstehe Leute nicht, die sich der Vorteile eines Anrufbeantworters nicht bedienen. Man kann es klingeln lassen und wartet ab, wer es denn ist, der einem ein Ohr abzukauen wünscht. Ist es ein ominöser Wirrkopf, drückt man auf ein Knöpfchen, es macht piep, und der Wirrkopf sülzt in toten Draht. Ist es aber ein lieber Freund, dann hebt man ab, ruft «Ich bin da-ha», und der Freund sagt: «Du bist da? Ich dachte schon, du bist nicht da», und alle freuen sich. Manche sagen: «Ich will so ein Ding nicht, denn dann ist man immer verpflichtet zurückzurufen.» Wer sagt das? Steht das im BGB oder in der Bibel? Vielleicht ist es aber tatsächlich so, daß eine der Bürden, unter denen die Menschheit schmachtet, die Vorstellung ist, zurückrufen zu müssen, und daß bislang ein tolldreister Avantgardist gefehlt hat, der klipp und klar erklärt, daß man überhaupt nicht zurückrufen muß. Dieser Tolldreiste will ich gerne sein, und daher sage ich: Man muß überhaupt nicht zurückrufen. Wenn jetzt die Menschheit befreit aufatmet, dann möchte ich einen glitzernden Preis dafür zuerkannt bekommen. Warum nicht? Schließlich hat auch Maria Schell einmal einen Oscar bekommen für eine Szene, in der ihr Gänsefett ins Dekolleté trieft.

Insgesamt dürfte aber die vielerorts verbreitete Ablehnung der praktischen Gerätschaft seltener in einer Furcht davor begründet sein, von der Technik terrorisiert zu werden, als in freudlosem Traditionsquerulantentum Kreuzberger Strickmusters. Anrufbeantworterfeinde sind oft identisch mit Vinylorthodoxisten und Groschensuch-Freaks. In Kreuzberg wurden Telefonkarten-Zellen zerstört, weil diese Zwingburgen des Überwachungsstaates seien. Oder erinnert sich noch jemand an die doofe Volkszählung? Was haben sich die Querulanten echauffiert! Man werde, wenn man den Bogen ausfülle, zum gläsernen Bürger, wurde gesagt. Bin ich ein gläserner Bürger geworden? Nein, mein Tun und Treiben ist so undurchsichtig wie eh und je. Schade ist es immer um die politische Energie, die in gefälliger Ablehneritis versickert. Doch Querulanten, das haben die so an sich, wollen nichts verändern, sondern sich nur dicketun, da genügen die nichtigsten Anlässe. Man denke nur an die neuen Postleitzahlen. Dabei sind die sehr nützlich. Im

Supermarkt sieht man noch immer Produkte, auf denen die Adresse des Herstellers mit alter Postleitzahl draufsteht. Da weiß man gleich, diese Nahrung gilt es zu verschmähen. Es gibt sogar noch Waren mit dem Aufdruck «Made in West Germany». Man sollte, in Analogie zu den Läden in Ost-Berlin, wo nur Produkte aus den neuen Ländern angeboten werden, in Kreuzberg Geschäfte eröffnen, in denen nur Nahrungsmittel mit alter Postleitzahl, die made in West Germany sind, verkauft werden. Groß wäre der Andrang. Lange Schlangen von Struwwelpetern, die sich die Lippen lecken und denken: «Hmm, endlich mal wieder Produkte mit unserer Identität.»

Querulanten hin, Querulanten her. In Wirklichkeit bin ich nur neidisch auf die, die in Kreuzberg wohnen. Dort ist jeden Abend Karneval in Rio, und in der Oranienstraße gibt es obendrein ein sehr gutes Bürstengeschäft. In Tiergarten, wo mich ein fühlloses Schicksal begraben hat, ist jeden Abend Volkstrauertag in Neustadt am Rübenberge, Bürstengeschäft: Pustekuchen, und selbst zum nächsten Copy-Shop muß ich zwanzig Minuten latschen. Gerne wohnte ich bei den Querulanten. Ich wäre, wenn es zur Prüfung meiner Integrierbarkeit notwendig ist, durchaus in der Lage, mich über völlig unwichtige Dinge maßlos aufzuregen. Ich binde mir also einen schwarzen Lappen vor die Schnute und schreie: «Was ja auch unbedingt boykottiert gehört, ist der Einhebelmischer. So nennt der Sanitärfachmann die modernen Wasserhähne. Früher gab es rechts einen Hahn mit blauem Punkt, der sagte kühles Wasser an, drehte man jedoch an seinem linken Bruder, der einen roten Punkt trug, dann gab es warmes. So ist's auch noch in meinen Privatgemächern. Doch was findet man vor in Hotels und Lokalen? Wenn man den Hahn nach oben oder unten oder nach links oder rechts zieht, wird das Wasser dann wärmer oder kälter oder weniger oder mehr oder beides oder alles drei oder gar nichts oder umgekehrt oder wie? Es ist komplizierter als Tequila trinken. Erst das Salz, dann der Schnaps und die Zitrone, oder das Salz zum Schluß? Ich kann mir das nicht merken. Jedes Händewaschen beginnt mit experimentellem Gewürge. Ich habe auch das Gefühl, daß die Einhebelmischer der verschiedenen Fabrikate alle unterschiedlich funktionieren. Ähnlich ist es beim Kassettenrecorder. Schön wäre es, wenn in den sechziger Jahren, als er auf den Markt geworfen wurde, ein Demiurg gekommen wäre und gesagt hätte: Die Knöpfe müssen bei allen Recordern der Welt in folgender Reihenfolge stehen: Record, Play, Vorlauf, Rücklauf, Pause, Stop. Doch wie sieht die Realität aus? Es ist bei allen Geräten anders. Schuld ist die Bockigkeit der Designer.»

Dies sagte ich eben zu den Querulanten, in der Hoffnung, daß sie mich zu sich nehmen. «Sehr stark ausgeprägt ist dein Querulantentum nicht», antworten die Querulanten, «doch wir werden dich unterrichten. Schmauche erst einmal diese Tülle dumm machenden Rauschgiftes, dann wird es schon werden.»

Doch dies will ich nicht. Erstens behagt mir der Geruch nicht. Er ist nicht besser als der von Katzenfutter. Zweitens verliert man vom Haschisch sein Gedächtnis. Einst kannte ich einen Schlagzeuger, der spielte Schlagzeug wie ein Engel. Doch früh und spät und zwischendurch glomm seine Tüte, so daß er bei einer Probe nie wußte, was er bei der vorangegangenen gespielt hatte. Keine Band mochte ihn lange behalten. Das ist viele Jahre her. Nun wohnt er in einem Verschlag im Osten – Kreuzberg wurde ihm zu teuer – und schimpft auf den «Scheißstaat». Dabei ist er selber schuld an seinem Elend. Bald wird er sterben.

Auch anderes Rauschgift ist schlecht. Vor zehn, elf Jahren hatte ich eine Phase, da ging es in meinem Leben zu wie in Bahlsens Probierstube. Kaum sah ich ein Pulver, eine Pille, einen Pilz, mußte ich probieren. Meistens habe ich entweder überhaupt nichts gemerkt, oder mir wurde blümerant. Einmal nahm ich mit jemand anderem eine Droge, ich weiß nicht mehr, welche, und wir gingen in ein Café. Es war wie immer, nur alle Möbel schienen einen lila Rand zu haben. Auch der Ventilator an der Decke hatte einen lila Rand. Den haben wir zwei Stunden angeguckt und dabei gekichert. Lächerlich, daß Leute ihr Geld verjubeln, um Möbel mit lila Rand zu sehen. Die einzige Droge, die ich mehrmals probierte, war Kokain. Ich habe nie eine Wirkung gespürt, außer daß ich großen Durst bekam und verschwenderisch sentimental wurde. Ich wollte mich mit jedem versöhnen, auch mit Menschen, mit denen ich gar nicht zerstritten war. Es war so albern, daß ich drauf und dran war, auf die Straße zu rennen und fremde Leute zu bitten, mich zu ohrfeigen, damit ich ihnen das verzeihen kann. Für wünschenswert hielt ich solche Effekte nicht, doch ich sagte mir immer: Das kann es ja wohl nicht gewesen sein. Bestimmt war das Pulver mit irgend etwas gestreckt. Ich gehe mal zu einem anderen Dealer. Einmal wollte ich unbedingt kreativ werden. Ich nahm tüchtig von dem Pulver, legte mir einen Notizblock zurecht und nahm mir vor, jeden klitzekleinen Gedanken aufzuschreiben, damit ja nichts verlorengeht. Ich schrieb und schrieb, obwohl ich außer Durst keine besonderen Gedanken hatte, denn in einer Hirnnebenrinde erklärte ich mir, daß die Kreativität eben auf Samtpfötchen einherkomme und daß ich im Moment des Schreibens gar nicht beurteilen könne, was ich da gerade Grandioses am Schaffen sei. Ich schrieb den ganzen Block voll, bis die Hand nicht mehr konnte. Am nächsten Tag schmiß ich den Block weg. Ich schämte mich. Der ganze Block war vollgeschrieben mit Sätzen wie ungefähr den folgenden: «Morgen den Steuerberater anrufen wg. der Investitionszulage. Ilona ist wirklich nett. Das muß ich ihr unbedingt sagen. Kühlschrank abtauen!!! Steuerberater wg. Investitionszulage. Lars ist soo nett, ich muß ihn anrufen und ihm das sagen. Man müßte Klavier spielen können. Im Lexikon nachgucken, wer die ‹Dunkelmännerbriefe› schrieb, Investitionszulage. Tante Lina einen Brief schreiben, ihr sagen, daß sie nett ist ... etc.»

Einmal versuchte ich es noch mit einem Tonband. Nach drei, vier Malen wurde es mir zu blöd. Nie wieder griff ich zu Drogen! Tut es mir gleich! Geht ins Freie! Spielt Prellball, Radball, Faustball! In der Eisenbahn saß ich übrigens mal neben dem Schatzmeister des Österreichischen Faustballverbandes. Er füllte Tabellen aus, wobei er mitleiderregend schnaufte. Ich kann mir gut vorstellen, daß der österreichische Faustball vor sich hin siecht. Apropos: Wenn Frauen Faustball spielen, heißt das wohl Frauenfaustball. Aber wenn Frauen dies nicht im Freien tun, heißt das dann Hallenfrauenfaustball oder Frauenhallenfaustball? Zermartert euch die Köpfe über diese Frage! Denkt auch an Tante Lina. Sagt Lars, daß er nett ist. Besucht Patschkes mal wieder! Auch Familie Brummwein verödet vor dem Fernseher und freut sich über Besuch!

PS: Allgemein bekannt sind Leute, die Drogenabstinenten entgegenrufen: «Ach ja, und was ist mit Alkohol?» Auch diese Leute muß man achten. Sie bezahlen Steuern wie andere hoffentlich auch. Von diesem Geld werden Kindergärten verbreitert und staatliche Schlammgruben oder Giftmüllsickerdeponiebelüftungsanlagen angelegt, Leistungen, die uns allen nützen. Jeder weiß, daß staatliche Schlammgruben notwendig sind, doch keiner will neben ihnen wohnen. (1978 gaben mal 80 % der Amerikaner an, daß sie nicht neben Donna Summer wohnen wollen. Die sang damals frivole Lieder.) Ab und zu kommen im Fernsehen Interviews mit Menschen, die schlammgrubennah leben. Man erkennt sie an den Wäscheklammern auf ihren Nasen. Sie essen mit Wäscheklammern auf der Nase, und es ist nicht das Essen, das stinkt! Sie essen ja kein Katzenfutter. Sie lesen mit Wäscheklammern auf der Nase in der Bibel, und es ist nicht Gottes Wort, das stinkt! Irgendwann gewöhnen sich die Menschen an die staatliche Schlammgrube. Zur Silberhochzeit schenken sie einander Wäscheklammern mit Perlmutterbesatz oder Rubinen.

Ich wünschte, man büke mir einen Klöben

VIELES ist schön in unserem Land, aber zum Allerschönsten zählt das morgendliche Glänzen des Linoleumfußbodens im Tempelhofer Flughafengebäude. Um die Ehre, sich die Stadt mit dem schönsten Bahnhof Deutschlands nennen zu dürfen, prügeln sich Stuttgart und Leipzig. Welcher der schönste Flughafen ist, ist unstrittig: Berlin-Tempelhof, der

Der Bahnhof von Emden braucht sich hinter den Bahnhöfen von Stuttgart und Leipzig nicht zu verstecken. Nett wäre es, wenn er es trotzdem täte.

nach der Wende reaktivierte Zentralflughafen. Gedränge, Gereiztheit und Konfusion sind in diesem eleganten Gebäude Fremdwörter. Hier blockieren keine Reisegruppen mit pinken und giftgrünen Riesenplastiktaschen voll Krempel und piepsendem Pipifax den Weg. Hier bricht der distinguierte Einzelreisende zu weltverändernden Gesprächen hinter gepolsterter Tür auf. Nicht Pipifax piepst aus seinem Portefeuille, sondern es sind unersetzliche, mit 3998 DM teuren Füllfederhaltern unterzeichnete Dokumente darin. Es ist schön, zwischen all diesen vornehmen Menschen herumzuspazieren und sich dem Opaleszieren des vielleicht größten zusammenhängenden Linoleumfußbodens Deutschlands hinzugeben. Er schimmert so schön wie ein tropischer Mammutschmetterling, nur nicht so aufdringlich. Schade ist, daß sich die Berlintouristen abends durch die Oranienburger Straße schieben, statt sich den schönen Linoleumfußboden anzusehen. Was sind die dort stehenden Prostituierten denn, verglichen mit einem guten Fußboden? Mich erinnern diese Frauen immer an Süßspeisenabbildungen aus einem Dr.-Oetker-Kochbuch der fünfziger Jahre. Der einzige Unterschied sind die Locken. Bevor die Frauen zur Arbeit gehen, gehen sie zur Markthalle. «Fünf Kilo Lokken bitte», sagen sie dort. Aber selbst wenn sie sich 100 Kilo Locken auf den Kopf kippen würden, es sind und bleiben Strichbienen, Horizontale, Rennpferde, Kokotten, Schlitten, Schnecken und Metzen. Diese Bezeichnungen stehen im Sinn-und-Sachverwandten-Duden unter dem Stichwort «Prostituierte» und sind in keinster Weise zu vergleichen mit einem schönen Linoleumfußboden. Und wo man von Tempelhof aus überall hinfliegen kann! Nach Kassel-Calden, Paderborn-Lippstadt und sogar Heringsdorf. Ich flog zum London City Airport. Der liegt mitten in London, ist etwa so groß wie eine Matratze und naturgemäß völlig unbekannt, ebenso wie die Fluggesellschaft «Conti-Flug», die diese Strecke «bedient». Die Airline besitzt ein einziges Flugzeug, und das ist nach meiner ganz persönlichen Schätzung gut und gerne achtzig Jahre alt. Genau weiß ich's aber nicht. Das Einsteigen erleichtert ein Gerät, das große Ähnlichkeit mit einer Haushaltstrittleiter für 29,90 von «Rudi's Resterampe» aufweist. Immerhin hat man in den sechziger Jahren die Holzbänke rausgerissen und durch blaue Knautschlacksessel ersetzt. Zu essen gibt es hübsche Schmierkäsedreiecke. Auf dem London City Airport war es bei meiner Ankunft still wie in einer Kirche. Die Bedienung im Wartecafé rührte grüblerisch in einer Tasse. Vermutlich dachte sie: «In einer deutschen Zeitschrift steht, daß dieser Flughafen so groß wie eine Matratze ist. Das ist gut ausgedrückt. Allerdings ist auf deutschen Matratzen entschieden mehr los. Wenn ich nur an die Matratzen der Oranienburger Straße denke ...»

Über England will ich nicht breit referieren, denn dieses Land ist bekannt wie ein bunter Hund. Jeder kennt die Klischees. Manche treffen zu, z. B. das mit der Qualität des Essens und das mit dem liebenswürdigen Benehmen. Andere, das Wetter oder den Humor betreffende, scheinen mir der Grundlage zu entbehren. Meine Privatmeinung ist, daß der berühmte «schwarze» Humor in den fünfziger Jahren nach Amerika ausgewandert ist. Wenn Deutsche noch heute sogar angesichts von Fernseh-Sketchen dem englischen Humor eine Überlegenheit attestieren, dann wird eine überholte Kulturtradition bewahrt, um einen weltläufigen, eingeweihten Eindruck zu machen. Wer fremdsprachliche Witze versteht, muß ja ein toller Hecht sein. Der heutige Engländer hat genausoviel Humor wie Franzosen oder Deutsche, und das reicht völlig aus. Zuviel Humor macht dumm.

Fragwürdig fand ich eines in England. Auf Fruchtgummitüten steht der Hinweis, daß kleine Kinder an Fruchtgummi ersticken können. Auf der Studentenfutterpackung ist zu lesen, daß kleine Kinder an Nüssen ersticken können. Aber: Ich hatte mein Rasierzeug zu Hause vergessen. Daher kaufte ich eine Packung Einwegrasierer. Und da stand nicht drauf, daß kleine Kinder daran ersticken können. Was für eine Fahrlässigkeit! Kleine Kinder können sehr wohl an Einwegrasierern ersticken! Geben Sie mir ein englisches Kind, und ich will's Ihnen gern beweisen.

Ich schlage vor, daß man an englischen Straßen alle 50 Meter ein Schild aufstellt, wo draufsteht: «Kleine Kinder können theoretisch eigentlich an allem ersticken.» Und nicht vergessen, diese Schilder nachts grell zu beleuchten!

Einmal saßen mein Reisebegleiter und ich in einem Pub auf dem Pier von Brighton, um uns daran zu ergötzen, wie sich die Sonne im Kanal verkrümelt. Wir verbanden diese Betrachtung mit dem Trinken von Bier. Dies gilt es beizeiten zu tun, denn wenn man in dieser Stadt nach elf noch Durst hat, muß man 48 Stunden vor dem Durst eine Gastmitgliedschaft in einem Club beantragen. Kaum daß sich die Sonne verdünnisiert hatte, verwandelte sich das Pub in eine wild quietschende Teenagerdisko. Um den Laden in einen Hexenkessel zu verwandeln, versprach der DJ jedem, der auf die Tanzfläche gehe, Gratis-Erdnüsse. Es ist wirklich hübsch, einer Gruppe von Teenagern, von denen jeder eine Packung Erdnüsse in der Hand hält, beim Tanzen zuzusehen. Dann wurden Partyspiele veranstaltet. Eines ging so, daß der DJ drei Herren veranlaßte, sich rücklings auf die Tanzfläche zu legen. Daraufhin streute er jedem eine Handvoll Erdnüsse auf den Hosenlatz und holte drei Damen, die den Herren die Nüsse, ohne die Hände zu benutzen, von der Hose äsen mußten. «Äsen ist immer ohne Hände, du Affe», denkt da der Esel auf der Koppel. Einer der Herren bekam während des Erdnußäsens eine aufgrund der Labbrigkeit seiner Hose weithin sichtbare Intimdurchblutung, was die übrige Jugend zu frenetischem Gejohle verführte. «Es ist zwar eigentlich nicht meine Art, aber ich könnte ja ausnahmsweise mal mitjohlen», dachte ich und setzte meinen Gedanken unverzüglich in die Tat um.

Interessant ist auch der Zeitschriftenmarkt. Es gibt kaum eine Zeitschrift, der nicht eine Beilage beigegeben ist oder eine Beigebung beiliegt, sei es eine CD, eine Kassette, eine Diskette oder eine Flasche Haarconditioner. Eine Gartenzeitschrift war sogar mit einer kleinen Schaufel versehen, und auf einem Frauenjournal klebte ein praktischer Spaghettiportionierer, eine Schablone mit drei verschieden großen Löchern, deren Größe der idealen Dicke eines Spaghettibündels für eine Person bzw. zwei oder drei Personen entspricht.

In einer Zeitschrift las ich einen Artikel über Kopfkissen. Darin stand, daß ein zwanzig Jahre altes Kopfkissen zu zehn Prozent seines Gewichtes aus lebenden Milben, toten Milben und Milbenkot bestehe. Mich durchfuhr ein Grausen: Die Kopfkissen, an die ich allnächtlich mein Haupt schmiege, habe ich vor mehr als sechzehn Jahren, als ich meinen ersten eigenen Haushalt bestückte, den Beständen des Elternhauses entnommen, und sie waren schon damals gewiß nicht neu. Vielleicht sind sie noch von meiner Uroma und bestehen zu fünfzig Prozent aus Milbenkot. Ich plane daher eine größere Anschaffung. Wer will, daß ich demnächst einen heiteren Artikel über das Kaufen von Kopfkissen verfassen soll, der hebe jetzt bitte die Hand. Aber natürlich nur, wenn Sie diese Zeilen in der Einsamkeit Ihrer Kammer lesen. Nicht, wenn

Sie dies im Bus oder im Café tun. Das sähe doch saudumm aus, wenn Sie jetzt die Hand höben. «Höben» habe ich vorher noch nie geschrieben, aber «höben» ist nicht übel, so wie «büke». Ich wünschte, man wüsche mir die Füße und büke mir einen Klöben.

Ich bin, was Anschaffungen angeht, nicht pingelig. Preise vergleichen? Nö. Das liegt an dem chinesischen Tier, das ich bin. Ich habe vergessen, welches ich bin, aber eine Freundin, die sich da auskennt, meint, das chinesische Tier, das ich bin, interessiert sich zwar nicht besonders für Geld, hat aber auch keine Schwierigkeiten, sich damit in stets ausreichender Menge auszustatten. Das stimmt ungefähr. Das Geld kommt immer irgendwie angedackelt, und ich gebe es frisch und froh aus. Vor kurzem kaufte ich mir ein Gerät, welches «Hexegger» heißt. Dieses Gerät macht Eier würfelförmig. Man tut ein hartgekochtes Ei in die Kammer des Hexegger, setzt den Preßkolben an, tut den Apparat für zehn Minuten in den Kühlschrank, und dann hat man ein würfelförmiges Ei. Das Gerät hat fast zwanzig Mark gekostet, und obwohl ich hartgekochte Eier nicht ausstehen kann, habe ich die teure Anschaffung nie bedauert. Sie ist sehr nützlich. Wenn Besuch kommt, nehme ich das Gerät und sage: «Guck doch mal, was ich Komisches gekauft habe», und der Besuch sagt: «Potzteufel, würfelförmige Eier, was für ein Heckmeck», und schon hat man die schönste Konversation. Leute, die sich keine komischen Sachen kaufen, können mit ihrem Besuch nur Torte mampfen und bumsen. Zu besprechen haben die nichts. Daher sitzt mir der Geldbeutel so locker wie dem Unhold die Faust. Es gibt aber einige wenige Bereiche, in denen ich einen unvorstellbaren Geiz an den Tag lege. Viele sonst ganz vernünftige Menschen haben solche, ich will's mal nennen: Geizoasen. Bei mir ist es z. B. Seife. Ich weiß, daß man für nur eine Mark ein schönes großes Stück Seife bekommt, aber ich wasche mir seit Jahren mit den Miniseifen, die ich aus Hotels mitnehme, die Hände. Haarshampoo kaufe ich immer das teure von Guhl, und After-Shave-Balme habe ich zehn verschiedene, alle ganz teuer. Aber für Seife will ich einfach kein Geld ausgeben. Ich will nicht, ich will nicht. Bin ich krank? Noch schlimmer ist's bei Geschirrtüchern. Ich besitze zwei Stück, die habe ich mir vor sechzehn Jahren bei einem Trödler gekauft. Wenn ich Gäste habe, und die fragen mich, ob ich die Teller, auf denen ihre Schnittchen liegen, mit dem Geschirrtuch, was in meiner Küche hängt, abzutrocknen pflege, und ich darauf nicht groß rumdrucksen mag, dann neigen die Gäste dazu, es zu verschmähen, mit der Vertilgung der Schnittchen fortzufahren. Neulich sah ich in einem Geschäft ein Päckchen mit drei Geschirrtüchern für fünf Mark. Ich war außer mir vor Zorn. Wie können diese Halsabschneider, dachte ich, wie können diese elenden Schurken für drei läppische Geschirrtücher nur so einen Wucherpreis verlangen? Mit einer Laune, die humoristische Zeichner so darstellen, daß sie Blitze und Totenköpfe um den Kopf der derart gelaunten Person herumzeichnen, verließ ich den Laden. Ich weiß, ich verdiene es, daß um mein Bett ein Dutzend ernst blickende Ärzte sitzen und Psychopharmakadosen schwenken wie Rumbanüsse.

Doch vielleicht kann ich mich an den eigenen Haaren aus dem Sumpf ziehen.

Einmal gelang es schon. Ich hatte früher auch eine krankhafte Topfkauf-Aversion. Ich kochte meine Suppen in einem Topf, den mit der Zeit eine immer geringer werdende Zahl von Menschen noch als Topf zu bezeichnen gemocht hätte. Da biß ich die Zähne zusammen und kaufte mir ein gigantisches Set sündhaft teurer Fissler-Töpfe. Danach war ich

geheilt. Mit Geschirrtüchern würde ich gern ebenso verfahren, aber wo gibt es denn teure? Selbst im KaDeWe kosten die teuersten Geschirrtücher um die zwanzig Mark. Ein solcher Preis ist therapeutisch uneffektiv. Es nützt auch nichts, wenn ich mir ein Pariser Modellkleid kaufe, dies zerreiße und die Fetzen zum Geschirrtrocknen benutze, oder wenn ich eine Privatperson beglücke, indem ich ihr für viel Geld ein Geschirrtuch abkaufe. Es muß ein Geschirrtuch aus einem normalen Laden sein, aber einen regulären Ladenpreis von mindestens hundert Mark haben.

Nun ist Mitternacht vorbei, und so will ich mich auf meine Milbenkotbeutel legen. In nur wenigen Stunden wird irgendwo in Berlin eine Nachttischlampe angeknipst werden, eine Frau wird sich die Augen reiben und sagen: «Müde bin ich schon noch, aber ich muß los, den Flughafen bohnern, damit er schön schimmert.» Ich finde das wunderbar.

PS: Noch etwas zu «Rudi's Resterampe». Einmal schrieb ich in einem Text über Beck's Bier. Prompt schrieb mir ein Leser, es müsse Becks heißen. Lieber Knabe, entgegnete ich, schau doch mal aufs Etikett. Die Brauereien werden ja wohl noch selber entscheiden dürfen, wie sie ihre Erzeugnisse schreiben. Vor kurzem sprach ich in einem Artikel über «umkreiste A's». Es kam eine häßliche Beschwerde. Liebe Leute: Mich interessiert diese Mode, an Apostrophen zu mosern, überhaupt nicht. Wenn es Autoren gefällt, in den neuen Bundesländern, statt die dortigen Kunstschätze zu besichtigen, falsch geschriebene Imbißbuden zu fotografieren und zu diesen Fotos kleinkarierte Nörgelartikel mit rassistischer Tendenz zu verfassen, dann ist das deren Problem. Ich stehe fest zu meiner Überzeugung, daß es eine erstrangige charakterliche Widerwärtigkeit ist, sich über anderer Leute Rechtschreibfehler lustig zu machen. Erstaunlich ist, wie verbiestert gerade Leute, die sonst allen möglichen Regelwidrigkeiten oder sogar dem Anarchismus das Wort reden, sich über die paar überflüssigen Strichelchen ereifern. Ich sehe in Apostrophen, an Stellen, wo vorher noch nie Apostrophe waren, zumindest ein ersprießlicheres Zeugnis von Volkskreativität als in Graffitigeschmiere an historischen Gebäuden. Rechtschreibung ist eine hübsche Sache für Leute, die Spaß an ihr haben. Verstöße gegen ihre Regeln, sofern sie nicht zu inhaltlichen Mißverständnissen führen, sind nicht zu kommentieren.

Der Sonderoscar für prima Synchronisation geht in diesem Jahr an den Film ‹Fünf stattliche Herren und ein Flockenquetschen-Selbstbau-Set›

ZUM Brauchtum insbesondere kinderloser Großstadtbewohner zählt es, sich des Abends gegen acht zu treffen und dann irgendwohin zu gehen und später dann vielleicht noch woandershin.

In dieser Hinsicht mache ich es meinen Mitmenschen nicht leicht. Zum einen liebe ich es nicht zu nachtmahlen, d.h., ich habe keine Freude an abendlichen Restaurantbesuchen. Es ist so, daß ich zu der nachtschlafenden Zeit, wenn meine Bekannten essen gehen wollen, oft schon ein oder zwei Bier getrunken habe, und selbst mit mäßigen Alkoholmengen im Blut mundet mir kein Essen mehr, das ist dann nur noch ein Schlingen und Spachteln, aber kein Speisen mehr. Ich bevorzuge es, mich zwischen vier und sechs Uhr nachmittags von den Söhnen und Töchtern Indiens und Chinas verköstigen zu lassen. In deren Lokalen ist es nachmittags immer ganz leer, obwohl sie offen sind; dort kann man seine Einkaufstaschen auf die freien Stühle verteilen und theoretisch sogar seine Pelerine anbehalten und ununterbrochen husten – keinen stört's. In den schicken Abendlokalen dagegen ist es freudlos. Entweder wird man von Kellnern in bodenlangen Schürzen und mit Ohrringen in Augenbraue oder Zunge behandelt wie ein pestkranker Wegelagerer, der des Königs Tochter zu freien wünscht, oder mit völlig überforderten und abgenervten Studentinnen konfrontiert, die alles vergessen, verwechseln und runterfallen lassen. Wenn man ein «Jever» bestellt, bringen sie ein «Hefe» und umgekehrt, nicht ohne es zuvor runterfallen zu lassen. Oft sind diese Aushilfen zudem verheult, weil sie gerade Knatsch mit dem Chef oder Zoff mit dem Lover oder beides haben. Gewiß wird im Verlauf des Abends ein zotteliger Mann – der abgenervten Studentin Paramour – mit einem Motorradhelm unter dem Arm das Restaurant betreten und die Studentin anschreien, worauf diese zurückbrüllt und der Zottel die Tür knallend, und damit deren schönen Glaseinsatz zum Zerbersten bringend, das Lokal verläßt. Dann kommt der Restaurantbesitzer, verfolgt den Motorradhelmmann bis auf die Straße und schlägt ihn nieder. Und falls man nun ruft: «Fräulein, ich hätte gern noch ein ‹Jever›, aber diesmal wirklich ein ‹Jever› und kein ‹Hefe›», reagiert die Studentin wie Thelma oder Louise in dem Film ‹Thelma und Louise› oder bekommt Nasenbluten und hat kein Taschentuch. Weil es leider immer so ist, meide ich die Abendrestaurants. «Na gut», sagen meine Bekannten, «dann gehen wir halt nicht essen, sondern ins Kino.» Doch auch da bin ich eigen. Ich verabscheue es, in Filme zu gehen, die nicht synchronisiert sind. Ich spreche zwar ziemlich gut Englisch, aber in Filmen werden oft Slangausdrücke verwendet, oder es geht um Themen, mit denen man sich normalerweise nie beschäftigt, so daß ich doch mancherlei nicht auf Anhieb verstehe. Auch ein Engländer versteht kein Wort, wenn eine ungelernte schwarze Pfannkuchenbraterin aus Kansas City über die Mühsal ihres Lebens spricht. So amüsiert es mich, wenn ich Leute, von denen ich weiß, daß sie erheblich schlechter Englisch sprechen als ich, sagen höre, es sei grundsätzlich besser, Filme in der Originalfassung zu sehen. So bringen sie sich, dem Diktat des cineastischen Snobismus hörig, um den halben Spaß. Gerade weil Film ein visuelles Medium ist, sollte es einem vergönnt sein, den Dialogen so mühelos und nebenbei wie möglich zu folgen. Nichts als eine schäbige Notlösung ist das Untertiteln. Da wird der Zuschauer gezwungen, mit seinem Blick an der unteren Bildkante zu verharren, so daß er außerstande ist, seine Aufmerksamkeit der Bildkomposition zu widmen. Alfred Hitchcock sagte, ein Film verliere fünfzehn Prozent seiner Kraft, wenn er untertitelt ist, aber nur zehn Prozent bei guter Synchronisation. Ich würde die erste Zahl durch fünfzig ersetzen und die zweite durch fünf.

Im Literaturwesen hat man zu Recht begonnen, den Berufsstand des Übersetzers aufzuwerten. Es ist an der Zeit, die oft hervorragende Arbeit der deutschen Synchronstudios ebenso zu würdigen. Puristen klagen aber schon, wenn ein Film aus der Fremde einen deutschen Verleihtitel erhält; dabei klingt doch z. B. ‹Aufrührer ohne eine Ursache› viel besser als ‹Because They Don't Know What The Are Doing›. Die Puristen verweisen auch gern mahnend darauf, daß in manchen Ländern Filme grundsätzlich nicht synchronisiert werden. Tja, gewiß: Auf den Färöern droben im Atlantik wird der Terminator wohl englisch parlieren, denn Färöisch wird von weniger Menschen verstanden, als in Bad Salzuflen wohnen. Tatsache ist, daß sich der Synchronisationsaufwand bei einer Sprachgemeinschaft von 90 Millionen Menschen einfach besser «rechnet» als andernorts und daß «wir», weil «wir» so viele sind, auf diese Weise in den Genuß eines kulturellen Vorsprungs gekommen sind. Es ist auch schon vorgekommen, daß ein schlechtes literarisches Werk durch einen guten Übersetzer in ein etwas weniger schlechtes verwandelt wurde, und in der Popmusik ist eine Cover-Version oder ein Remix gelegentlich besser als das Original. Daß die von Carl Barks gezeichneten, klassischen Donald-Duck-Stories auf deutsch besser sind, darf man schon gar nicht mehr sagen, so ein Gemeinplatz ist das inzwischen geworden, und auch die TV-Serie ‹The Simpsons› ist m. E. in der synchronisierten Fassung der amerikanischen deutlich überlegen, schon allein durch die Auswahl der Sprecher: Elisabeth Volkmann erstrahlt als Marge Simpson in der Rolle ihres Lebens.

Es ist ein nimmer versiegender Quell von Peinlichkeit, wenn Menschen an unpassenden Stellen ihre Fremdsprachen auspacken. Einmal versank ich vor Scham in den Boden, als ein Bekannter in einer Berliner Pizzeria seine Bestellung auf italienisch aufgab, und das nicht nur, weil der Ober, wie sich herausstellte, griechischer Herkunft und des Italienischen unkundig war.

Ganz befremdlich ist es, wenn Menschen gar beim Käsekaufen, Nasallaute ausstoßend, mit ihrer internationalen Gewandtheit prahlen. Ich versuche, die Namen ausländischer Käsesorten so auszusprechen, wie ich denke, daß es auch die Verkäuferinnen tun würden. Oft liege ich da falsch. Die Verkäuferinnen wissen zwar auch nicht genau, wie es geht, aber sie wissen, daß die Aussprache «irgendwie anders» als das Schriftbild ist, und haben oft private Versionen, die von Verkaufsthekenteam zu Verkaufsthekenteam unterschiedlich sind. Das ist nett.

Nett ist es auch, daß es unter Lebensmittelverkäufern nicht üblich ist, während ihrer Arbeit Telefonanrufe entgegenzunehmen. In vielen Fachgeschäften ist das anders. Es ist durch und durch merkwürdig und eigentlich unerklärlich, daß vielerorts ein anrufender Kunde grundsätzlich jenem vorgezogen wird, der sich persönlich in das Geschäft bemüht hat. Ich kaufte vor kurzem in einem Reisebüro Bahnfahrkarten. Das dauerte fast anderthalb Stunden, weil die mit mir befaßte Fachkraft immerfort telefonische Auskünfte erteilte.

Der Bundespräsident sollte in seiner Weihnachtsansprache erklären, daß telefonisches Vordrängeln in unserem Lande ab sofort genauso verpönt ist wie körperliches. Daß das Billettkaufen heute so lange dauert, liegt natürlich auch daran, daß da heute «modernste Computertechnik» angewandt wird. Früher sagte man: «Einmal nach Köln» und bekam sofort ein Ticket nach Köln. Heute steht meist die gesamte Reisebürobelegschaft um einen Monitor herum und rätselt, wie man «ihn» (den Computer) dazu bewegen könnte, das zu tun, was von ihm gewünscht wurde. Ganz furchtbar wird es, wenn auch der Kunde sich noch mit technischen Ratschlägen einmischt. Ich nehme mir lieber, wenn ich Bahnkarten kaufen gehe, ein nicht zu dünnes Buch mit. Da ich oft unterwegs bin, bin ich sicher, daß ich auf diesem Wege bald die wichtigsten Werke der Weltliteratur geschafft haben werde.

Lustig ist es übrigens, daß es in den Medien, wenn von neuen Erfindungen berichtet wird, immer heißt, daß diese mit Hilfe *modernster* Computertechnik gemacht wurden. Sind da wirklich immer nur die allerallerneuesten Geräte im Spiel? Ich fände es erfrischend, wenn einmal verlautbart würde, daß eine neue Entwicklung mit einem fünf Jahre alten Computer bewerkstelligt worden sei. Gern schreite ich voran: Diesen Aufsatz verfasse ich mit Hilfe drei Jahre alter Technik, und das merkt man ja auch. Bislang steht fast nichts darin, was ich nicht vor drei Jahren schon hätte schreiben können.

Ich habe gar keine Schwierigkeiten mit staubigen Themen. Das Aktuelle, die *Top News*, überlasse ich gern den Dackeln, die danach hecheln. Einer ca. ein Jahr alten Zeitung entnehme ich, daß die Bekanntgabe der Prostata-Erkrankung Präsident Mitterrands zu Kurseinbrüchen an der Pariser

Börse geführt hat. Das ist auch heute noch lustig. Es gibt ein schlechtes Bonmot, daß die Zeitung von gestern das Uninteressanteste sei, was es gebe. Sehr unrichtig: Die Interessantheit einer alten Zeitung ist hundertprozentig identisch mit der einer neuen. Käme jetzt ein Bursche oder ein feines Mariechen, welches riefe: «Identität ist immer hundertprozentig», dann würde ich sagen: «Guter Bursche, feines Mariechen», dankend Limonade anbieten und mich nicht weiter stören lassen. Einem ein Jahr alten Notizbuch entnehme ich, daß Verkehrsminister Krause im Radio folgenden Satz gesagt hat: «Verkehrspolitik ist ein komplizierter Komplex, in dem man möglichst geräuschlos umdenken muß.» Das ist noch heute ein prima Satz, auch wenn sich an den Sprecher kaum jemand erinnern kann. Wie sah der noch aus? Süß? Nein, süß eher nicht. War das nicht so ein furchteinflößend harmlos wirkender Hardliner, der über eine irgendwie unehrenwert finanzierte – Achtung: sehr, sehr lustiges Wort! – Parkettkosmetikerin gestolpert ist? Und wer war Heinz Kluncker? Das war der Vorgänger von Monika Wulf-Mathies. Er war sehr dick. Und dann gab es doch noch Heinz Eckner. Das war ein ebenfalls sehr dicker Komiker, der immer bei Rudi Carrell auftrat. Ein anderer dicker Komiker war Heinz Erhardt, während Fritz Eckhardt ein gleichfalls sehr dicker österreichischer Fernsehschauspieler war. Ich erinnere mich auch an Ekkehard Fritsch. Der saß bei ‹Dalli Dalli› in der Jury und war sehr, sehr dick. Wenn man über dreißig ist, ein gutes Gedächtnis für stattliche TV-Herren hat und sich nun vorstellt, wie Heinz Kluncker, Heinz Eckner, Heinz Erhardt, Fritz Eckhardt und Ekkehard Fritsch an einem Wirtshaustisch sitzen, wird einem schwindlig. Wenn man sich danach zusätzlich vorstellt, daß Britt Eklund und Anita Ekberg zur Tür reinkommen, zum Tisch der stattlichen Herren gehen und ‹Mein Hut, der hat drei Ecken› singen, fällt man in Ohnmacht.

Ein wenig schwindlig wurde mir auch neulich, als ich in einem Nobelsupermarkt ein Glas Erdbeermarmelade sah. Es kam aus Neuseeland und kostete 17 DM 95. Da kam mir ein teuflischer Einfall. Ich wollte zu Aldi gehen, ein paar Gläser Tamara-Marmelade* kaufen, die Etiketten ablösen und neue draufkleben, auf denen steht: ERDBEERMARMELADE VOM MOND – 275 DM 95. Diese Gläser wollte ich heimlich in die Regale des Edelshops schieben und auf Käufer warten, die ich nach Herzenslust verspotten wollte. Unter Verwendung von allerlei drolligen Redensarten wie z. B. «Du bist wohl vons Jerüst jefallen» (Redewendungslexikon) oder «Dir hamse wohl inna Sickergrube jebadet» (selbst ausgedacht). Dann dachte ich aber, das ist zuviel Aufwand für einen so kleinen Spaß und daß die Käufer neuseeländischer Marmelade ja eigentlich ooch schon ausreichend vons Jerüst jefallen sind.

Am besten schmeckt natürlich selbstgemachte Marmelade. Das behauptet jedenfalls ein jeder, und wehe dem, der sich nicht beeilt, beifällig zu nicken. Zu sagen, daß selbstgemachte Marmelade genauso schmeckt wie gekaufte, bei vielen Köchen auch schlechter, ist eine der einfachsten Methoden, sich ins gesellschaftliche Nirwana zu befördern. Das ist in etwa so wenig konsensfähig, wie wenn man behauptet, daß die rechtsradikalen Tendenzen bei jungen Leuten gar nichts mit der aktuellen Bonner Politik zu tun haben oder daß das Synchronisieren von Filmen eine wunderbare Dienstleistung ist. Sollte es irgendwo im Lande einen verschrobenen Zirkel geben, der sich klammheimlich in

---

* eine Aldi-Marke

Zu sagen, daß selbstgemachte Marmelade genauso schmeckt wie gekaufte, ist ein gefährlicher Standpunkt

spinnwebenüberwucherten Flüsterkneipen am Stadtrand trifft, um solche natürlich abwegigen, aber doch wenigstens diskussionswürdigen Thesen zu vertreten, dann würde ich gern mal ganz bescheiden reinschnuppern. Und wenn die Menschen in diesem Zirkel sagen würden: «Ach, wie schön wäre es, wenn wir einen Präsidenten hätten», dann würde ich reagieren wie ein dreizehnjähriges Mädchen, dem von einem vierzehnjährigen Jungen gesagt wurde, daß es schöne Augen habe, nämlich erröten, die Augen niederschlagen und kommenden Erwägungen nicht im Wege stehen.

Es gibt viele Leute, die keine Kinder haben. Das ist ab einem gewissen Alter ein ziemlich trauriger Zustand, und mancher schlägt die Zeit tot, indem er sich einer großen Selbermacherei hingibt. Es gibt Leute, die sich ungeröstete Kaffeebohnen kaufen und diese im eigenen Backofen rösten. Nicht wenige Menschen besitzen eine Flockenquetsche, denn: «Selbstgequetschte Haferflocken schmecken viel besser als gekaufte.» Und eigentlich: Eigentlich ist es ja doof, Flocken mit einer gekauften Flockenquetsche zu quetschen, und so gibt es vielleicht auch ein Flockenquetschen-Selbstbau-Set, denn: «Eine selbstgebaute Flockenquetsche quetscht Flocken viel besser als eine gekaufte.» Mir fallen auf Anhieb lediglich drei Dinge ein, von denen ich noch nie gehört habe, daß jemand sie selber macht: Salzstangen, Mohrenköpfe und Fischstäbchen.

Dank Bügelhilfe fühlt man sich wie ein geisteskranker König

DASS ich in einer Gegend wohne, in der sich Fuchs und Katze guten Tag sagen, bevor sie die Bürgersteige hochklappen, deutete ich schon mal an. Es gibt haufenweise Weinhandlungen, wo Studienräte mit Baskenmütze mit ihren Franz-Kenntnissen prahlen, aber kein Kopier-Paradies, keinen schicken Plattenladen, keine Buchläden und auch kein Lokal, in dem man abends von Zeit zu Zeit nett sitzen kann. Statt dessen gibt es entweder gar nichts oder Verschrobenes. Um die Ecke ist ein Geschäft, wo zwei Frauen nichts außer weichen peruanischen Kopfbedeckungen feilbieten. Eine Straße weiter gab es früher ein Schlangengeschäft. Diejenigen Anwohner, die eine Schlange benötigten, kauften dort eine, aber da man von einer Schlange lange etwas hat und kein Modetrend die Schlangennachfrage verstärkte, kam der Schlangenhändler finanziell ins Schlingern und ging ein. Wie schön, frohlockte ich, dann kommt vielleicht ein Kopier-Paradies in den Laden. Aber nichts da: Ein türkischer Detektiv machte im Schlangenladen sein Büro auf. Eine weitere Straße weiter ist ein Zauberartikelgeschäft, das immer zu ist. Einmal war es nicht zu. Ich ging hinein; drinnen stand ein Zauberer, der sagte finster: «Ich hab zu.» Ich fragte, warum die Türe offen sei. Er sprach: «Mußte mal lüften.» Ach, wenn doch die Kopier-Paradies-Mafia käme und den rüden Magier vergraulte!

Vor kurzem deutete sich an, daß in einem Laden bald etwas Neues eröffnet würde. Da so etwas hier nur alle fünf Jahre passiert, brodelte die Gerüchteküche. Mit leuchtenden Augen standen die Menschen an den Ecken und raunten von einem netten Café oder so. Diesen Optimismus teilte ich nicht. Ich erwartete ein Organisationsbüro für feministische Stadtteilrundgänge oder einen Kerzenselbermachzubehörshop. Das gibt es wirklich! Man kauft darin z. B. Docht nach Gewicht. Ein Kilo Docht kostet 187 DM. Hübsch wäre es, sich einmal einen Pullover aus Docht zu stricken. Oder wie wär's mit einem schönen Christenshop? Ein Christenshop wäre doch gut. In einem Tübinger Bibelladen gibt es ein T-Shirt mit der Inschrift: SIEH DICH VOR – CHRIST MIT HUMOR. Auch das wäre durchaus eine gute Bereicherung des hiesigen Warenangebots. Aber nein, als was entpuppte sich der neue Laden? Als ein Fachgeschäft für Pilotenbedarf.

Eines der wenigen hiesigen Geschäfte, deren Dienste ich regelmäßig in Anspruch nahm, war bis vor kurzem eine verwahrloste, streng riechende Wäscherei. Dort gab ich meine Oberhemden hin. Ich liebte die Wäscherin. Gern hätte ich ihr mal einen freilich symbolischen Zungenkuß bis tief runter in die Speiseröhre gegeben, denn sie machte immer so einen herrlich überarbeiteten Eindruck. (In Wirklichkeit hatte sie nur zuviel geraucht.) Die Hemden waren, nachdem sie Hand an sie gelegt hatte, immer picobello, so richtig schön hart, daß sie knackten, wenn man sie auseinanderfaltete. Da aber im Viertel außer mir kaum jemand Freude an steifen, knackenden Hemden hat, kam kürzlich der Gerichtsvollzieher und klebte den Kuckuck an der Wäscherin Tür. Obwohl die düstere Wäscherin (die über dem rüden Magier wohnt) jetzt gar nicht mehr arbeitet, sieht sie seither noch viel überarbeiteter aus, da sie nun nur noch raucht. Man könnte auch sagen, daß sie überraucht aussieht.

Da ich keine Lust habe, meine Hemden mit dem ÖPNV in Gegenden mit soliderer Infrastruktur zu fahren, bügele ich seit neuestem selber. Ich kann nicht sagen, daß ich völlig talentlos bin. Bei Stofftaschentüchern erziele ich bewunderungswürdige Ergebnisse. Auch bei Oberhemden gebe ich mir größte Mühe; für jedes einzelne benötige ich etwa zwanzig Minuten. Ich habe inzwischen auch spezielle Bügelmusiken, z.B. das Fünfte Brandenburgische Konzert von Bach. Die ausfernden und an sich nervtötenden Cembalo-Solopassagen sind wie geschaffen, das Gefitzel und Gefutzel des Schulter-, Kragen- und Ärmelbügelns zu begleiten. Ganz so gut wie die überrauchte Wäscherin bin ich noch nicht. Treffe ich Bekannte, deutet man mit spitzem Finger auf meine Schultern und Arme und spottet: «Na, wird heute mal wieder das Selbstgebügelte spazierengetragen?» Ärgerlich ist, daß man jenen Teil des Hemdes, den ich am perfektesten meistere, nicht sehen kann, weil es sich um das untere Viertel handelt, welches man in die Hose zu stopfen pflegt. Die Hemdenfabrikanten sollten Hemden entwickeln, die oben leicht und unten schwer zu bügeln sind statt umgekehrt.

Eine Freundin berichtete mir, daß ihr das Bügeln sogar Momente der Glückseligkeit verschaffe: Das liege an dem von ihr verwendeten Bügelhilfe-Spray. Man besprühe damit das Bügelgut, welches durch diese Maßnahme zwar keineswegs geschmeidiger werde, wohl aber das Nervenkostüm des Bügelnden, wenn er die durch den Kontakt mit dem heißen Eisen entstehenden Dämpfe einatme. Man fühle sich dann wie Ludwig der Zweite bei einer nächtlichen Schlittenfahrt durch den Bayerischen Wald. Bügelhilfe sei die beste legale Droge der Welt, und am besten seien die billigsten No-name-Produkte. Ich weiß übrigens nicht, ob König Ludwig je Schlittenfahrten durch den Bayerischen Wald unternommen hat, aber das habe ich ja auch nicht behauptet. Falls er sich auf solche Reisen begeben hat, hat er dabei möglicherweise auch Durchfall und Depressionen gehabt und furchtbar gefroren, doch das war ja dem sein Problem. Er würde sich glänzend gefühlt haben, hätte er sich nur beizeiten mit reichlich Bügelhilfe umwölkt.

Ich hab es übrigens nicht ausprobiert. Denn was mache ich um Drogen? Einen Bogen! Wie ist der Bogen beschaffen? Der Bogen ist groß. Es ist einer der größten Bögen, den man – abgesehen vom Pariser Triumphbogen – als Mensch machen kann. Jedoch ist der Bogen, den ich um Dogmen mache, in seiner Größe nicht demjenigen unterlegen, den ich um Drogen mache. Eines meiner Lieblingslebensmotti ist: «Ab und zu ist auch mal was egal.» Kürzlich war ich in Amsterdam, und vor meiner Abreise suchte ich noch geschwind nach Mitbringseln für die lieben Daheimgebliebenen. Es war jedoch Montag, und anders als bei uns pflegen Ladeninhaber und Verkäufer an diesem Tag bis mittags im Bette zu liegen. Sie schnarchten, daß sich das Wasser in den Grachten kräuselte. Nur die Fachgeschäfte für Rauschgift und Pornographie waren geöffnet. Also tätigte ich einen Kauf im Haschcafé. Daheim probierte ich die Ware zusammen mit einem zu Selbstversuchen neigenden Kollegen aus. In guter alter Selbstversuchstradition machten wir einen Kassettenmitschnitt, auf dem man mich u. a. folgende Sätze äußern hören kann: «Wenn es doch wenigstens lustig wäre», «Ich kann nicht aufstehen», «Und diesen Zustand wollen Leute legalisieren?», «Wieso dauert das denn so entsetzlich lange?», «Ich will, daß das wieder weggeht» und «Manuela hat sich ein Bein gebrochen, deswegen mußte sie früher gehen».

Ich werde nie meine Kraft dafür einsetzen, zu erfechten, daß dieser Quatsch legalisiert wird, aber ich werde nie jemanden beschimpfen, der solcherlei fordert. Man sieht, um die Fußstapfen Voltaires mache ich keinen Bogen, sondern

Charmante Zukunft

Einer der vielen originellen Einfälle der Kaufleute in der neuen Mariahilfer Straße.

Wenn man bei diesen Bildern die Unterschriften vertauscht, wird das Leben auch nicht angenehmer

stapfe direkt hinein. Sollte mein Leben mal verfilmt werden, wird der Film sicher heißen: ‹Toleranzedikte pflastern seinen Weg›. Doch ich benötige keine Rauschgiftorgien. Ich will tagsüber kopieren, ohne vorher eine halbe Stunde zu latschen, und abends möchte ich irgendwo nett sitzen und mild ermüden. Ein paar Biere reichen dazu. Jedes Jahr nimmt man ein Kilo zu, irgendwann macht das Herz nicht mehr mit, und drei Wochen später wird man von einer geruchsempfindlichen Nachbarin gefunden. Daß manche Menschen vom Bier wüst werden und andere tätlich bedrängen, kann ich nicht verstehen. Ich tapse lieber schweigsam heim. Andere tun Garstiges. Im Vermischtes-Teil des ‹Schwäbischen Tagblattes› stand neulich folgende Überschrift: HAM-

MERWERFER VERGEWALTIGTEN HAMMERWERFERINNEN. Das wollen wir den Hammerwerfern nie verzeihen, jenen Schwaben aber, die beim Lesen dieser Nachricht still in sich reinschmunzelten, müssen wir unbedingt verzeihen. Noch schöner wäre die Überschrift: PHNOM-PENHER PENNTE MIT PHNOM-PENHERIN, aber diese Überschrift wird es nie geben, denn das passiert ja alle Tage, sonst gäbe es Phnom-Penh nicht mehr. Ich habe eben im Lexikon nachgeschlagen, um zu erkunden, wie man Phnom-Penh schreibt, und da stand, daß Kambodscha offiziell «Ravax Samaki Songkruos Cheat Kampuchea» heißt. Das erinnert mich daran, daß der vollständige Name des Komponisten Franz von Suppé «Francesco Ezechiele Ermenegildo Cavaliere Suppé Demelli» lautet. Das Wissen der Leser erfährt gerade signifikante Auswölbungen.

Gern will ich weiterwölben: Ein Mann kann bis zu einem Alkoholgehalt von 2,4 Promille im Blut einen Samenerguß haben. Dies entnahm ich eigenartigerweise der Zeitschrift ‹Frau im Spiegel›. Darin stand, daß eine Frau einen volltrunkenen und daher steinern schlafenden Mann «anzapfte», um ihm aus irgendwelchen niederen Gründen hinterrücks eine Vaterschaft reinzuwürgen. Wenn einem diese Dame auf der Straße begegnet, sollte man nicht zaudern, sie grimmig anzublicken. Eigentlich wollte ich so etwas gar nicht lesen, sondern nur die auf dem Titel angepriesenen «schönsten Bilder» von einer komischen Fürstenhochzeit ansehen: Ich habe nämlich einen Adelsfimmel. Ich spreche nicht von den Grimaldis und Windsors, sondern von den normalen, werktätigen Adeligen. Die sind mir sympathisch. Die werden schon als Kinder getriezt, müssen fechten und reiten, möglicherweise sogar bügeln, lernen Klavier spielen und französisch parlieren, haben sich in Internaten und auf komischen

Fürstenhochzeiten zu behaupten, so daß sie als Erwachsene über eine eigentümliche Bodenständigkeit und Gelassenheit im Meistern des Lebens verfügen. Hysterie, Nervosität und Ängstlichkeit, die das im Netz urbaner Daseinsalternativen verstrickte Bürgertum auszeichnen, sind ihnen fremd.

Nicht lange her ist es, daß ich auf eine Party mitgeschleppt wurde, wo nur jüngere Adelige waren. Zunächst saß ich eingeschüchtert auf der Kante einer Renaissancekiste und wartete darauf, daß mir jemand Kirschkuchen anbot. Ich hatte nämlich gehört, daß es in hohen Häusern üblich ist, die Gesellschaftsfähigkeit bürgerlicher Gäste dadurch zu testen, daß man ihnen Kuchen mit nicht entkernten Kirschen reicht, da es angeblich Leute gibt, die ihre Vornehmheit demonstrieren wollen, indem sie die Kirschkerne hinunterschlukken. Solche Leute werden von den Einladungslisten rigoros gestrichen. Falsch soll es auch sein, den Kern hinter vorgehaltener Hand auf die Kuchengabel zu spucken. Das einzig Richtige ist, den Kirschkern so, wie es alle Leute machen, geräuschlos auf die Gabel zu spucken und am Tellerrand abzulegen. Dann freut sich die Gräfin, und man darf ihre schöne Tochter sofort mitnehmen und heiraten.

Es gibt überhaupt nur einen Kern, den man schlucken darf, und das ist derjenige von schwarzen Oliven, denn diese werden vom Magen zersetzt und gelten z. B. in Rumänien als Mittel gegen Darmträgheit. Auch Kokainisten empfiehlt man, täglich einige Olivenkerne zu schlucken. Auf der Party wurden mir jedoch weder Oliven noch Kokain noch Kirschkuchen angeboten, sondern nur Bier, und wie man das trinkt, war sogar in meiner, ansonsten unzulänglichen Ausbildung ausgiebig zur Sprache gekommen. Interessanterweise trank keiner der Adeligen, wie ich es erwartet hatte, Sekt oder Wein, sondern alle, auch die Damen, bewiesen in geringen zeitlichen Abständen große Geschicklichkeit im Öffnen von Bierflaschen. Körperlich neigt der Adelige zu einer bäurischen Grobknochigkeit und Breite. Dick war niemand, aber alle kräftig. Eines fiel mir besonders auf: Alle, aber auch alle trugen auffallend unmodische, aber extrem saubere Blue jeans, und die Herren trugen dazu vom Vater geerbte Jacken in abgemildertem Trachtenstil. Die Frauen waren ungeschminkt und trugen anstrengende Frisuren. Wenn Sie nicht wissen, was anstrengende Frisuren sind, dann schlagen Sie bitte im Lexikon unter «Frisuren, anstrengende» nach. Wenn das in Ihrem Lexikon nicht drinsteht, haben Sie ein genauso schlechtes Lexikon wie ich, und wir könnten eine Podiumsdiskussion zum Thema «Unser Lexikon ist schlecht» organisieren, uns hinterher besaufen und möglichst ordinär Brüderschaft trinken. Sie wissen schon: Zungenküsse bis weit runter in die Speiseröhre. Mit einer bierseligen Baronin, oder was das für eine war, tanzte ich gar zu den konsequenten Rhythmen einer Gruppe, deren Name, von der Sprache Shakespeares in diejenige Goethes übertragen, ‹Urbanes Kekskollektiv› heißt. Das war schon ein besonderes Getanze: Die Sängerin wurde nicht müde zu betonen, daß sie den Schlüssel habe. Immer wieder von neuem beteuerte sie es. Den Schlüssel zu was? Das verschwieg sie, oder ich habe es nicht verstanden. Ist ja auch egal. Hauptsache, sie hat einen Schlüssel und teilt uns ihre Freude darüber mit. Ich habe mir den Schlager gleich gekauft, und schon seit drei Monaten teile ich fast täglich der Sängerin krähende Ergötzung am Schlüsselbesitz.

Immer wieder ärgere ich mich darüber, daß so etwas niemand auf deutsch singt. Ella Fitzgerald gelang der große Durchbruch mit einem Lied, in dem sie den Verlust eines gelben Körbchens beklagt. Was hört man statt dessen in unserer

Sprache? Neunmalkluge Jugendliche, die zu 08/15-HipHop antirassistische Weisheiten rappen. Man stelle sich bloß einmal vor, man wird von einem Panzer überrollt, und im Sarg wird HipHop mit deutschen Texten gespielt. Das ist doch unangenehm! Das Gute am HipHop ist doch, daß einem der Inhalt dieser vulkanösen Wortschwalle normalerweise verborgen bleibt. Gegen die Musik habe ich nichts. Ich höre auch gerne die Enten schnattern. Ich wünsche aber nicht zu wissen, was sie schnattern. Es reicht mir, daß sie schnattern. Apropos Enten: Wissen Sie, was Schnepfen machen?

Die schnattern nämlich nicht – sie quorren. Das steht in meinem Lexikon. Mein Lexikon scheint so schlecht nicht zu sein. Anders das Fernsehen. Dort gibt es Sendungen, in denen Sechs- bis Zehnjährige von irgendwelchen knallbunten Minirock-Schnepfen gedungen werden, zu den unvermeidlichen Einheits-Beats zu zappeln. Dazu rappen die Zappelphilippe verkehrserzieherische Ratschläge oder daß Gewalt nicht gut ist; da weiß man nun gar nicht mehr, wie man das finden soll. Vielleicht sollte man es einfach nur verzeihlich finden. Interessant ist, daß man bei der Beurteilung fast sämtlicher Popmusik mit diesem einen Adjektiv auskommt.

Wenn die Kinder mal nicht tanzen und rappen, sitzen sie auf Wolldecken am Bürgersteig und verkaufen alte Pferdekalender und Benjamin-Blümchen-Kassetten. Natürlich nicht jetzt im Winter. Da ist es ganz trist im Viertel. Doch was sehe ich? Eine Frau in einem senffarbenen Überwurf, die einer Gruppe von Geschlechtsgenossen gestikulierend die Gegend erläutert. Aha, ein Stadtteilrundgang nur für Frauen. Da will ich man die Ohren spitzen. Bestimmt werden die mich wegjagen wollen, dürfen die aber nicht, weil ich nämlich hier wohne. Die Führerin spricht: «Hier war früher mal die Wäscherei der berühmten düsteren Wäscherin. Aber sie mußte ihr Geschäft aufgeben, weil das Patriarchat nun selber bügelt.»

«Typisch Typen», grummelt die Gruppe.

«Jaja», denke ich, «meckern, aber schlafende Trunkenbolde anzapfen.»

«Und dort», fährt die Erklärerin fort, «verkaufen zwei Frauen weiche peruanische Kopfbedeckungen, und da drüben, auf der gegenüberliegenden Straßenseite, in der Boutique Diana, habe ich mir meinen senffarbenen Überwurf gekauft.»

«Chic», quorrt die Gruppe, stürmt zur Boutique Diana, muß jedoch feststellen, daß diese vor kurzem das Zeitliche gesegnet hat. Es würde mich überhaupt nicht wundern, wenn in ihren Räumen demnächst ein Fachgeschäft für Zyklopenbedarf aufmacht. Oder, um der großen Ella Fitzgerald aus der Patsche zu helfen, ein Fachgeschäft für gelbe Körbchen. Aber Ella Fitzgerald sitzt gar nicht mehr in der Patsche. Kurz nachdem sie so erfolgreich beklagt hatte, daß sie ihren Korb verloren hat, nahm sie ein weiteres Lied auf, welches hieß: ‹Ich habe mein gelbes Körbchen gefunden›.

Man muß sich ganz schön abstrampeln, um akzeptiert zu werden

WIR erinnern uns: Vor drei Monaten beweinte ich den Zustand meiner Kopfkissen und stellte die Vermutung an, daß sie aufgrund ihres Dienstalters zu gut und gerne 50% aus Milben, Milbenkadavern und Milbenexkrementen bestehen.

Kurz nach Weihnachten konsultierte ich zuerst das Branchenbuch und anschließend das Fachgeschäft Betten-Rutz («Lieferant königlichen Schlafs»). Die Firmen Betten-Wildner («Naßbehandlung preiswert und gut»), Betten-Anthon («traumhaft schlafen seit 1927»), Betten-Mier («Wir füllen jedes Bett in Ihrer Gegenwart») und Betten-Jumbo («Parkplätze ausreichend vorhanden») hatten das Nachsehen. Die Verkäuferin riet mir zu kanadischen Federn und begründete dies mit dem schönen Satz: «Kanada hat sehr gute Federn.» Da mochte ich nicht lange fackeln, und es machte Spaß, daheim auf die Kissen zu deuten und auszurufen: «Diese Kissen sind mehr als frisch bezogen. Sie sind frisch gekauft.» Als dann die Nacht hereingebrochen war und ich erstmals meinen Kopf auf den Federn unseres dünnbesiedelten NATO-Partners installierte, kam mir ein Gedanke: Ich als Mensch sondere jede Nacht soundso viel Gramm Milbennahrung, also abgestorbene Hautzellen ab. Es kann nicht lange dauern, bis die Milben in meinem Teppich die Nachtigall trapsen hören und ihr Ränzlein schnüren. Ich schlief ein, doch nach einigen Stunden schreckte ich hoch. Etwas war geschehen. Was, sagte mir eine innere Stimme: Die erste Milbe hatte in mein Bettzeug gekackt. Ich entwand mich den Kissen und sah meine Fernseherfernbedienung auf dem Tisch liegen, daneben eine Axt, in deren hölzernen Griff folgender Sinnspruch engekerbt war: DICHTER OHNE HÄNDE SCHREIBEN SELTEN DICKE BÄNDE. Was macht denn die beknackte Axt da, fragte ich in den Raum. Dann fiel es mir wieder ein: Mein Neujahrsvorsatz für 1994: Wenn ich vor 22 Uhr zur Fernbedienung greife, sollte ich mir eine Hand abhacken! Daß ich gute Gründe habe, solche Vorkehrungen zu treffen, fällt mir auf, wenn ich einen Freund treffe. Neulich z. B.

«Hallo, lieber Freund», rief ich, «wie ist es dir denn seit letzter Woche ergangen?»

Der Freund antwortete: «Ich habe ein neues Auto, das alte ist explodiert, meine Frau ist schwanger, ich habe in einer Tombola des Rotary Clubs einen von Walter Scheel signierten Wandteppich gewonnen, spiele Trompete mit zwei Perkussionisten aus Burundi, bin zur 875-Jahr-Feier von Zwickau eingeladen worden, als Festredner, bin aber nicht hingegangen, habe ein Restaurant eröffnet, bin am Knie operiert worden, habe in Kairo Douglas Adams kennengelernt, meine neue Wohnung tapeziert, ich besuche einen Fallschirmkurs und habe ein Buch darüber geschrieben, daß man in Frankreich genauso schlecht essen kann wie bei uns, wenn man nur will. Und was hast du erlebt?»

«Tja, äh», entgegnete ich, «in der Sendung VERZEIH MIR habe ich neulich eine Frau erlebt, die ihrer Schwester eine Couch verkauft hat. Die Schwester hat die Couch aber nicht bezahlt, und in der Sendung wurde ihr das dann verziehen.»

«Sag mal», erwiderte der Freund, «kennst du eigentlich das Buch *Hundstage* von Walter Kempowski?»

«Logo kenn ich das.»

«In diesem Buch steht, daß das Publikum eine Schriftstellerbiographie, worin der Satz ‹Jeden Abend machte es sich der Schriftsteller vor dem Fernsehapparat bequem› steht, nicht recht lieben würde. Aber tschüs jetzt, ich habe noch einen Schwellkörper-Piercing-Termin.»

Nachdenklich ging ich von dannen. Da sah ich in einem Heimwerkerladen eine Leuchtschrift: IHRE AXT MIT IHRER GANZ PERSÖNLICHEN GRAVUR. Ich ging hinein.

Seit drei Tagen sitze ich nun gemütsgetrübt auf meiner Couch. Bezahlt ist sie immerhin. Ich starre auf die böse Axt. Die Mattscheibe ruht still wie ein See in der Lyrik. Plötzlich denke ich, daß es jetzt aber reiche, hole mir Schmirgelpapier, schmirgele die Inschrift vom Axtgriff und kerbe eine neue hinein, welche lautet: «Sag mal, findest du nicht auch, daß das ganze Extremgetue, Body-Piercing, Free Climbing, Filme mit fünf Explosionen pro Minute, Minderheiten quälen etc. auf einem unglaublichen Mangel an *innerer* Erlebnisbereitschaft beruht?» Die neugravierte Axt lege ich meinem Freund auf die Fußmatte, danach gehe ich ins Freie und rufe: «Kosmos, dies wisse: Dein Kopfkissen ist meine nimmer ermüdende, liebende Seele.»

Ich brauche mir nämlich überhaupt nicht vorzuwerfen, daß ich zuviel fernsehe. (Da ich meine Haßliebe zu verstaubten und auf dem letzten Loch pfeifenden Scherzsynonymen nie verhehlt habe, wird es niemanden grämen, wenn ich im weiteren Text das Wort «Fernseher» durch «Flimmerkiste» ersetze.) Seit ich verkabelt bin, flimmert meine Flimmerkiste seltener als früher, als ich noch, wenn die neue ‹zitty› (die Berliner Stadtillustrierte) rauskam, zwei Wochen im voraus die Sendungen, die mich interessierten, mit Marker anstrich. Bei nunmehr dreißig Kanälen ist mir das zuviel Arbeit. Und wenn ich doch gucke, dann bin ich aufmerksam wie ein

Luchs, lerne viel und schreibe ständig was auf. Sehr gerne sehe ich Gesprächsrunden zum Thema Ausländer. Manchmal kann man die Ausländer gar nicht verstehen, aber die Moderatoren sagen nie: «Was ham Se da gerade gesagt?», «Hä?», «Wie bitte?» oder «Wieso sprechen Sie eigentlich, wo Sie doch seit 20 Jahren hier leben, so unheimlich schlecht Deutsch?» Dies prangere ich nicht an, ich bemerke es nur und lobe sogar der Moderatoren vielleicht vereinzelt rassistische Höflichkeit. Wenn Rassismus keine anderen Folgen als Höflichkeit hätte, wäre ich ein Fan davon. Einmal sagte ein Flimmerkistentürke, daß man sich als Ausländer in Deutschland abstrampeln müsse wie ein Eichhörnchen, um akzeptiert zu werden. Aus Höflichkeit lachte niemand über diesen Satz. In einer anderen Show fiel mir ein türkischer Gemüsehändler aus Solingen auf, der wohl auch eingeladen war, um sich eichhörnchenmäßig zu beklagen, sich statt dessen aber über «Scheinasylanten» und andere «geldgierige Nichtsnutze» ereiferte. Da zuckten beträchtlich die Moderatorenmundwinkel; ich fand das nicht reizlos, zückte den Kuli und kicherte politisch höchst inkorrekt.

Ganz, ganz früher gab es gar keine Talkshows in der Flimmerkiste. In einer der ersten Veranstaltungen dieses Genres vor ca. 20 Jahren trug Inge Meysel einen Jeansanzug, um zu zeigen, daß sie SPD ist, denn normale Omas trugen damals keine Jeans. Noch bei meiner ersten Amerikareise 1980 war ich geschockt, daß dort alte Leute, und zwar nicht nur Inge Meysel, sondern auch normale Omas und Opas, Jeans trugen. In den letzten Jahren hat es ja auch bei uns eine wahre Jeans-Oma-Explosion gegeben, aber Star der deutschen Jeans-Oma-Premiere war Inge Meysel, welche übrigens ein Haustier hat, das kein Hund ist, sondern ein Adjektiv namens *unverwüstlich*, was bedeutet, daß man sie nicht verwüsten kann. Aber wer würde denn auch die nette Inge Meysel verwüsten wollen?

Ein historisches Parallelereignis zur Jeans-Oma-Premiere war die Abschaffung des Lenor-Gewissens. Ich habe in den letzten Tagen Nachforschungen betrieben und herausgefunden, daß die meisten Personen unter 25 das Lenor-Gewissen überhaupt nicht mehr kennen. Daher täte ich es gern dem Machtgriff der Zeitzange entziehen. Um den Verlust ideeller Personen kann man genauso trauern, wie wenn wirkliche Menschen hinüber sind. Ein Beispiel: Ein junger Mann hat keine Freundin. Daher stellt er sich, wenn er sich des Nachts zu seinen Milben gesellt, gerne eine unbekleidete Dame vor, die sich nicht so benimmt, wie man es von einer Dame erwartet. Er hat viel Freude an ihr. Dann gerät der junge Mann aber in einen zweifelhaften Kreis, in welchem gedächtniszerfressende Substanzen verschnabuliert werden. Eines Tages bereitet sich der junge Herr wie gewohnt auf die Bettruhe vor und denkt: «Hihi, gleich stelle ich mir wieder die unbekleidete Dame vor.» Doch wie er daliegt, fällt sie ihm nicht mehr ein. «Wie sah die denn noch bloß aus?» grübelt er. Rauschgift verwüstet! Zumindest tötete es diese Masturbationsphantasie. Sein Lebtag wird der junge Mann trauern! Deshalb möchte ich das Lenor-Gewissen wieder zum Leben erwecken. Es war so: Die Kinder oder der Mann von einer Frau standen im Bad und trockneten sich ab. Dabei schimpften sie, denn Mutti hatte ihnen Zwiebackhandtücher hingelegt. So lautet in Fachkreisen der Fachbegriff für nicht weichgespülte Handtücher. Da legte die Frau nachdenklich den Zeigefinger an die Unterlippe, und dann bimmelte es so komisch märchenhaft, und schräg hinter Mutter tauchte ihr Gewissen auf. Interessanterweise hat sich die Mutter nie nach dem Gewissen umgedreht. Es

Rohre ohne Kinder – so undenkbar wie Kinder ohne Rohre

sah genauso aus wie sie selber, nur etwas heller und verschwommener, und es hatte eine Lenor-Flasche in der Hand. Das hat sich mir so eingeprägt, daß es noch heute, wenn ich z. B. mit dem Gedanken spiele, den Gelbe-Tonne-Müll nicht in die Gelbe Tonne zu tun, weil die immer voll ist mit Sachen, die nicht in die Gelbe Tonne gehören, und ich drauf und dran bin, den Gelbe-Tonne-Müll in die normale Tonne zu tun, daß es in solchen Fällen noch heute komisch bimmelt und hinter mir eine falbe Version meiner selbst mit einer Weichspülerflasche auftaucht. Ein Gewissen ohne Weichspülerflasche ist mir so fremd wie ein Norwegen ohne Kastagnetten.

«Sie meinen wohl Spanien?» fragt nun Inge Meysel.

«Nein, ich meine Norwegen. Dort war ich noch nie. Ein Norwegen ohne Kastagnetten ist mir daher genauso fremd wie ein Norwegen mit Kastagnetten.»

«Sie reden wirr», versetzt Inge Meysel. «Sie sollten etwas frische Luft schnappen.»

Da ich mich ungern zu dem Personenkreis rechnen lassen möchte, der einer Pionierin des Jeansomatums naßforsche Repliken gibt, befolge ich ihren Rat und gehe in den Stadtpark. Wie süß, ein Eichhörnchen! Es schnauft allerdings.

«Was schnaufst du so, liebes Eichhörnchen?» frage ich.

«Als Eichhörnchen muß man sich, um akzeptiert zu werden, genauso abstrampeln wie ein Ausländer in Deutschland», kommt als Antwort.

«Wegen mir mußt du dich nicht mehr abstrampeln, ich akzeptiere dich auch so.»

«Du bist nett», meint das Eichhörnchen, «soll ich dich zum Dank in den Zaubermärchenwald der Phantasie geleiten? Dort hausen totgeglaubte Seelen, und ebenfalls ist dort die Stammkneipe der Lenor-Gewissen.»

«Super», entgegne ich und folge der Nagegestalt.

Im Zaubermärchenwald der Phantasie ist es so, wie man sich das vorstellt.

Die Käuzchen rufen, und die Pilze tragen Marienkäferkostüme und singen Medleys aus Disney-Film-Melodien. Nach einiger Zeit des Wanderns erblicken wir eine nackte Frau, die an einem Baum sitzt und auf sehr vulgäre Weise ihre Schamausstattung zur Schau stellt.

«Ein Lenor-Gewissen habe ich aber etwas anders in Erinnerung», beklage ich mich beim Eichhörnchen, welches sich von einem Pilz dessen Marienkäferkostüm gemopst hat und darin ein wenig debil wirkt.

«Nein, nein, das ist die vergessene Masturbationsphantasie des jungen Mannes, der aus unserer Verantwortungsgemeinschaft gerutscht ist», bekomme ich erklärt.

«Kampf den Drogen», ergänzt die vergessene Masturbationsphantasie und jammert, daß man im Zaubermärchenland ein absolutes Scheißleben führe und wie schön das gewesen sei, wenn der junge Mann sich ihrer in seiner Phantasie angenommen habe, aber jetzt sei es unerträglich, erst gestern sei sie von einer vergessenen Masturbationsphantasie von Ralf König beinahe vergewaltigt worden.

«Kommen Sie doch mit, wir gehen in die Stammkneipe der Lenor-Gewissen», raten wir ihr.

Nach einer weiteren Weile des Wanderns kommt uns ein Mann entgegen. Eine Art nackichter Scheich.

«Das ist Ralf Königs vergessene Masturbationsphantasie. Können Sie echt vergessen, den Typ», sagt die nackte Frau.

Als der nackichte Scheich näher kommt, ruft er: «Halli Hallo Hallöchen, was für ein schönes Frauenzimmer. Wollen Sie mir nicht ein paar Haselnußtafeln backen?»

«Haselnußtafeln? Ich höre immer Haselnußtafeln! Sie haben mich gestern fast vergewaltigt!» poltert die Frau.

«Ach, das hatte ich ganz vergessen. Wer vergessen worden ist, wird selbst vergeßlich», versetzt der Scheich, «aber das macht ja nichts. In der Phantasie sind doch selbst Vergewaltigungen erlaubt.»

«Stimmt ooch wieder», sieht die Dame ein. «Los, mitkommen, in die Lenor-Kneipe.»

Die Zustände in der Kneipe sind wenig erbaulich. Zwar befinden sich darin um die zwanzig sonderbar opaleszierende weibliche Wesen, doch hängen ihnen ölige Flusen ins Gesicht, die Zähne sind braun wie ungeputzte Petersilienwurzeln, und sie ziehen ihren Rotz die Nase hoch. Manche liegen in speckigen Ecken, andere schwanken im Raum herum und lallen heiser irre Silben. Zwar trägt manches eine Flasche in der Hand, doch nicht Lenor ist darin, sondern Wermut. Eine Dame, die noch relativ beinander erscheint, begrüßt uns seltene Gästeschar, voran die beiden vergessenen Masturbationsphantasien, tut Bedenken kund ob deren Nacktheit und reicht ihnen Bademäntel, auf daß sie nicht frieren. Die Frau und der Wüstensohn gucken wie das Leiden Christi: «Iih, die sind aber kratzig!»

Das Gewissen schlägt die Augen nieder und spricht: «Ach, wir sind schon so lang außer Diensten, ich hatte es schon fast vergessen, wofür wir einst standen. Die Firma beliefert uns schon ewig nicht mehr mit Weichspüler, aber trinken Sie doch Wermut. Wer Wermut trinkt, den kratzt sein Bademantel auch nicht mehr.»

Die beiden Masturbationsphantasien befolgen den Rat, und bald liegen auch sie in der Speckecke und beleidigen einander mit unsacht gewählten Worten. Das ist ekelhaft! Daher kehre ich dem Phantasiemärchenwald den Rücken und in die reale Welt zurück.

«Hallo, Realität», sage ich, «da staunst du, daß ich dich noch immer ertragen kann.»

Bomben gegen Bananen im Mund? Niemals!

Heute mußte ich zweimal schmunzeln. Das erste Mal, als ich im Reiseprospekt eines Billiganbieters «Ferien *fast* wie im Märchenbuch» angepriesen sah. Wie muß man sich das denn vorstellen? *Fast* den ganzen Tag Holz im Wald suchen und *fast* nichts zu essen kriegen außer Hirse und vergifteten Apfelhälften? Auch verhält es sich so, daß die Menschen in jenen Epochen, aus denen unsere Märchen stammen, das Ferienmachen gar nicht kannten. Daher ist in den Märchen ein jeder, ob Königstochter, Lindwurm oder armer Müller, stets auf Posten.

Urlaub machen die nie. Hänsel und Gretel haben keine Chance, das Knusperhaus aufzufuttern, denn dessen Bewohnerin weilt mitnichten an der Costa Brava.

Das zweite Mal schmunzelte ich beim Lesen eines Interviews mit Peter Maffay in der AOK-Zeitschrift ‹Bleib gesund›. Der Rockstar wird mit der Bemerkung zitiert, daß in seinem Geschäft der Rechenschieber manchem wichtiger scheine als die Gitarre. Der Rechenschieber? Was für eine Rolle spielen denn Rechenschieber im Rockbusiness? Gewiß: In dem Lied ‹What a wonderful world› sang Sam Cooke: «Don't know what a slide rule is for» – daß er also nicht wisse, wozu ein Rechenschieber gut sei.

Aber sonst? Meint Peter Maffay vielleicht einen Taschenrechner? Daß den Bossen nur am Gewinnausrechnen gelegen sei? Oder meint er Computer? Daß die viele Technik das Musizieren entmensche? Wie auch immer: Peter Maffay hat da was verwechselt. Das macht aber nichts.

Auch ich verwechsele öfter mal was. Um gesund zu bleiben, wollte ich mir jüngst eine stärkende Suppe zubereiten. Ich tat den Topf auf Herdplatte 1, stellte aber versehentlich Herdplatte 3 an. «Menno, wieso wird denn das Süppchen nicht heiß?» rief ich und bemerkte meinen Irrtum erst, als Herdplatte 3 rot war und knisterte wie ein Paviangesäß. Trotz der Verzögerung schmeckte die Speise ausgezeichnet. Es handelte sich um eine Suppe aus roten Linsen, Himbeeressig und Totentrompeten; Totentrompeten sind die schwarzen Vettern der Pfifferlinge; man kauft sie getrocknet in gehobenen Supermärkten. Da die Trockenpilzvertriebsmogule aber keine Laufmasche im Gehirn haben und daher die Abneigung der Verbraucher gegen Nahrung kennen, die den Tod im Namen mitführt, werden die Pilze als Herbsttrompeten angeboten.

Diese weicht man ein, und in dem Einweichwasser kocht man die Linsen zu Brei. Die Pilze selbst kann man wahlweise mitkochen oder aber den nie unter Appetitlosigkeit leidenden Mülleimer damit verköstigen. Ungeübten Kochern ist ohnehin zu raten, zum Essen erst einmal keine anderen Menschen und statt dessen einzig und allein den Mülleimer einzuladen, denn der speist seine Kritik nicht in die Tratschkanäle ein, sondern behält sie still und sanft für sich. Einige Minuten vor dem Auftragen der Totentrompetensuppe tut man dann etwas Himbeeressig hinein, und schon hat man ein Gericht, für das sich in der fernen Außenwelt Herren Krawatten und Damen Brillanten anlegen.

Lecker kochen ist ganz leicht. Auch die aus dem Märchenbuch bekannte Hirse sollte man mal wieder probieren. Man muß natürlich überhaupt kein Vegetarier sein, aber jemand, der nicht wenigstens ein oder zwei Jahre probiert hat, fleischlos zu leben, ist irgendwie ein armseliger Dödel. Hinterher weiß man viel. Zum Beispiel, welche Vielfalt von Linsen es gibt: Berg-Linsen, kanadische Dupuy-Linsen oder schwarze Beluga-Linsen, auch Linsenkaviar genannt. Man wird auch wissen, wie gut der Geschmack getrockneter Aprikosen mit dem der Spirulina-Alge harmoniert, und kann in trauter Runde lebhaft darüber diskutieren, welches das bessere der beiden Zaubergetreide der Inka ist, Amaranth oder Quinoa. Ahnungslose denken ja immer, Vegetarier würden statt Bratwurst mit Kartoffelsalat Gemüsebratlinge mit Kartoffelsalat essen, aber Vegetarier verabscheuen Gemüsebratlinge noch entschieden mehr als Bratwürste, und patschigen Kartoffelsalat aus Plastikeimern essen sie auch nicht, jedenfalls die, die ich kenne. Die, die ich kenne, essen keinen Müll und daher auch keinen Tofu, sondern z. B. äußerst feine Früchte. Das einzig Bedenkliche am Vegetarierleben ist, daß man hin und wieder Begegnungen mit Okra-Schoten hat, und dieses Gemüse ist ein Ausbund an Nachteiligkeit, wie bittere Bohnen, mit Nasenschleim gefüllt.

So fein das Früchteessen freilich auch sein mag, immer geschieht es, daß die besten Gedanken von schlechtdurchbluteten Gehirnen in Beschlag genommen werden und darin verfaulen, worauf das Faulwasser die lügenmauligsten Ideologien und Ersatzidentitäten nährt. Man kennt dies vom Feminismus, einer an sich absolut notwendigen Sache. Ich gehe davon aus, daß intelligenten Feministinnen mehr als jedes Mackergedröhne jene Trittbrettfahrerinnen auf die Nerven gehen, die unter der Schirmherrschaft des Feminismus Phrasen dreschen und mit Säbeln rasseln. Gerne hyperventiliert so mancher Feministenabklatsch auch mal in Richtung Dynamit. Kann man sich denn nicht mehr ohne Bomben ärgern?

Natürlich wird viel Dreck geschrieben. Aber alle Welt wird in den Medien falsch dargestellt, nicht bloß Frauen, und obendrein gibt es nun mal nicht nur sich aufopfernde Mütter, mutige Kämpferinnen und Krisengebiets-Kleidersackheldinnen, sondern auch Zimtzicken, Schreckschrauben und Rummelplatzhuren. Das muß man den Menschen sagen dürfen.

Ich habe mich allerdings auch schon oft über eklige, «sexistische» Darstellungen geärgert. Vor einigen Jahren reiste ich mit einer Art Rockgruppe durchs Land; in der Stadt Ludwigsburg waren wir in einem Hotel untergebracht, in dem über den Betten Spiegel hingen, auf denen nicht besonders nachdenklich wirkende Frauen abgebildet waren, die in Minibikinis auf Autos lagen und sich Bananen in den Mund schoben. Man kennt solche Darstellungen. Theoretisch könnte man sagen, daß das ja prima ist, wenn in Hotels für das Essen von Obst geworben wird. Da diese Frauen aber nie Preiselbeeren oder Goldparmänen essen, sondern stets Bananen, weiß man, daß da andere Gedanken im Spiel sind. In jener Rockgruppe nun stand auch eine anpolitisierte amerikanische Dame in Lohn und Brot, welche meinte, unter einer solchen Abbildung könne sie nicht erholsam dahindämmern. Wir hängten die Bilder ab, stellten sie in eine Ecke und rieten unserem Agenten, dieses Hotel in Zukunft nicht mehr zu buchen.

Ich glaube, das war der richtige Weg. Wir hätten das Hotel auch in die Luft jagen oder den Hotelmanager kastrieren können, aber dies schien uns keine angemessene Reaktion zu sein. Vielleicht waren wir auch nur zu müde, denn das Rocken saugt aus, man möge uns verzeihen. Irgendwo im Hinterkopf wohnt bei uns Menschen schließlich noch eine schwer definierbare Komponente namens gesunder Menschenverstand. Dieser allerdings hat Imageprobleme, da er von vielen Leuten mit dem aus der Nazizeit bekannten «gesunden Volksempfinden» verwechselt wird, von anderen mit der gutbürgerlichen Küche. Es wird viel verwechselt auf dem nimmermüd kreisenden Globus.

Wohl weiß ich, daß ich mit meiner Verteidigung von Reaktionen, die angemessen sind, einen schweren Stand habe in einer Welt, wo Frauen Straßenfeste veranstalten, weil eine Frau freigesprochen wurde, die ihrem brutalen Ehemann den Penis abgeschnitten hat, aber ich sage trotzdem: Das ist nicht angemessen. Ich finde, man kann sich durchaus auf einen Stuhl setzen und sinnieren, tja, einerseits – das Urteil ist gewißlich eine hübsche Abwechslung, Signalwirkung etc., aber andererseits – wo soll das noch hinführen, Lynchjustiz usw.? Doch Sambagruppen engagieren und Konfetti in die Luft werfen? Ich weiß ja nicht. Andere wissen immer alles ganz genau. Frauengruppen sagen: geiles Urteil, Männergruppen: Kacke-Urteil. Ein Gespräch über so ein Thema, das nicht stockt, ist kein Gespräch, sondern eine Talkshow. Bei den Anschrei-Shows wundert mich immer, daß die Leute alles so genau wissen. Woher wissen die denn alles? Ich weiß noch nicht mal, ob ich das wenige, was ich genau weiß, überhaupt glauben kann. Nicht viele Menschen gönnen sich den Luxus, ihre Überzeugungen manchmal gemächlich wanken zu lassen. Keine Angst, man fällt nicht in ein Vakuum. Man pendelt sich ein in präsidialer Mitte, und «Mitte» ist nicht identisch mit Bürgerlichkeit. Gerade das Bürgertum neigt immer wieder gern zu extremen Ansichten.

Mit am extremsten hört man manche Vegetarier schreien. Ich meine jetzt nicht die militanten Veganer, die das Grab von Marlene Dietrich verwüstet und Pelzmantelschlampe auf ihren Grabstein gesprüht haben. Ich meine die normalen Talkshow-Vegetarier. Es gibt ja x triftige Gründe für Fleischverzicht, doch welches seltsame Argument schreien die Talkshow-Vegetarier am liebsten? Ob man sich vorstellen könne, das Tier, das man vertilgen möchte, selber zu schlachten?! Welch ein Unfug. Man könnte einen Biertrinker ebenso fragen, ob er sich vorstellen kann, das Bier, das er trinken möchte, selber zu brauen, und das Glas, woraus er es trinken möchte, selber zu blasen. Ja natürlich, entgegne ich da, ich kann mir alles mögliche vorstellen, aber ich muß kolumnieren und habe daher keine Zeit zum Bierbrauen, Gläserblasen und auch nicht zum Küheschlachten, und ich erwarte auch von niemandem, der eine Kolumne lesen möchte, daß er sich diese vorher selber schreibt.

Ich halte die Arbeitsteilung für eine menschheitsgeschichtliche Errungenschaft, die ich nicht missen möchte. Eine Kuh zu zerteilen ist ja auch kompliziert, und ein Fleischer braucht eine dreijährige Ausbildung, bis er weiß, wo genau bei einer Kuh vorne und hinten ist und aus was für Körperteilen man Teewurst und aus welchen Partywürstchen macht.

Daher finde ich es richtig, daß nicht jeder, der einmal Kuhkörperteile essen möchte, in seiner Wohnung mit irgendwelchen spitzen Gegenständen auf einem Rind herumhackt in der Hoffnung, daß glückliche Fügung das Tier in eine Partywürstchengirlande verwandelt.

Es lebe das Spezialistentum! Nieder mit dem Do-it-yourself-Wahn! Und vor allen Dingen: Es lebe die Kuh! Und zwar möglichst lange und unzerkleinert! Aller Trost der Welt liegt in ihren Augen. Es müßte in jeder Stadt Parkanlagen mit Kühen darin geben. Die nervöse Menschheit könnte sich dann ihre Entspannungsmusik-CDs und Delphin-Videos an den Hut stecken.

Statt dessen gibt es Ansätze von Bestrebungen, die Kühe von unseren Weiden zu verjagen und durch Strauße zu ersetzen. Die Anti-Cholesterin-Szene hat da die Fäden in der Hand. Schon hört man von ersten Zuchterfolgen in Deutschland, und die Wienerwald-Kette hatte neulich Straußensteak-Testwochen. Ich esse nicht viel Fleisch, aber das mußte ich mal probieren.

Das Fleisch schmeckte nach nichts als uninteressantem, blödem Fleisch, noch nicht mal nach Geflügel. Ich will daher, wenn ich durch den Schwarzwald spaziere, auch in Zukunft keine Strauße herumrennen sehen; ihre ökologische Funktion besteht m. E. darin, daß sich Südafrika-Touristen in kurzen Hosen auf sie draufsetzen, um von feixenden Ehepartnern fotografiert zu werden. Im Schwarzwald jedoch gibt es keine Südafrika-Touristen. Die Nutztiere der dortigen Bauern können von mir aus so viel Chole-

Studentinnen beim Lackieren von Einzelteilen einer Turmuhr.
Foto: Antje Falkenhagen

Es bedarf großer journalistischer Erfahrung, zu einem Bild eine passende Unterschrift zu finden

sterin enthalten, daß sie platzen. Und wenn dann tatsächlich mal eine Kuh platzt, möge man Schuhe, Seife, Wurst und Fruchtgummi aus dem Leichnam herstellen, denn das empfinde ich als angemessen. Ab und zu kann man auch eine herauspicken und schlachten. Wenn der Bürgermeister Silberhochzeit feiert, wollen wir ihm und seinen Gästen den Braten nicht mißgönnen.

Vegetarier verdienen Respekt und lobende Worte. Man sollte ihre Bäuche pinseln und sie nachahmen. Wer allerdings ab und zu Fleisch ißt, verdient ebenso Respekt und Beifall, denn sinnvolles Ziel aller verändernden Bestrebungen kann nur der Tendenzvegetarismus sein. Niemandem ist damit gedient, daß zwei Prozent der Bevölkerung mit einem vegetarischen Heiligenschein herumlaufen, während die übrigen 98 sich wie gehabt Bratenscheibe um Bratenscheibe in den Rachen schieben. Ziel muß es sein, daß insgesamt weniger Fleisch verzehrt wird. Nur in Ausnahmefällen übrigens sollte man Vegetarier ohrfeigen. Ich habe da von zwei Engländern gehört, die sich in Polen tummelten. Sie lernten Einheimische kennen, nach unseren Maßstäben «arme Leute», und wurden von diesen in ihre Wohnung eingeladen. Die Polen ließen es sich nicht nehmen, Dinge aufzutischen, die sie sich normalerweise nicht leisten können, die Engländer jedoch verschmähten die Speisen, weil sie Fleisch enthielten. Für diese Stoffeligkeit verdienen sie nichts anderes als milde erzieherische Ohrfeigen. «Wir hatten vorher gesagt, daß wir kein Fleisch essen, aber sie verstanden so schlecht Englisch», sagten sie später.

Tja, wer ins Ausland fährt und es versäumt, sich verständlich zu machen, der kommt evtl. in Situationen, wo er Dinge tun muß, die er nicht gewohnt ist. Wer das nicht aushält, kann nicht reisen. Die große Welt steht Prinzipienreitern nicht offen. Sie müssen in ihren Schlössern und Häuschen bleiben wie das Personal aus unseren Märchen.

Über die Hexe aus ‹Hänsel und Gretel› soll hier noch nachgetragen werden, daß sich die unfreundliche Dame in der berühmten DDR-Verfilmung des Märchens einer Trillerpfeife bedient, was sie nicht sympathischer macht.

Lotsa lotsa legggggs

ICH bin jüngst mit einem interessanten Fall von verkürzter Faktenvermittlung konfrontiert worden. Die Wiener ‹Kronen-Zeitung› berichtete über das Damentrio, welches dieses Jahr Deutschland beim Grand Prix de la Chanson vertreten wird. Der Journalist wollte rüberbringen, daß es sich um ein gesamtdeutsches Gesangsteam handelt, denn eine der Damen stammt aus Frankfurt an der Oder. Allerdings vermutete der Autor wohl, daß die meisten Österreicher nicht wissen, ob diese Stadt im Osten oder Westen des verhaßten Nachbarlandes liegt. Daher gab er den Herkunftsort der Sängerin mit «Frankfurt an der Ost-Oder» an.

Das ist innovativ, und es kann von mir aus Schule machen. Wenn man z. B. trotz Platzmangels ausdrücken möchte, daß in dem anderen, größeren Frankfurt das Satireheftchen ‹Titanic› ersonnen wird, dann kann man die Stadt ja einfach «Frankfurt am Witzemacher-Main» nennen, und jeder weiß, was gemeint ist. In diesem Aufsatz soll aber von Berlin an der Damenklo-Spree die Rede sein.

Glücklicherweise nicht oft, aber immerhin manchmal passiert es in Gaststätten, daß entweder das Damen- oder das Herrenklo kaputt ist und beide Geschlechter sich eine Örtlichkeit teilen müssen. In solchen Fällen ist ein Verhaltensunterschied festzustellen. Während Männer ihre Damentoilettenbesuche eher befangen absolvieren, erblühen Frauen in Herrentoiletten zu ungewohnter Vulgarität, zumal wenn sie in kleinen Gruppen dort eintrudeln – sie kriegen sich gar nicht mehr ein vor lauter Lust und Laune. Man hat in diesen Situationen aber auch Gelegenheit, liebgewordene Vorurteile zu revidieren. Ich war z. B. bis vor kurzem völlig davon überzeugt, daß an allen, aber auch wirklich allen Damenklotüren der Satz steht: «Als Gott den Mann schuf, übte sie nur», obwohl ich seit Jahren keinen gegengeschlechtlichen Abort aufzusuchen genötigt gewesen war. Nun schwebte aber kürzlich eine düstere Wolke mit der Inschrift «Herrenklo kaputt» über das Land und hatte den Einfall, es sich just über dem Lokal gemütlich zu machen, in welchem ich einen Abend ausklingen ließ. Und wie ich fremdelnd saß auf der gegnerischen Kloake, bemerkte ich, daß das mit dem «übte sie nur» dort gar nicht stand, sondern nur «Was benutzen Elefantinnen als Tampons? Schafe.» Das klingt sehr nach Gary Larson, dachte ich, aber es mag auch einer lustigen Dame eigene Leistung sein. Man weiß es nicht. Des weiteren fiel mir das makellose Weiß des Toilettenspülkastens ins Auge. Herrenspülkästen sind oft übersät mit braunen Flecken, weil gewisse Existenzen es nicht lassen können, während ihrer Verrichtungen brennende Zigaretten auf dem Spülkasten abzulegen. Eines Tages werde ich, wenn auch unter einem Pseudonym, einen 128 DM teuren Bildband herausbringen, der große Mengen künstlerisch gemeinter Fotos mit verkokelten Spülkästen zeigt. Diese repräsentative Geschenk-Idee wird heißen: «Ich klage an, wenn auch unter einem Pseudonym.» Drittens bemerkte ich im Damenklo die Anwesenheit eines Abfalleimers. Aufgrund der großen Spannweite meines Wissens mußte ich nicht lange über seinen Zweck rätseln. Wohl aber rätselte ich darüber, was Herren in einen solchen Behälter tun würden, wenn es auf ihren Toiletten einen gäbe. Mir fiel absolut nichts ein. Frauen dagegen, das vermute ich tolldreist, benutzen das Verdauungsfinale gern dazu, ihre Handtasche auf den Schoß zu nehmen und diese gründlich auszumisten. «Ein Interflug-Erfrischungstuch! Ein Reichsbahn-Pfefferminzbonbon! Fort mit diesen Dingen! Ein Bierdeckel mit der Anschrift eines

Kavaliers vom letzten Tanzvergnügen! Pah, aus der Welt damit! Eine Tube Kieselerde-Gesichtsmaske mit Haltbarkeitsdatum 1982! Jahrelang sinnlos mit herumgeschleppt! Das soll ein Ende haben! Und diese angebissene Tafelbirne von der Silberhochzeit Tante Julias benötige ich auch nicht mehr!» Im Nu hat die Dame den Eimer gefüllt.

Gewiß haben Frauen recht, wenn sie von Zeit zu Zeit die Birnengriebsche aus ihren Handtaschen entfernen. Den Bierdeckel hätte ich aber behalten. Ich liebe Zettel mit handschriftlichen Mitteilungen. Mein schönster enthält eine Kurzkorrespondenz zwischen einem Nachbarn und einem Herrn von der GASAG, das ist die Berliner Gaszählerablesegesellschaft. Der Nachbar wollte dem Gaszählerablesebeauftragten mitteilen, daß er gar kein Gas habe, und klebte ein kleines gelbes Haftzettelchen an seine Wohnungstür, auf dem stand: «Ich habe nur Elektrogeräte.» Der GASAG-Mann schrieb darunter: «Das wissen wir!»

Diesen Zettel mopste ich. Manchmal, in köstlichen Stunden abendlicher Muße, nehme ich mir eine Flasche Mosel-Saar-Ruwer-Wein, schlüpfe in meine Lieblingsstrickjacke, setze mich in den Ohrensessel und knipse die Stehlampe an. Knips! Das ist ein hübsches Geräusch, leider etwas kurz. Daher ziehe ich noch mal an der Schnur. Knips! Leider ist es nun ganz dunkel. Aber wenn ich ein drittes Mal an der Schnur ziehe, wird es ja wieder hell. Die Welt bietet soviel Trost. Man muß ihn nur entdecken. Knips! Und nun nehme ich mir das gelbe Zettelchen und betrachte es im Schein der Lampe. «Ich habe nur Elektrogeräte.» «Das wissen wir!» Es geht ein eigentümlicher Reiz von diesem Zettel aus. Er ist so eigentümlich, daß ich drauf und dran bin, das Wort «eigentümlich» mit th und y zu schreiben. Und auf das Ypsilon würde ich am liebsten noch zwei Umlaut-Pünktchen machen.

Das würde der Eigentümlichkeit des Zettels nur gerecht werden. Man kann sich stundenlang mit dem Zettel gedanklich beschäftigen. Z. B. habe ich auch kein Gas. Was würde wohl passieren, wenn ich bei der nächsten Zählerablesung auch einen Zettel an die Tür klebte: «Ich habe nur Elektrogeräte, z. B. eine schöne Stehlampe mit Fransen dran.» Würde der GASAG-Mann auch darunterschreiben «Das wissen wir!»? Wenn ja, wäre ich ganz schön geschockt. Woher weiß der, daß ich eine Stehlampe habe? Das ist ja schrecklich! Befinde ich mich hier in einem freien Land, oder bin ich gläserner Bürger in einer von Grusel-Altmeister Hitchcock verfilmten Zukunftsvision von Zukunftsvisionen-Altmeister Orwell? Bestimmt weiß die GASAG sogar, wie viele Fransen meine Stehlampe hat. Das weiß noch nicht mal ich!

Im vorangegangenen Absatz gab ich an, daß ich einen Zettel gemopst habe. Dies erlaubte ich mir, weil mein Nachbar ein ganz anderes Naturell hat als ich. Nie hätte ihm der Zettel zur feierabendlichen Ergötzung gereicht. Er hätte ihn verstoßen und fortgeworfen. Normalerweise bin ich ein glühender Geißler des Mopsunwesens. Als Kind war ich allerdings ein Schrecken des südniedersächsischen Einzelhandels. Damals wurden die Brötchentüten noch nicht zugeknipst, und heimlich tat ich noch teure Süßigkeiten in die Beutel, bevor ich zur Kasse ging. Ich war einmal, so will es scheinen, eine Kreatur mit miserablen Eigenschaften! Gerne würde ich noch heute an den Spätfolgen jener schweren Strafen psychisch leiden, die mir damals leider nicht zuteil wurden, weil ich natürlich nicht so doof war, mich erwischen zu lassen. Höre ich heute von Leuten, die anderen etwas wegnehmen, verfinstert sich mein Blick derartig, daß die Menschen mir Würste und Brathähnchen opfern wollen, weil sie mich für den Herrscher der Finsternis halten. Doch ich mag Brathähnchen nicht. Vor kurzem hatte ich das nicht sehr große Vergnügen, in ein besetztes Haus hineinzugehen. Bei den Bewohnern handelte es sich um theoretisch nette junge Hüpfer, die aber nicht nett hüpften, da sich in ihren Köpfen kein Gedanke um etwas anderes als um Diebstahl und Rauschmittelkonsum drehte. Täglich mopsten sie mehrere Flaschen echten Champagners; bei deutschem Sekt rümpften sie die Nase. Sie kackten ohne Tür, und ihre träge, parasitäre Existenz rechtfertigten sie mit einem politischen Bewußtsein, welches aus einer durcheinandergeratenen Sammlung von Klosprüchen aus der Generation ihrer Eltern bestand. Gern, ja überaus gern sogar, verließ ich diesen durch und durch unguten Ort. Ich will natürlich nichts verallgemeinern. Ich bin mir vorsichtshalber völlig sicher, daß es auch heute besetzte Häuser gibt, in denen die gute Tat, der kühne Gedanke und der Griff nach der Brauseflasche vorherrschen.

Zum Thema Brause fällt mir ein, daß das Getränk, das entsteht, wenn man Cola und Orangenlimo zusammengießt und welches normalerweise Spezi geheißen wird, in manchen Ausflugslokalen früher als «Jugenddrink» angeboten wurde. Interessant ist auch, daß der Marktführer unter den Plüschtausendfüßlern «Lotsa lotsa legggggggs» heißt. Die Menschen wissen ja immer nicht, über was sie mit anderen Leuten reden sollen, daher mache ich solche Mitteilungen. In einem Benimmbuch von 1940 fand ich mal eine Aufzählung von Sätzen, die geeignet sind, ein Gespräch mit einem Fremden einzuleiten. Der tollste war: «Gnädige Frau, würde es Sie interessieren, etwas über die herrlichen deutschen Mittelgebirgswälder zu erfahren?» Ich halte diesen Satz für wenig praktikabel. Darüber jedoch, wie Mischgetränke in den verschiedenen Teilen des deutschen Sprachraumes

Aurora Mono-Blocksessel *
Vollkunststoff, weiß,
stapelbar, wetterfest
Stück

6⁹⁹

Endlich ist es raus: Diese scheußlichen Stapelstühle heißen Aurora Mono-Blocksessel

genannt werden, kann man sich stundenlang unterhalten, wenn man etwas darüber weiß. Ich meine jetzt keine Cocktails oder Spirituosenspezialitäten, ich meine lediglich die Resultate volkstümlichen Zusammenkippens. Leute mit Leistungsfach Lebensstil, Gourmets und Puristen rümpfen die Nase ob solcher Zusammenfügungen, das Volk beweist aber große Ungezwungenheit beim Mischen, es wird eigentlich alles mit allem vermischt. Bis vor ca. zehn Jahren war Kiba ein beliebtes Getränk, es bestand zu gleichen Teilen aus Granini-Nektaren der Geschmacksrichtungen Kirsche und Banane. Das tranken immer strenge, fleißige Mädchen, die die Party schon um elf verließen. Es war der Drink für die Frau, die «noch fahren muß». Am liebsten gemischt werden freilich Bier und Limonade. Das Ergebnis heißt in den neuen Ländern oft Potsdamer, in einzelnen deutschen Gegenden auch Tango, Fliegerbier, Hammel, Enteteich,

Sport(ler)molle, in der Schweiz und im Saarland Panasch oder Panaché, in Schleswig sogar Schleiwelle, in den meisten Gebieten aber Alsterwasser oder Radler(maß). Viele sind der Auffassung, daß diese beiden Namen das gleiche bezeichnen, andere meinen, die eine Bezeichnung stehe für Bier mit Zitronenlimo und die andere Bezeichnung für Bier mit Orangeade. Tummelt man sich aber durch die deutschen Provinzen, wird man feststellen, daß beide Mischungen unter beiden Bezeichnungen ausgeschenkt werden. Mancher, der nur seine eigene Stadt kennt, neigt in bezug auf Mischgetränkebezeichnungen zum Fundamentalismus. Seine Augen funkeln aggressiv, wenn man ihm sagt: «Mein Gutester, Alsterwasser ist nicht immer mit weißer Limo, das kann auch mit Fanta sein!» Solche Reden verstören manchen. Schauen wir einmal nach Berlin. Hier wird das Bier meistens mit Fanta vermischt, und beide Bezeichnungen koexistieren bar jeder Zwietracht. Zumindest im Falle des Alsterwassers kann man also sagen, daß dies eigentlich Bier mit Fanta ist, denn an welchem Fluß liegt Berlin denn? Na also. Ich kann mir nicht vorstellen, daß jemand die Stirn hat, mir ins Gesicht zu sagen, daß Berlin nicht an der Alster liegt. Im Sommer unternehmen wir ja auch immer unsere berühmten Floßfahrten auf der Alster. Es wird ein Klavier aufs Floß gehievt, und dann gehts mit Bier und Boogie-Woogie durch unser unverwüstliches Berlin.

Auch Rotwein mit Cola hat einen Namen, und der lautet meistens Korea, manchmal auch Ochsenblut oder Cola-Schorle. Bisweilen mißrät der Rotwein halt, wegen des Wetters oder weil die Frau des Winzers schwer atmend unter Bettwäsche mit verblichenen Walt-Disney-Motiven liegt und gepflegt werden muß, da ist der Wein nur noch mit Cola genießbar. Andernorts ist die Cola verhagelt und muß mit Altbier gemischt werden, das nennt sich Krefelder. Krefelder kann aber auch wieder Pils mit Limo sein. Die Welt der Mischgetränke ist nicht unverwirrend. Wilde, sonderbare Existenzen kippen gar Bier mit Cola zusammen und sagen Diesel oder Cola-Bier dazu, im Rheinland Drecksack, in Hessen auch Dreckisches (das sch weich sprechen wie das J in «J'ai seulement des appareils électriques»). Noch wildere vermengen Weißwein mit Fanta – dies heißt angeblich Seiltänzerbouillon. In Adelskreisen, so hörte ich, trinkt man gern Kikeriki, was entsteht, wenn man Eierlikör in gelbe Limo gießt. Bier mit Sekt heißt Prokuristenbier, und ein Gemisch aus Wein und Sekt und manchmal auch Fruchtsaft heißt Kalte Ente, das trinken aber nur Omas und Opas bei Ehejubiläen. Die Mäntel der Gäste bilden während des Trinkens einen interessanten Mantelhaufen auf dem Bett des Jubelgespanns. (Deutsches Brauchtum!) Das verwegenste Mischgetränk gibt es an der Nordseeküste, es heißt Möwenschiß und besteht aus einem Klaren und grober Leberwurst. Oft sind Getränkenamen auf winzige Gebiete beschränkt. In Nienburg an der Weser versteht man unter einem Eskimo-Flip ein Gemisch aus flüssigem und festem Wasser, also Mineralwasser mit Eiswürfeln. Ich wüßte auch gerne, wie z. B. ein Mischgetränk aus Diät-Fanta und normaler Fanta im Markgräflerland genannt wird oder wie man in Vorpommern zu einem Gemisch aus kalter Milch und heißer Milch sagt. Man sollte eine kleine Expedition machen. Den Aral-Schlemmerführer in der linken Potasche, den Aral-Schlummerführer in der rechten Potasche und dann Brause saufen in den herrlichen deutschen Mittelgebirgswäldern.

Nun ist man also im Walde. Schön ists dort. Knallrote Vögel sitzen in giftgrünen Sträuchern und quietschen vor Vergnügen. Dies sage ich in bitterer Erinnerung an einen

Kunstlehrer, der mir mal eine Vier minus gab, weil ich ein Landschaftsbild in Rot und Grün malte. «Das sind Komplementärfarben, du Idiot», brüllte der Idiot. Der soll mal in die Natur gucken. Überall giftgrünes Gesträuch mit knallroten Vögeln drin. Man muß nur die Augen aufmachen. Das Christentum wäre wohl kaum so groß rausgekommen, wenn die Menschen Gott für Vögel und Pflanzen eine Vier minus gegeben hätten. Zwar ist es schön im Wald, doch nun macht die weibliche Begleitung ein besorgtes Gesicht, denn sie muß mal. «Ich muß mal, ich muß mal, ich muß mal.» Zwar könnte sie sich auch dem raschelnden Laub anvertrauen, doch manche Frauen mögen das nicht, weil sie fürchten, es könnten ihnen Schnecken oder Tausendfüßler in den Schlüpfer kriechen. Lotsa lotsa legggggs! Brrr! Da kehren wir lieber zum Damenklo zurück. Einmal war ich mit einer lieben Dame in Budapest, und es ergab sich folgendes Zwiegespräch.

Sie: «Ich muß mal aufs Klo!»
Ich: «Dann geh doch.»
Sie: «Hier ist aber kein Klo.»
Ich: «Dann mußt du dir eins suchen.»
Sie: «Du, wenn du nur stänkern willst, dann schlag ich vor, daß wir den Rest der Reise getrennt verbringen.»

Sie rauschte davon, und erst am Abend traf man sich wieder. Zu ihrer Ehrenrettung muß ich aber anmerken, daß wir seither bei jeder Begegnung die Situation nachspielen und daß sie dabei genauso herzlich lachen muß wie ich. Bei unserem letzten Treffen erzählte ich ihr von meinen Damenklobeobachtungen. Als Damenklobesucherin mit bald schon jahrzehntelanger Routine wußte sie manches zu ergänzen.

Daß Gott nur übte, als sie den Mann schuf, stehe nur in etwa 50 % aller Damenklokabinen. Aber in 90 % von ihnen sei zu erfahren, daß Männer wie Toiletten seien, entweder besetzt oder ... «Jaja, ich weiß, wie der Spruch weitergeht», unterbrach ich sie, «entweder besetzt oder ein klein wenig unreinlich.» Die Freundin bestätigte schmunzelnd, daß genau dies der Wortlaut des populärsten weiblichen Toiletten-Evergreens sei. Viel typischer für das Damenklo sei aber der Ringkampf zwischen schmachtender Verliebtheit und weiblichem Selbstbewußtsein. Daß eine Frau schreibe «Peter, ich liebe dich, aber du bist es nicht wert» und eine andere hinzufüge «Lern erst mal, Frau zu sein». So etwas würde in Herrenkabinen nie stehen.

«Elvira, ich liebe dich, aber du bist es nicht wert.»
«Lern erst mal, Mann zu sein.»
«Ich habe nur Elektrogeräte.»
«Das wissen wir!»

Etwas, was ebenfalls damenkloexklusiv sei, fuhr die Freundin fort, seien Graffiti mit Nagellack. Daß es aber in Damenklos keine von Zigarettenglut verkohlten Spülkästen gäbe, könne sie leider nicht bestätigen. Frauen seien inzwischen fast so üble Ferkel wie Männer. Das Entsetzen, das mich durchrieselte, als ich dies erfuhr, ist nicht mit Worten wiederzugeben.

Mein schönstes Erlebnis mit Damenklobezug spielte sich auf einem Flughafen ab. Vor der Toilettentür umarmten sich ein Mann und eine Frau mit großer Leidenschaft. Die Frau ging hinein, der Mann wartete vor der Tür. Drei Minuten später kam die Frau wieder raus, und die beiden umarmten sich erneut, und zwar so, als ob sie einander wochenlang nicht gesehen hätten. So eine Liebe möchte ich auch mal erleben!

Die Frau unter der Bettwäsche mit verblichenen Disney-Motiven denkt ebenfalls: «So eine Liebe möchte ich auch einmal erleben.» Der Winzer, der ihr die Schweißtropfen von der Stirn tupft, denkt: «Ich liebe sie nicht mehr ganz so sehr wie früher, doch sie ist mir momentan wichtiger als der Wein.»

Ich bin zufrieden mit dem Winzer.

Nachbemerkung Herbst 1994:
Daß Elefantinnen Schafe als Tampons benutzen, scheint nicht einer Toilettenbenutzerin eigener Phantasie entsprungen zu sein. Ein netter Leser hat mich informiert, daß dieser Einfall aus einem in der ‹Kowalski› erschienenen Comic von Philippe Vuillemin stammt.

Ich will wissen, ob die Schwester von Claudia Schiffer schwitzte (in Unterhose geschrieben)

EIN noch nicht altes Phänomen ist es, daß Fotomodelle Namen haben und interviewt werden. Als ich noch klein war und Mineralwasser «Brause ohne Geschmack» genannt wurde und die Models noch Mannequins hießen, waren diese nicht mehr als mobile Bügel aus Fleisch und Blut. Wie sie hießen und was sie so meinten, wollte niemand wissen. Vereinzelt gab es Ausnahmen, z. B. wenn die schöne Dame ein Poussierverhältnis mit einem von Boulevardzeitungen für wichtig gehaltenen Künstler hatte. Man denke an Jerry Hall. Andere hatten einen Namen, weil sie in ihrer Freizeit zum Mikrophon griffen, dies an ihre Lippen führten und teils gar nicht mal so üble Laute ausstießen: Grace Jones und Amanda Lear. Dann gab es noch Margaux Hemingway, die einen wirkungsvollen Namen hatte, weil ihr Opa ein bekannter Schriftsteller war. Welcher, fällt mir gerade nicht ein. Ich glaube, Bertolt Brecht oder Franz Kafka. Einer von den zwei beiden Hübschen wird es wohl gewesen sein.

Heute hat jede hübsche junge Frau einen Namen. Ich könnte mehr Namen von Top-Models herunterrasseln als Namen von Atomphysikern. Hübsche junge Männer haben noch nicht so häufig Namen. An männlichen Models könnte ich nur Marcus Schenkenberg runterrasseln, aber wer «Marcus Schenkenberg»-Sagen für Runterrasseln hält, der hat ja wohl ein ziemlich fragwürdiges Verständnis vom Sinn des Wortes «Runterrasseln» und eine unterentwickelte Runterrasselkultur. Ich habe auch noch kein Interview mit einem Männermodel gesehen. Vielleicht verhindern deren Agenten solche Gespräche, weil der erotische Reiz, den ein Mann auf Frauen ausübt, erheblich sinken kann, wenn er eine Quäkstimme hat oder ungeschickt formuliert, da kann er noch so schön sein. Männer sind da weniger kompliziert. Angesichts der Schönheit einer Frau nehmen sie Stimmen wie rostige Türen in Draculaschlössern in Kauf, und es mindert ihre Begeisterung auch nicht, wenn die Bewunderte «Advocado» statt «Avocado» sagt und «Lampignon» statt «Lampion». Was die jungen Damen sagen, ist daher bestens dokumentiert. Sie sagen folgende Sätze:

«Ja, es ist schon wahnsinnig anstrengend, immer so früh ins Bett zu gehen und nie das essen zu können, worauf man Lust hat. Ja, meine Familie ist für mich total wichtig. Meine Familie gibt mir sehr viel Halt. Ohne meine Familie würd ich das nicht aushalten. Ich find natürlich auch, daß Models überbezahlt sind. Verglichen damit, was ein Arbeitsloser zur Verfügung hat, ist das natürlich schon absurd, was wir verdienen. Mit Karl (bzw. Gianni, Wolfgang, Gianfranco etc.) zusammenzuarbeiten ist immer total spannend. Er ist wirklich einer der ganz Großen. Kinder ja, aber nicht jetzt. Ruhig mehrere Kinder. Natürlich sündigen wir auch mal, wir sind ja keine Disziplinmonster, obwohl Disziplin natürlich schon wichtig ist. Ich gehe schon manchmal mit meinen Freunden von früher ein Bier trinken, leider natürlich viel zu selten. Es ist schon sehr interessant, interessante Länder und interessante Menschen kennenzulernen. Natürlich sind wir privilegiert, aber privilegiert heißt nicht automatisch abgehoben. Sorgen um meine persönliche Zukunft mache ich mir nicht, aber wenn ich sehe, was in Bosnien oder Ruanda passiert, wird mir echt schlecht. Natürlich hab ich manchmal einen Pickel. Wann ich das letzte Mal eine Cremeschnitte gegessen hab, weiß ich nicht mehr, aber letzte Woche habe ich ein Stück Pflaumenkuchen gegessen.»

Ich habe dieses Top-Model-Antwortendestillat ohne fremde Hilfe aus meinem Gedächtnis destilliert. Das hab ich gut gemacht, oder? Wenn einer sagt: «Das haben Sie gar nicht gut gemacht», bin ich aber auch nicht böse. Es kommt jeder zu Wort in einem freien Land. Claudia Schiffer, der bekannteste mobile Fleisch-und-Blut-Bügel Deutschlands, sagte neulich etwas, was über meine Auflistung von Top-Model-Phrasen hinausging. Es gibt in Berlin einen TV-Sender namens «IA»*. So, wie der Esel macht. Ein Mitarbeiter dieses Senders fragte die reiselustige Klatschspalte, ob sie denn jetzt, wo sie schon soviel erreicht habe, noch Träume habe. Da sagte Claudia Schiffer: «Ja, ich bereite gerade den Claudia-Schiffer-Kalender für 1996 vor.» Ich muß indes einräumen, daß der Eselsschreisender-Journalist sie an einem sehr lauten Platz interviewte; Arbeiter zersägten ein Betonrohr, oder Gewitterlesben zankten sich. Weiß nicht, woher der Lärm kam. Wahrscheinlich hatte Claudia Schiffer die Frage akustisch nicht verstanden. Es ist nämlich nicht meine Meinung, sondern die Meinung von Menschen, die anderer Meinung sind als ich, daß schöne Menschen dumm sind. Im Gegenteil: Schöne Menschen sind im Durchschnitt intelligenter als häßliche, weil sie mehr geliebt und gelobt werden und leichter mit anderen Menschen in Kontakt kommen. So was fördert das geistige Fortkommen. Das haben Wissenschaftler, denen niemand verboten hat, Sachen herauszufinden, bei denen jeder denkt, warum in Gottes Namen erforscht jemand das, herausgefunden.

---

* Eigentlich hieß die Station «1A» Wegen ihres ungeschickt gestalteten Senderkennzeichens wurde sie von den Zuschauern aber oft «IA» genannt.

Claudia Schiffer war neulich mit ihrer Schwester in Berlin, um sich eine Musicalaufführung anzusehen, und gewisse Medien berichteten darüber wie über einen Staatsbesuch. Auch die Schwester wurde interviewt. Sie sprach: «Also ich könnte das nicht, immer so früh aufstehen und nie das essen, worauf man Appetit hat.» Daneben wurde auch vermerkt, daß Claudia Schiffer trotz Jahrhundertsommerhitze nicht schwitzte. Zu melden, ob die Schwester schwitzte, wurde leider seitens der Medien verschwitzt; die Hitze mindert eben auch die Schaffenskraft von Journalisten. Ich meine aber, es gehört zu den Aufgaben gewisser Medien, zu verkünden, wer schwitzt und wer nicht. Ich will mit gutem Beispiel vorangehen, indem ich gestehe, daß ich in diesen Tagen durchaus ein wenig Nässe produziere. Das macht mich sehr unsympathisch. Wenn Frauen, die schlechte Erfahrungen mit Männern gemacht haben, interviewt werden, sagen sie gern, daß Männer so eklig schwitzen. Besonders beanstandet werden Schweißperlen auf der Oberlippe. Solche Männer sind immer gleich Vergewaltiger. Zur Zeit ist es so heiß, daß sogar die Fußgängerzonen-Indios ihre Ponchos ausgezogen haben und im T-Shirt flöten. Allerdings tragen sie ihre Ponchos auch im Herzen, und das ist schlimm genug. Vielfältig sind an heißen Tagen die Gelegenheiten, weniger wertvolle Erfahrungen zu sammeln, z. B. in der U-Bahn den Geruch der andern Leute wahrzunehmen und zu denken: *So rieche ich vermutlich auch.* Es gab mal den Werbespruch «Ein Duft, der Frauen provoziert». Das war, soweit ich mich erinnere, der Slogan für irgendein Körpersäuberungs-Gelee für 3 Mark 95. Der Spruch «Ein Körpersäuberungs-Gelee für 3 Mark 95, das Frauen provoziert» ist keinem Werbetexter eingefallen, aber mir. Das will besagen: Als Werbetexter wäre ich ebenso chancenlos wie ein Freund von mir, der mal

Die macht es richtig: Wenn sie unbekleidet durch die nächtliche Stadt spaziert, nimmt sie einen vertrauenswürdigen Beschützer mit

in einer Agentur arbeitete, die einen Auftrag zu einer Imageverbesserungskampagne für den Flughafen Wien-Schwechat erhalten hatte. Mein Freund entwarf ein Plakat mit der Inschrift: FLUGZEUGE STÜRZEN AB. FLUGHÄFEN NIEMALS. Da half ihm der Werbechef in den Mantel und wies ihm den Weg in die Freiheit.

Wenig erforscht ist bislang, was Autoren anhaben, wenn sie etwas schreiben. Es heißt, italienische Schriftsteller würden Wert darauf legen, perfekt angezogen an der Schreibmaschine zu sitzen, weil das dem Selbstrespekt und infolgedessen auch der Qualität des Textes diene. Ich erwähne dies, weil ich beim Meißeln dieser Zeilen mit nichts anderem bekleidet bin als mit einer blütenweißen Herrenunterhose mit Eingriff. Eingriff heißt das wohl, weil manches Früchtchen manchmal möchte, daß da jemand reingreift. In meiner Kindheit hieß das anders, da sagte man «Schlüpfer mit Schlitz», und Mineralwasser hieß «Brause ohne Geschmack». Bei Kindern sagt man nicht «Eingriff», denn wenn da jemand reingreift, ist das ein Eingriff in die kindliche Entwicklung, und man ist ja kein Unmensch, der so was befürwortet. Wissen tät ich gern, ob es einen Leser abstößt, wenn er weiß, daß ein Werk von einem Autor in Unterhose verfaßt wurde. Vielleicht war es auch sehr heiß, als Paul Celan die ‹Todesfuge› dichtete? Vielleicht trug auch er nur einen Schlüpfer? War der wenigstens sauber? Das will man hoffen als Leser. Hatte er einen Eingriff? Hat jemand reingegriffen? «Nicht jetzt, Darling, ich sitze gerade an der ‹Todesfuge›!» Ich will jetzt mal eines der letzten großen literarischen Experimente des 20. Jahrhunderts wagen: Den folgenden Absatz werde ich nackicht schreiben! Es ist der 4. 8. 1994, eine Viertelstunde vor Mitternacht, und ich ziehe meine Unterhose aus! Hier nun der nackicht geschriebene Absatz:

Donald Weatherfield bog mit seinem Range-Rover in seine Hazienda ein. Die Abendsonne von Süd-Michigan versank hinter der frischverchromten Pergola, und irgendwo in der Ferne schien ein dunkelhaariger junger Mann Xylophon zu spielen.

«Pamela, Pamela, etwas Schreckliches ist geschehen», rief der attraktive Holzhändler.

Eine phlegmatische Blondine lag majestätisch in der Hängematte, sog pedantisch an ihrer Zigarette und sagte sarkastisch: «Jaja, ich weiß, unsere Pergola ist verchromt worden.

Darüber hinaus bin ich nicht Pamela. Ich bin Margaux. Deine Putenfleisch-Minifrikadellen hat der Pergolaverchromer gegessen. Es ist aber noch Puten-Mortadella da und Rotkäppchen-Käse.»

«Ich kenne keine Margaux», dachte der wirklich Tip-Top – ja, wir schreiben «tiptop» heute mal wie HipHop – aussehende, übrigens nicht nur Holz-, sondern auch fertige Möbelhändler, «aber Rotkäppchen-Käse kenne ich. Die Menschen auf den Boulevards der volkreichen Metropolen raunen einander zu, er sei der Marktführer.»

Nun habe ich meine Unterhose wieder angezogen. «Der im Adamskostüm verfaßte Abschnitt gefällt uns aber nicht!» bellen und miauen jetzt die Leser. Womit bewiesen ist: Nakkicht geschriebene Werke mögen die Leser nicht. In Unterhose darf man, aber nackicht nicht.

Ich möchte, weil es zur Hitze paßt, nun noch einige Worte über Milchspeiseeis aus mir herauspressen. Ich muß heute tatsächlich etwas pressen, denn wenn die Worte aus mir herausrönnen wie die Schweißtropfen, wäre ich fein raus. Milchspeiseeis besteht weitgehend aus gefrorenem Fett, und in Vanilleeis, so habe ich gehört, sind sogar Rindernasen enthalten. Ich bevorzuge daher Wassereis. Ein besonders beliebter Gefrierfettbatzen ist ein Eis namens «Magnum». Über dieses Produkt habe ich gelesen, es sei ein «Kult-Eis». Da Magnum aber auch der Marktführer ist, besteht Anlaß, zu untersuchen, ob das Wort «Kult» in letzter Zeit einen Bedeutungswandel erfahren hat. Früher war es ein Kult, wenn eine kleinere, aber nicht allzu kleine Gruppe von Menschen um irgendwas ein geheimbündlerisches, protoreligiöses Brimborium veranstaltete. Eine typische Kultgruppe war (und ist) XTC, eine Band, die von der breiten Masse weitgehend ignoriert wird, aber seit vielen Jahren eine ergebene

Verehrerschaft hat, die Zeitschriften herausgibt und sich auf Kongressen trifft, wo sie Texte interpretieren usw. Ein sicheres Kennzeichen von Kult war dabei, daß die meisten Bürger, die nicht an dem Kult teilnahmen, auch noch nie von der Existenz des Kultes gehört haben. Um an einem Kult teilzunehmen, waren früher überdies gewisse Anstrengungen notwendig, größere jedenfalls, als in eine Gefriertruhe hineinzugreifen.

Heute scheint alles Kult zu sein. Die Bürger beißen in «Magnum» und lauschen den Songs von Kult-Star Elton John. «Du, Tobias, der hat schon über 100 Millionen Schallplatten verkauft. Der Typ ist echt Kult.»

Doch ich will nicht weiter absurde Beispiele zimmern. Wahrer Kult ist schwer zugänglich und denen, denen er nicht zugänglich ist, auch unverständlich. Wenn ein Kult volkstümliche Dimensionen erlangt, kann man sicher sein, daß es sich um etwas Mattes und Grobes handelt wie z. B. um die ‹Rocky Horror Picture Show›. Das meiste, von dem heute behauptet wird, ihm hafte Kultstatus an, setzt sich aus fließbandmäßig hingeschusterten Plattheiten zusammen. Man denke nur an die ganz und gar nicht überdurchschnittliche Comedy-Serie mit dem Schuhverkäufer und seiner zotigen Frau. Da wird immer die gleiche Masche verfolgt, nie gibt es eine Überraschung. Ein noch drastischeres Beispiel stellen die MTV-Figuren ‹Beavis and Butthead› dar. Die Geräusche, die diese von sich geben, sind nicht länger als eine halbe Minute lang von Interesse.

Vor einigen Jahren haben mal einige Leute alle berühmten Kultfilme analysiert und anhand ihrer Ergebnisse den grauenhaften Film ‹Delicatessen› gedreht. Da stand sogar schon auf den Verleihplakaten, daß es sich um einen «Kultfilm» handele. Das Publikum ist leider prompt darauf reingefallen. «Kultstatus» ist heute nur noch ein Blubberwort einfältiger Medienmacher und -konsumenten, also derjenigen, die auch jeden Mist «spannend», «witzig gemacht», «genial» und «schräg» finden. Daher sollten denkende Bürger dieses Wort nicht mehr im Munde führen. Was ich mir jetzt in den Mund führen werde, ist eine Schnitte mit Rotkäppchen-Käse, dem Kult-Camembert. Ich galube, das wird lekker. Potz Blitz, da ist er ja wieder, mein häufigster Tippfehler: «galube» statt «glaube». Wenn man es recht bedenkt, ein wahrer Kult-Tippfehler! Leute, die ebenfalls immer «galube» tippen, können sich ja mit mir in einem schrillen Venue zum Tippfehler-Kult-Weekend treffen, bei dem wir dann feststellen, daß wir außer «galube» keine Gemeinsamkeiten haben, und uns gegenseitig anschnauzen.

Wir können es uns aber auch netter machen und einen Runterrassel-Workshop organisieren. Ich kannte mal einen, der konnte sämtliche US-Bundesstaaten mit ihren Hauptstädten runterrasseln, und nicht schwer dürfte es sein, jemanden zu finden, der die Spieler aller Bundesligavereine runterrasseln kann. Es gibt wahre Runterrasselmeister. Bevor zum Beispiel in Radio-Hitparaden enthüllt wird, wer auf Nr. 1 ist, rasselt der Moderator oft die Titel und Interpreten der Hits auf den Plätzen 40 bis 2 herunter, und das ist ganz wunderbar – *DJ Culture at its best*. Ich hätte vor achtzehn Jahren die B-Seiten sämtlicher T.-Rex-Singles runterrasseln gekonnt. Ich bin aber nie gebeten worden, dies zu tun, und so ist mir diese Fähigkeit abhanden gekommen. Ich könnte es allerdings wieder lernen. Soll ich? Oder reicht es aus, wenn ich einmal «Marcus Schenkenberg» sage? Die Menschen sagen: «Ja, das reicht uns.»

Okay, Mutter, ich nehme die Mittagsmaschine

BESONDERS schwer zu spielen: Klavierkonzerte von Rachmaninow. Besonders schwer zu spülen: Schneebesen mit eingetrockneten Vanillesoße-Resten. Besonders schwer zu sagen: Ob dies ein guter Anfang für einen Aufsatz ist, in dem es unter anderem um Obdachlosenzeitungen geht. Leuten, die in Gegenden wohnen, wo sich unter den Fenstern die Ferkelchen suhlen, wird man erklären müssen, was das ist, eine Obdachlosenzeitung.

Also, eine Obdachlosenzeitung ist, wenn da so Obdachlose sind, und die machen irgendwie eine Zeitung, die sie für zwei Mark in der U-Bahn verkaufen. Eine Mark ist für den Verkäufer, und die andere geht an den Hersteller des Blatts. Letztes Jahr gab's das in England und Frankreich, und seit einiger Zeit gibt's das auch hier. Da ich dem Gedanken der Eigeninitiative nahestehe, kaufe ich die Druckerzeugnisse immer. Wie lange ich sie mir weiterhin kaufen werde, weiß ich nicht, denn wenn da immer nur drinsteht, daß es nicht schön ist, obdachlos zu sein, dann welkt auch des Gutwilligen Interesse dahin. In der Ausgabe Nr. 5 der ‹platte› war allerdings ein Interview mit der brandenburgischen Starministerin Regine Hildebrandt, die in ihrem Bundesland so beliebt ist wie Elvis Presley, gutes Wetter, Harald Juhnke und Nutella zusammen. Chic, dachte ich, das lese ich, die Obdachlosen werden sicher so bohrend fragen, daß die Ministerin knallharte Konzepte vom Stapel läßt. Doch was wurde Frau Hildebrandt gefragt? Folgendes: «Gehen Sie gerne ins Kino?», «Schauen Sie gerne Liebesfilme an?», «Haben Sie einen Lieblingsschauspieler?» etc. Man erfährt, daß der Bruder der Ministerin früher Waldhornist im Opernorchester Meiningen war und daß er just dort, also in Meiningen, auch seine Frau kennengelernt hat. Regine Hildebrandt geht gern ins Museum, findet ‹Schindlers Liste› gut, hört gern Elton John, und Sexfilmchen mag sie gar nicht. Wer hätte das gedacht? Die meisten werden ja bis dato davon ausgegangen sein, daß Regine Hildebrandt von früh bis spät Sexfilmchen guckt. Immerhin, auf die Frage «Wie ist Ihre Meinung zur Obdachlosigkeit?» antwortet sie: «Ich kann Obdachlosigkeit in keinster Weise akzeptieren.» Ich frage mich, warum mich der Inhalt dieses Interviews so baß erstaunt. Dachte ich, daß das Interesse an «normalen Dingen» schlagartig erstirbt, wenn man obdachlos wird? Vielleicht dachte ich das. Aber die Normalität bleibt wohl auch in Extremsituationen immer erhalten. Auch in der Nazizeit war zwölfmal Spargelzeit.

Möglich ist, daß man bald auch Obdachlosenfernsehen sieht und Obdachlosenradio hört. Da es viele Leute gibt, die den Satz «In Amerika gibt es das schon» gut finden, lasse ich hier etwas Platz, auf den diese Menschen mit Kuli «In Amerika gibt es das schon» schreiben können.

Man kann natürlich auch etwas anderes in die Lücke schreiben, z. B. «Wolf-Dietrich-Schnurre-Fanclub ist ein schlechter Name für eine Death-Metal-Gruppe» oder «Wenn man eine junge Dame zu einem Candle-Light-Dinner in ein Romantic-Hotel einlädt, wird man wahrscheinlich etwas anderes als Eisbein bestellen». Tja, dieser Text ist jetzt interaktiv. Schön ist das nicht, aber man kann den Zeitläuften nicht ewiglich trotzen. Doch ich sprach vom Obdachlosenradio. Ich würde wohlwollend lauschen. Ich würde jedem Sender lauschen, der anders ist als die 24, die ich im Kabel habe. Ich möchte einen Radiosender, der den ganzen Tag neue und interessante Musik spielt. Die Moderatoren sollen jedes Stück ordentlich an- und absagen. Nur dies sei ihre Verantwortung.

Sie möchten sich bitte nicht dazu auserlesen sehen, meine Laune zu verbessern. Ich bin ein erwachsener Mensch und in der Lage, meine Laune selber zu gestalten. Die Nachrichten sollen stündlich und ausführlich sein; das Wetter soll nicht zur Sprache kommen. Wer wissen will, wie das Wetter ist, soll aus dem Fenster gucken. Wer wissen will, wie das Wetter morgen sein wird, der möge morgen aus dem Fenster gucken. Ob am Sachsendamm ein Stau ist, möchte ich auch nicht erfahren, denn ich höre daheim Radio. In den Autofahrersendern wird ja auch nicht vermeldet, ob sich bei mir das Geschirr oder die Schmutzwäsche staut.

Das Wichtigste am Radio meiner Träume ist aber, daß die Hörer nur zum Zuhören da sind. Verschont werden möchte ich von nervösen Volkskörpern, die, wenn sie mal zum Moderator «durchgekommen» sind, so erschrocken sind, daß sie das, was sie eigentlich sagen wollten, vergessen und statt dessen, um ihre Nervosität zu vertuschen, ins Dreiste abdriften und Dinge reden, für die sie sich den Rest ihres irdischen Gastspiels schämen müßten. Und niemals dürfen Stimmen vom Tonband ertönen, die sagen: «Ich bin die Yvonne aus Hohenschönhausen und höre diesen Sender sehr gern.» Diese vielleicht Hörer-Sender-Bindung genannte Rundfunkfäulnis greift seit längerem im Berliner Äther um sich. In einem guten Sender muß jede Stunde ein Jingle kommen, in dem es heißt: «Dieser Sender hat eine alte Hexe eingestellt, die jeden, der hier anruft, dahin gehend verhext, daß ihm die Geschlechtsteile abfaulen.»

Ich bin nicht grundsätzlich gegen Yvonne aus Hohenschönhausen eingestellt. Ich wünsche ihr keineswegs alle Wurzelkanalbehandlungen und Bariumeinläufe der Welt an den Hals, denn mein Charakter ist bei aller Bereitschaft zur Selbstkritik zu gut, um jemandem, den ich gar nicht kenne, so etwas bedenkenlos zu wünschen, und der Charakter ist ja das wichtigste. Haarfarbe, Größe, Sternzeichen und ob Raucher oder nicht, all das ist doch nebensächlich, wenn der Charakter in Ordnung ist. Auch den Kindern von Yvonne wünsche ich nicht, daß sie auf dem Weg in die Kita von einem Meteoriten erschlagen werden. Aber was kratzt mich, welchen Sender sie gern hört? Schlimm, wenn die Unsitten des Rundfunks Schule machen würden. Wenn man sich nach abgeleisteter Tagesmühe mit einer Tasse Fixbutte unter seine Stehlampe setzt und in der ausgezeichneten Novelle ‹Victoria› von Knut Hamsun folgendes lesen müßte: «Ach, die Liebe macht des Menschen Herz zu einem Pilzgarten, einem üppigen und unverschämten Garten, in dem geheimnisvolle und freche Pilze stehen. Hallo, hier ist der Tobias aus Hannover, und ich lese dieses Buch sehr gerne.» Möchte man so etwas?

Oder möchte jemand eine Packung Schoko-Crackies öffnen, und es kommt eine kleine Frau aus der Schachtel spaziert, die sagt: «Ich bin die Marisa aus Saarbrücken und esse diese Schoko-Crackies sehr gern»?

«Bitte sehr, greifen Sie zu», sagt man dann als Mensch von gutem Charakter, und schon futtert einem die Frau alles weg. Ich möchte das nicht!

Zwischen der wilden und brandneuen Musik würden im Radio meiner Träume alte Menschen interviewt werden.

Nur ganz alte über 50, die von der Summe ihrer Erfahrungen berichten können. Jüngere haben noch nichts addiert und ausgewertet. Die lügen einem nur die Hucke voll. Wer den Tod jedoch in sicherer Nähe spürt, der braucht sich und anderen nichts mehr vorzumachen. In einer englischen Zeitung las ich ein Interview mit einer 90jährigen Schauspielerin. Die sagte, daß sie früher, als sie noch jünger war, in der Liebe so viel falsch gemacht habe und jetzt, wo sie wisse, wie die Liebe gehe, einfach zu alt dafür sei. Ob das nicht frustrierend sei, wollte der Reporter wissen. Nein, antwortete die Schauspielerin, es sei amüsant.

Ich freue mich schon sehr auf meinen 90. Geburtstag, denn ich bin wahnsinnig neugierig darauf, wie das ist, sich darüber zu amüsieren, daß man zu alt für die Liebe ist. Es müßte auch mehr alte Sänger geben, die in ernsten Chansons über das Alter singen. Peggy Lee sang mal darüber, wie das ist, wenn sie nach dem morgendlichen Einsetzen des Gebisses ganz allmählich das Gefühl bekommt, es seien ihre eigenen Zähne. Ich kann mir vorstellen, daß das ein schönes Gefühl ist. Zu selten dringen Lieder solchen Inhalts in mein mitteleuropäisches Ohr. Why? Warum müssen Sänger immer so tun, als hätten sie sich nicht verändert? Bauch einziehen und Oldies blöken – was ist das für ein Sängerherbst? Das sind Fragen an den Wind, doch nicht nur der Wind weiß die Antwort, sondern auch ich: Grund dafür ist der Kreativitätsvernichter Nummer eins, das Publikum. Applaus ist eine Wohltat, aber die Phrase, er sei das Brot des Künstlers, ist unzutreffend. Applaus ist das Valium des Künstlers. Das Publikum honoriert immer eher den Stillstand als den Wandel. Insgeheim verachten viele Künstler ihr Publikum zutiefst. Das ist verständlich und bedauerlich. Der Sänger soll das Publikum achten, sich aber nicht um dessen Meinung scheren. Das Publikum klatscht doch nicht, weil ein Lied besonders gut ist, sondern weil es ein Lied bereits kennt. Es beklatscht sein eigenes Gedächtnis, es beklatscht, daß die vielen Flaschen Voltax nicht umsonst getrunken wurden. Das übelste ist der Brauch, zu Beginn eines Liedes zu klatschen, um damit zu prahlen, daß man es erkannt hat. In solchen Fällen sollten die Sänger den Vortrag unterbrechen und sagen: «Ja, wenn Sie das Lied schon kennen, dann brauche ich es ja nicht zu Ende zu singen. So kommen wir alle früher ins Bett.»

Die Sänger könnten überhaupt viel rebellischer sein. Sie sollten die erheblichen Anstrengungen nicht scheuen, die nötig sind, um sich frei und froh im Kopf zu fühlen. Sonst werden sie zynisch, betreten die Bühne und denken: «Was hat mein werter Name denn da wieder für Kroppzeug angelockt?» und nehmen gleichzeitig breit lächelnd Blumensträuße in Empfang. Sie sollten das Publikum lieber fest ansehen und sagen: «Ich singe heute nicht meinen Schmuse-Mitsing-Pogo-Evergreen ‹Fickt das faschistoide Schweinestaat-Bullensystem›, sondern ein weniger anbiederndes Lied namens ‹Ich bin intelligent und habe keine finanziellen Sorgen›.» Dies wäre der provokanteste und subversivste Songtitel, der sich denken läßt. Jedes Publikum würde vor Wut platzen bzw. dem Sänger Mund und Nase zuhalten, worauf er stürbe, denn Sänger sind wie Käse, Wein und Leder: Sie müssen atmen.

Ich würde das genannte Lied aber auch nicht singen. Irgendwie ist es uncool, ein Provo zu sein. Was genau das Wort cool bedeutet, weiß ich nicht, es gärt aber die Ahnung in mir, daß jemand cool ist, der sich vom Leben nicht groß beeindrucken läßt. Einmal las ich ein Interview mit einer Band; der Journalist konfrontierte die Musiker mit dem

Vorwurf, daß sie wie alle anderen Bands klängen. Darauf sagte ein Bandmitglied: «Eine Band, die nicht klingt wie andere Bands auch, ist nicht cool.» Das heißt vielleicht, daß es cool ist, sich in puncto Originalität nicht interessiert zu zeigen. Es ist sicher auch nicht cool, sich mit einem mit Vanillesoßeresten verklebten Schneebesen säuberungsmäßig abzuplagen. Ein Cooler wirft den Schneebesen weg und kauft sich einen neuen, bzw.: Ein Cooler ist gar nicht erst im Besitz eines Schneebesens. Ich glaube nicht, daß das Selbermachen von Süßspeisen im Katechismus der Coolness erwähnt wird. Andererseits ist aber folgendes zu statuieren: Man wird nicht cool dadurch, daß man Dinge tut, die cool sind, sondern indem man Dinge tut, die uncool sind, dabei aber cool bleibt.

Das Bedürfnis der Leute, cool zu sein, ist riesig. Man merkt das im Flugzeug, wenn die Flugbegleiter die Sicherheitsvorkehrungen demonstrieren. Da gucken alle immer krampfhaft in die Zeitung oder aus dem Fenster, weil sie denken: «Oh my God, wenn ich da hingucke, dann denken die Leute ja, ich fliege zum ersten Mal – wie uncool!» Ich gucke mir die Sicherheitsgymnastik immer ganz genau an und stelle mir dabei gern vor, wie cool die Nichthingucker wohl in einem Notfall reagieren. Schade ist, daß es kein gutes Wort für Flugzeug gibt. Abgebrühte Businesstypen sagen «Flieger» oder «Maschine». Wenn man «Flugzeug» sagt, wird man angeschaut wie ein kleines Kind.

«Entschuldigung, ist das hier das Flugzeug nach Amerika?»

«Nein, mein Kleiner, das ist die Maschine in die Staaten.»

Ganz coole Leute sprechen sogar von Mittagsmaschinen. In einem TV-Film war Ruth Maria Kubitschek mal in der Bretagne, und ihr Mann bekam einen Haschmich. Da rief sie ihren Sohn in Deutschland an und rief: «Komm her, dein Vater bekommt einen Haschmich», worauf der Sohn sagte: «Okay, Mutter, ich nehme die Mittagsmaschine.»

Der schlimme Schal oder:
Der Unterschied zwischen Wäwäwäwäwä
und Wäwäwäwäwäwä

MAN kennt den guten alten Slogan: «Willst du schnell und sicher reisen, nimm die Bahn, die Bahn aus Eisen.» Es ist ein beherzigenswerter Slogan. Darüber hinaus gibt es aber auch regelrechte Eisenbahnfanatiker, die nur Eisenbahnliteratur und Kursbücher lesen und CDs mit den Geräuschen berühmter Züge besitzen. Wenn sie Silberhochzeit haben, wird ein Sonderzug gemietet, in dem ein feierlicher Freundeskreis die Strecke Hamburg–München tanzend zurücklegt. Wenn eine neue S-Bahn-Strecke eingeweiht wird, kommen sie von überall her, kaufen Feuerzeuge und Kugelschreiber mit der Aufschrift BVG* und geben viel Geld aus für Briefumschläge mit Sonderstempeln. Wenn sie sterben, werfen ihre Kinder das ganze Gelumpe auf den Müll.

Neulich trugen sich Feierlichkeiten zur Verlängerung der Berliner U-Bahn-Linie 8 zu. So etwas ist normalerweise nicht meine Idee von Party, aber als ich hörte, daß in die Ausrichtung der Feier am Bahnhof Dietrich-Bonhoeffer-Klinik die Patienten miteinbezogen würden, dachte ich, das ist exakt meine Idee von Party: eine von psychisch Kranken gestaltete U-Bahn-Verlängerungskirmes – das gibt es selten.

Ich also hin. Viel war nicht los. Es gab dicke Eimer mit der Aufschrift Antischimmel-Latex-Farbe mit fungizidem Wirkstoff, in denen von psychisch Kranken gestalteter Kartoffelsalat vergebens auf hungrige Mäuler wartete, allein

---

* BVG: Merkwürdige, aber historisch begründbare Abkürzung für ‹Berliner Verkehrs-Betriebe›

die von den psychisch Kranken erhitzte Wurst hatten die Bahnfreaks schon weggefressen. An einem Stand gab es von Insassen der forensischen Psychiatrie gebastelte Klobürstenständer, die aber auf niemandes Interesse stießen, denn alle Welt hat schon einen Klobürstenständer. Wer braucht zwei? Vielleicht einen, wo «Er», und einen, wo «Sie» draufsteht? Ja, wenn BVG draufgestanden hätte, dann! Dann wären die Bahnaficionados vielleicht von den Sonderstempelständen wegzulocken gewesen.

Der Zeichner Tex Rubinowitz hatte im ‹Zeit-Magazin› mal einen Witz, in welchem auf einem Tischchen ein Aschenbecher mit der Aufschrift SPD stand – nur so, damit die Betrachter neben der Pointe noch ein bißchen was zum Angucken hatten. Darauf bekam Tex einen Brief von einem Akademiker aus Berlin-Kreuzberg, in dem gefragt wurde: «Können Sie mir vielleicht mal erklären, warum auf dem Aschenbecher SPD steht?» Wie der wohl zu seinem akademischen Grad gekommen ist, wenn er sich noch nicht mal selbst erklären kann, warum auf einem SPD-Werbeaschenbecher SPD draufsteht?

Es steht doch überall irgendwas drauf. Ich besitze einen Kugelschreiber, auf dem steht *Discothek «Happy Rock»*, aber auch einen, auf dem *Sexyland München* steht. Vielleicht kommt eines Tages Hildegard Hamm-Brücher zu einer Autogrammstunde in ein Warenhaus, und wie sie auf den Signiertisch zugeht, ruft sie: «Ach, ich hab ja gar keinen Stift dabei!», und dann gebe ich ihr meinen. Am nächsten Tag steht in der Zeitung: «Die große alte Dame der FDP gab Autogramme mit Sexshop-Kugelschreiber.»

Es ist überwältigend, was man alles aus den Medien erfährt. Daß die DDR der größte Zierfischexporteur Europas war, daß in Deutschland jedes Jahr neun Millionen

Kochtöpfe verkauft werden, daß die Grande Dame des deutschen Nepal-Tourismus Ludmilla Tüting heißt. Das Wissen der Menschheit verdoppelt sich angeblich alle sieben Jahre, und die Medien zögern nicht, dieses Wissen zu verbreiten.

Auch ich verschließe mich solcher Wissensverbreitung nicht, z. B. wenn es darum geht, damit rauszurücken, was ich schon alles in der U-Bahn erlebt habe. Einmal saß ich neben einem, der hörte im Walkman Marschmusik. Und einmal saß neben mir ein Student, der in einem reichbebilderten Hautkrankheitenbuch las. Mir wurde nicht unblümerant. Wie mir wohl geworden wäre, wenn der Märsche-Hörer und der angehende Hautarzt eine Personalunion gebildet hätten? Wenn ich also neben einem gesessen hätte, der Marschmusik hört, während er ein gewagt farbenfrohes dermatologisches Lehrbuch studiert? Ich glaube, ich hätte mich woanders hingesetzt. Ein anderes Mal hatte ich mir vor einer U-Bahn-Fahrt ein Pfund Kirschen gekauft und naschte davon im Zug, und da es nicht meine Art ist, Kirschkerne in Verkehrsmittel zu spucken, beschloß ich, die Kerne in der Tradition eines Hamsters in den Wangen zu sammeln, um sie am Zielbahnhof in einen hoffentlich bereitstehenden Kübel zu speien. Am Ende der Fahrt hatte ich einen sehr vollen Mund. Beim Aussteigen bemerkte mich ein einsteigender Bekannter und sagte: «Hallo, wie geht's?» Ich antworte, auf meine prallen Wangen deutend: «Hmpf hmpf, Kirschkerne.» Ich habe den Bekannten seither nicht wieder gesehen, und es würde mich interessieren, was für einen Eindruck er damals von mir gewonnen hat.

Nun noch ein ganz grausiges U-Bahn-Erlebnis aus meiner Jünglingszeit, als ich mal Motten in der Wohnung hatte, was ich jedoch nicht bemerkte. Eines Tages schlug das Wetter um, es wurde kalt, ich zog einen Schal aus dem Schrank und eilte zur Bahn. Dort wurde ich gewahr, daß die anderen Fahrgäste ein Bedürfnis zeigten, von mir zurückzuweichen, dazu aber nicht in der Lage waren, weil der Waggon nicht mehr papp sagen konnte, so voll war er. Prüfend blickte ich an mir herab und entdeckte, daß in meinem Schal ein Dutzend Maden sich bewegten. Die zehn Sekunden, die der Zug bis zum nächsten Haltepunkt brauchte, waren die zählebigsten Sekunden meines Lebens. Niemand sagte etwas, doch alle guckten. Verwurmt und verletzt verließ ich den Zug.

Verwurmt, verletzt, verließ? Das ist eine Alliterationskette, ein Stilmittel, ein Manierismus! So mag ein oberflächlicher Betrachter denken. Ich wäre mit einem solchen Urteil vorsichtig. Unser Alphabet besteht aus nicht sehr vielen Buchstaben, von denen obendrein mehrere selten sind. Völlig natürlich ist es daher, daß in normaler gesprochener Sprache ständig Alliterationen aufscheinen, und es bedürfte schon eines suchtähnlichen Stilwillens, diese häufige Naturerscheinung der Sprache ständig zu umschiffen. Wenn am Himmel über Wien weiße Wolken sind, dann sind am Himmel über Wien halt weiße Wolken, und wer außer einem Affen wäre fähig, der Stadt Wien oder dem Himmel zu unterstellen, sie setzten die weißen Wolken als Stilmittel ein?

«Bring bitte Brötchen mit!» Hinter dieser Aufforderung steht keinerlei Stilwillen, sondern nur der Wunsch nach einem konservativen Frühstück. Oder: «Gabi gab Gudrun Gift.» Es ist halt so: Gabi ist pharmazeutisch-technische Assistentin in der altehrwürdigen Vierzehnmohren-Apotheke. Schon seit fünf Jahren ist sie mit dem flotten Holger zusammen. Seit einiger Zeit hat der flotte Holger aber keine Zeit mehr, behauptet, er müsse allabendlich in die Volkshochschule zu einem Litauischkurs gehen. Eines Tages kommt Gudrun, die beste Freundin Gabis, in die Apotheke.

Sie ist nicht allein: Bei ihr ist der flotte Holger in vollständiger fleischlicher Pracht. In einem Ton, den man volkstümlich als «scheißfreundlich» bezeichnet, sagt Gudrun zu Gabi: «Hallo, Gabi! Long time no see. Du denkst jetzt bestimmt, ich bräuchte wieder meine Kopfschmerztabletten, aber die brauchte ich früher nur, weil ich keinen Mann hatte. Diese Zeiten sind ja Gott sei Dank vorüber. Ich möchte dich vielmehr fragen, ob du mir als meine allerbeste Freundin nicht eine möglichst riesige Packung Kondome zum Einkaufspreis besorgen könntest?» Da gab Gabi Gudrun Gift. Wie sollte man das denn stabreimärmer formulieren? Die Vornamen lassen sich schlecht ändern, vielleicht die übrigen Wörter? Wäre es möglich, daß es ein schönes Fremdwort für «geben» gibt? Vielleicht, von frz. «donner» hergeleitet, *donnieren*? Friedrich der Große hat bestimmt immer «donnieren» gesagt! Also gut: «Gabi donnierte Gudrun Toxisches.» Und das soll nun weniger gestelzt sein als «Gabi gab Gudrun Gift»? Man möge mir daher folgende Erkenntnis abluchsen: Nicht ein Text, in dem Alliterationen enthalten sind, ist zwangsläufig manieriert, sondern einer, in dem gar keine vorkommen. Daher ist die bewußte Vermeidung von Alliterationen ein viel drastischeres, wenngleich weniger augenfälliges Stilmittel als ihre Zulassung.

Gleiches läßt sich über den vermiedenen Reim sagen. Als Beispiel diene hier ein Satz aus der Dreigroschenoper. Lotte Lenya singt im Lied ‹Surabaya-Johnny› dreimal: «Nimm doch die Pfeife aus dem Maul, du Hund!» Das ist überaus elegant. Ein schlechterer Dichter als Brecht hätte sicher geschrieben: «Nimm doch die Pfeife aus dem Mund, du Hund!» Weiß ja nicht genau, wo die Urmanuskripte aufbewahrt werden, aber ich bin mir ziemlich sicher, na ja, was heißt sicher, woher soll ich das wissen, aber ich würde doch annehmen,

Wenn einer kommt und erzählt, aus dem rechten Jungen sei späterhin ein Schurke und Tunichtgut geworden, aus dem linken gar ein Übeltäter und motorisierter Rowdy, dann jage ich ihn weg und sage, er solle mich in Ruhe lassen mit seinen Geschichten

daß im Ur-ur-ur-Manuskript von Brecht der Mund-Hund-Reim steht und daß Brecht dann aber binnen einer halben Sekunde oder was es auch immer in seinen Zeiten für meßbare Zeiteinheiten gab, daß er also binnen der bereits obig erwähnten halben oder vielleicht dreiviertel Sekunde das Wort Mund durchgestrichen und durch Maul ersetzt hat, wobei er dichterlaunig triumphierend geguckt haben mag. So entstand die verehrungswürdige Reimvermeidung. War halt ein guter Dichter. Ein ganz und gar schlechter Dichter hätte übrigens, obwohl das jetzt nicht schön ist, so etwas zu bemerken, zu Papier gebracht: «Nimm doch die Pfeife aus dem Maul, du Gaul!»

Reim und Stabreim ist gemeinsam, daß sie oft zur Erzeugung wenig edler Effekte benutzt werden. Im Bereich der Alliteration stößt man besonders selten auf Künstlerschaft. Es gibt aber auch Ausnahmen, etwa die Donald-Duck-Übersetzerin Erika Fuchs, die dem deutschen Leser z. B. die klanglos gewordene Kassenklingel bescherte. Jemand mit geringerer Stilbegabung hätte hier wohl auch das Wort «gewordene» durch eines mit k zu ersetzen versucht. Dröhnende, schlechtdosierte Alliterationen sind ein sicheres Zeichen für sprachgestalterische Anfängerschaft; entsprechend häufig findet sich solcherlei bei Illustriertenjournalisten. Man denke an Bezeichnungen wie «provokanter Punk-Paganini» für Nigel Kennedy. Das ist der billige Ton der eiligen Faulen, von dem man regelrecht umzingelt ist. Berichte über Prostitution heißen «Mädchen, Macker und Moneten», eine Seite weiter steht ein Text über bestechliche Politiker, und der heißt «Bonzen, Busen und Billiönchen». Immerhin sparen solche Überschriften dem Leser Zeit, indem sie ihm signalisieren: Ah, das ist eindeutig und für jeden erkennbar etwas Primitives. Brauch ich also nicht zu lesen.

Allzu naheliegende, inhaltslahme und nur dem Klingeleffekt dienliche Alliterationen sollten der erste Punkt auf einer Liste namens «Don't» sein, die über jedem Schreibtisch hängen möchte. Es sei denn, der Besitzer des Schreibtisches hat die Absicht, ganz unten zu landen, also z. B. bei der ‹Neuen Revue›, von der ein schreckliches Fundstück stammt, das mir jemand zugesandt hat. Es handelt sich um eine Abhandlung von Josef Nyary, Deutschlands angeblich meistgelesenem TV-Kritiker. In dem Text beurteilt er deutsche Talkmaster: Sabine Christiansen sei eine «Laber-Lady», Johannes B. Kerner ein «Mehrzweck-Macker», Roger Willemsen eine «Talk-Taubnuß», Harald Schmidt die «Nonsens-Natter aus Nürtingen» und Reinhold Beckmann ein «Schmuddel-Softie». Diese Beispiele werden auch Menschen ausreichen, die immer mehrere Beispiele brauchen. Der Artikel ist verziert mit einer Fotografie des Autors, wie es in der journalistischen Unterschicht Sitte ist. Das wird wohl so begründet: «Mit Bild hat das eine ganz andere wahrnehmungsphysiologische Intensität. Dann können die Leute, während sie den Text lesen, zwischendurch immer wieder mal auf das Bild gucken und sich vorstellen, wie der Mund des Autors auf und zu geht.» Herr Nyary sieht übrigens sehr zufrieden aus. Er denkt, er sei ein angesehenes Mitglied der Gesellschaft. Natürlich irrt er, denn er liegt schließlich in der Gosse – in der Gosse des geschriebenen Wortes.

Doch auch wer nicht höchstpersönlich in der Gosse liegt, schnuppert zuweilen gern an Kellertüren. So bin ich in der Lage, ausnehmend scheußliche Sätze zu schreiben. Ich werde jetzt, und zwar jetzt sofort, den scheußlichsten Satz schreiben, der je zu Papier gebracht wurde. Hier ist er schon: «Wenn Boris Becker, ein Tennis-Crack, in Paris, der Hauptstadt Frankreichs, unseres nicht nur an Atomkraftwerken, sondern auch Käsesorten nicht eben armen Nachbarlandes, ist, hört er in seiner Luxusabsteige gerne CDs, eine Erfindung, die seit 1982 auf dem Markt ist, mit Kompositionen von Mozart, einem bedauerlicherweise bereits den Weg alles Fleischlichen gegangenen Komponisten aus der Mozart-Stadt Salzburg, dessen Gebeine irgendwo verscharrt wurden und der sich mit erstem Vornamen Wolfgang ‹schimpfte›, also genau wie Herr Brückner, der Besitzer des Buchladens ‹Snoopy› in Essen, der fünftgrößten Stadt Deutschlands, des Nachbarlandes von Frankreich, unseres, wie bereits erwähnt, nicht nur an Käsesorten, sondern auch an Atomkraftwerken nicht armen Nachbarlandes.»

Wenn jetzt der Presserat kommt und mir eine Rüge wegen

des Satzes erteilt, dann sage ich «Wäwäwäwäwä». Was bedeutet das? fragen die Menschen. Es ist ein Wort, das ich schon oft gehört, aber noch nie gedruckt gesehen habe. Kein Wörterbuch führt es auf.

Wäwäwäwäwä, das sagen weibliche Jugendliche, wenn sie von Erwachsenen auf fehlerhaftes Verhalten hingewiesen wurden und es darauf anlegen, ganz patzig und unausstehlich zu sein. Auch erwachsene Frauen, die sich untereinander streiten, benutzen es gelegentlich in Ausbrüchen minderen, nicht ganz seriösen Zorns. Männer benutzen das Wort, so meine ich, niemals. Ausgesprochen wird es wie folgt: Die ersten vier Wä ganz kurz sprechen, wie das We in Wespe. Das fünfte Wä ca. dreimal so lang und im Ton abfallend. Das zweite Wä hat den höchsten Ton, das letzte den tiefsten. Es gibt auch eine Variante mit siebenmal Wä: Wäwäwäwäwäwäwä. Den Bedeutungsunterschied weiß ich nicht.

Zehn Minuten weniger Gelegenheit zur Zwiesprache mit höheren Wesen (inklusive «Üble Beläge»)

1. Üble Beläge
Manchmal wird man verspottet, weil man etwas *nicht* falsch macht.

Ich war in einer Bierschwemme und begehrte Weizenbier. Das studentische Nervenbündel, welches kellnerte, schenkte mir das Bier wegen Arbeitsüberlastung nicht ein, sondern reichte Glas und Flasche separat. Da mein Durst durchaus keine Wüstenwitz-Dimensionen hatte, gewährte ich mir große Bedächtigkeit beim Einschenken. Ich setzte den Flaschenhals oben am schräg gehaltenen Glas an und ließ das Bier in dünnem, regelmäßigem Strom an der Innenwand hinabgleiten. Nach einer halben Minute lachte ein perfekt eingeschenkter, äußerst schaumarmer Dämmertrunk einen höchstzufriedenen Dämmerwilligen an. Am Nebentisch aber saß ein Rüpel. Der fragte mich, ob ich denn noch nie gesehen habe, wie man ein Weizenbier einschenkt. Er grinste frech und hielt mich für unkundig.

Ich antwortete: «Lieber Rüpel, spitz mal die Ohren! Ich sehe leider andauernd, wie andere Leute Weizenbier einschenken, und Abscheu bemächtigt sich meiner dann immer. Die Wirte rammen die Flaschen ins Glas, daß sie bis zum Etikett im Bier hängen, es klappert und gluckst, und schließlich rollen sie die Flasche auf der Theke umher und schleudern den letzten Schaumrest in den sich nur mühsam beruhigenden Glasinhalt. Daß das ‹alle› so machen, bedeutet aber nicht, daß es die richtige Herangehensweise ist. Der Flaschenhals darf *niemals* in das Getränk hineinhängen. Die

Bierkästen werden nämlich in Kellern und Kammern aufbewahrt, an deren Türen zu Recht ‹Zutritt verboten› steht, denn man will ja in den Hälsen der Gäste keine Würgeeffekte erzielen. Es sind Reiche der Asseln und Mäuse, der Staubschwaden und Schlieren, Theater des Verwesens und Vergärens, wo die Flaschen im Nu mit schnodderigen Belägen überzogen werden. Mit Belägen wie auf dem Boden eines Abfallbehälters im Pausenhof einer Schule in einem Viertel, welches den Stadtvätern schon seit langem große Sorgen bereitet. Beläge wie auf der Zunge eines Schwerkranken, etwa wie Sahnemeerrettich, aber gelblicher und von unattraktivem Odeur, pelzig und pilzig zugleich, Beläge, die man nicht gern auf seinem Pausenbrot entdecken möchte, Beläge wie das, was man unter den Fingernägeln hat, wenn man ein Fußbad nimmt und kräftig an seinen aufgeweichten Füßen kratzt, Beläge wie geriebener Parmesan, in den die Katze der schwermütigen Frau Meisenbug uriniert hat. Zu den Belägen gesellen sich Geräusche: ein dumpfes Pumpen und ein irres Knuspern, wie man es durch die Wand zu hören vermeint, wenn man nachts nicht schlafen kann. Und auch eine Stimme ist zu hören, die eines unheilbar kranken Menschen, der Rockballaden krächzt und einen auffordert, ihm die Fußnägel zu schneiden. Die Fußnägel sind ins Fleisch eingewachsen, von porphyrnem Ton und hart wie Hirschhorn, denn der rasselnde Atem der siechen Kreatur hat bislang jedes Pflegepersonal verjagt. Und während man mit der einen Hand an den Fußnägeln sägt, bittet einen der Todkranke, mit der anderen Hand die Beläge von seiner Zunge herunterzukratzen. Man tut dies mittels eines beinernen Spachtels, man spachtelt, und der Kranke schnauft, und bald hat man einen ganzen 500-g-Rama-Becher voll mit leicht dampfendem Zungenbelag, der eine grauenvolle Ähnlichkeit mit jenen Belägen hat, die sich in Kellern von Lokalen auf den Flaschen niederschlagen, weshalb man Weizenbier, verehrter lieber Rüpel, auf keine andere Weise einschenken sollte als auf die meinige. Habe ich mich deutlich genug ausgedrückt?»

2. Der Rest der monatlichen Niederschrift

Der Rüpel, dem ich dieses vortrug, kam nicht ins Grübeln, denn Rüpel grübeln nicht. Dieser kein Geld kostende Freizeitspaß scheint allerorten in Vergessenheit zu geraten. Schon lange nicht mehr ist Grübeln auf der Haben-Seite einer In-und-Out-Liste aufgetaucht. Jüngeren Leuten ist vielleicht gar nicht mehr bekannt, wie grübeln geht. Es geht so: Man sitzt zu Hause mit seinen Puschelschuhen, hat keine echten Sorgen, aber ohne Sorgen verflacht man emotional. Daher macht man sich ein paar Fun-Sorgen, indem man z. B. denkt: «O weh, was wird in zehn Jahren sein? Vielleicht haben wir dann wieder einen Diktator, oder es kommt wieder ein ‹Superwahljahr›, und die ‹Lindenstraße› kommt dauernd um 20.15 statt um 18.40, oder es sammelt sich Schmutzwasser in meinen Knien, worauf ich mir einen dieser Treppenlifte einbauen lassen muß, für die in Apothekenzeitschriften geworben wird! Allerdings habe ich gar keine mehrgeschossige Wohnung. Womöglich gar, o weh, wird meine finanzielle Situation auf tristester Stufe stagnieren, und ich werde auch im Alter keine mehrgeschossige Wohnung haben! Soll der Treppenlift in diesem Fall etwa horizontal durch meine Wohnung rattern wie eine uckermärkische Schienendraisine? Das sieht doch nicht vorteilhaft aus!» Oder: «O weh, vielleicht stimmt es doch, was der verrückte Wissenschaftler vorausgesagt hat, daß nämlich im Jahr 2020 sämtliche Daten von allen digitalen Datenträgern der Welt verschwinden, und dann sitzt man da mit seinen ganzen CDs, und *nüschte is druff* außer lasergelesener Schweigsamkeit!» Grübeln ist der ideale Sorgensport für jedermann. Täglich eine halbe Stunde, und man bewahrt sein Gemüt vor ernsthaften Eintrübungen. In einer Welt aber, in der erwartet wird, daß die Menschen perfekt eingeölte Roboter sind, haben nicht alle Gelegenheit, ab und zu ein paar Tage entspannt durchzugrübeln. Wenn man z. B. bei der NASA ackert, muß man präsent sein wie ein Seniorenehepaar in einer Stärkungsmittelreklame. Auch nach Dienstschluß jagen einem noch die Raketen durch den Kopf, da kann man nicht einfach schnell mal auf Grübeln umschalten. Es wundert mich, daß noch niemandem der Einfall kam, in unseren kommerziellen Zentren Grübelkabinen-Arkaden zu errichten. Man steckt eine Mark in einen Schlitz, und schon kann man eine Minute lang nach Herzenslust grübeln. Anregungen kommen von 16 Videos nach Wahl. 1) Pfützen vor einem geschlossenen Kurzwarengeschäft in einem niederbayrischen Marktflecken. 2) Ein Luftballon, auf dem «Love» steht und dem allmählich die Luft ausgeht, schwebt in geringer Höhe über ein strukturschwaches Gebiet. 3) Lateinamerikanische Kinder suchen auf einer Müllkippe nach Überraschungseiern. 4) Sabrina Hoppe trinkt ein Glas Wasser etc. – also alles eher düstere Themen. Video Nr. 4 ist natürlich nicht ideal für Neulinge, für einen im Training stehenden Grübler ist es jedoch eine Kleinigkeit. Er grübelt: «O weh, Wasser, das Öl des 21. Jahrhunderts! Kriege wird man seinetwegen führen. Was hätte man mit jenem Wasser, das die Frau im Grübelvideo trinkt, nicht alles tun und machen können! Es zum Beispiel in den Garten kippen, um sich an Aurikeln, Ziest und Rittersporn zu weiden, aber o weh, die Olle säuft den Beeten alles weg – heißer Wind wird über tote Kulturen sausen!»

Wer Sabrina Hoppe ist, weiß ich allerdings nicht. Vielleicht ist sie eine dieser «unheimlich frisch rüberkommenden» Moderatorinnen jener sich an 16- bis 25jährige wendenden Talkrunden, in denen die Gäste auf Barhockern sitzen und mit steinernem Selbstbewußtsein über Sexy-Themen reden. Oft wirken sie leicht angetrunken, so als ob man sie eine halbe Stunde vor Sendungsbeginn auf einer Erstsemesterfete eingefangen hat und mit Tequilas und billigen Komplimenten ins Studio gelockt hat. Ich habe mir diese Sendungen eine Zeitlang mit Interesse angesehen, da sie mich in eine mir ganz ferne Welt entführten, eine Welt, in der Zwanzigjährige beiderlei Geschlechts ihre Partner – das Wort Partner wird dort überwiegend im Plural gebraucht – ständig mit «schöner Unterwäsche» und Parfums zu beschenken scheinen und mit nicht verstummen wollender Offenheit Auskünfte über ihre von krächzigen Rockballaden in Gang gesetzte Sexualität erteilen, die sie nur auf «schöner Bettwäsche, z. B. Satinbettwäsche» ausüben.

Die extremste dieser Shows kommt im «Kabelkanal» und wird von einer rigoros uncharmanten Blonden geleitet, die das Leben als eine endlose Kette von Gelegenheiten begreift, «tolle Leute» kennenzulernen und auf ihre sexuelle Dienstbarkeit hin zu testen. «Ich habe mal den Vorschlag gemacht, daß Mitfahrzentralen Fotos in ihre Karteien aufnehmen, aber damit hatte ich leider keinen Erfolg», rief die unwahrscheinlich frisch Rüberkommende, niemals Unschnippische neulich. Viel hält sie sich in bezug auf ihre Gewieftheit, ihre Menschenkenntnis und ihre Fähigkeiten im Umgang mit anderen Menschen zugute, doch sie kennt die Menschen nicht, sie kennt nur sich selber, und aus anderen will sie herauskitzeln, daß sie, die anderen, eigentlich genauso sind wie sie, die frisch Rüberkommende. Es werden aber sowieso nur Leute eingeladen, die entsprechend gestrickt sind. Wesensmäßig Frühverdorrte. Interessante Gäste hat die frisch Rüberkommende nie, immer nur welche, die es wahnsinnig abturnen würde, mit jemandem schlafen zu müssen, der oder die einen Fünferpack-Slip trägt.

Immer mehr gerate ich in die wohltuende Nähe der Auffassung, daß der Fernsehkasten nicht ins Wohnzimmer gehört, sondern in den Keller. Beläge sollen dort in aller Ruhe auf ihn niederregnen, gern auch üble.

Vorstellbar ist, daß irgendwann in fernen, verschwommenen Epochen ein Supergenie von Ingenieur geboren werden wird, dem der Auftrag mitgegeben ist, einen Fernsehapparat zu erfinden, der nur ARD und Bayern 3 überträgt. Den würde ich mir kaufen. Das ist natürlich noch Zukunftsmusik, doch war nicht Hoffnung stets der Menschen Brot und Motor? Was ist in diesem Jahrhundert schon alles erreicht worden! Wenn man den Menschen des Jahres 1914 gesagt hätte, daß eines Tages die Kaffeerösterei «Eduscho» gegründet würde, hätten sie heiser gelacht. «Hahaha!» Und was geschah zehn Jahre später? «Eduscho» entstand! Und, wie wir alle wissen, ist aus dem Rösterei-Baby mit gerade mal einer Handvoll Bohnen eine unüberhörbar krähende Geschwulst geworden, die in allen deutschen Städten gutgeölte Metastasen unterhält. Auch sonst existieren die unglaublichsten Phänomene, wie z. B. Männer, die sich beim Rasieren an der Stirn verletzen.

Vielleicht gibt es ja schon ein unterirdisches Geheimlabor in Japan, in dem ein Team an meinem Fernseher herumtüftelt? Den Franzosen ist schließlich auch eine bahnbrechende Neuentwicklung gelungen: die «CD deux titres». Das ist eine CD-Single, die nur zwei Stücke enthält, so wie früher die 7"-Single. Sie wird parallel angeboten zur regulären, remixüberfrachteten CD-Maxi. Man bekommt ja heute entschieden zuviel für sein Geld. Man hört im Radio ein drei Minuten währendes Gestampfe, entschließt sich, Besitzer des Gestampfes werden zu wollen, lenkt seine Schritte wohlmotiviert zum Plattenladen, kauft die Single, und daheim vermeldet die Leuchtanzeige des Abspielgerätes: 47:35. Das ist doch wirklich zuviel für 12 Mark 90. Acht Mixe des gleichen Stückes sind dadrauf, von denen vier ellenlange Instrumentalmixe sind, nichtssagende anonyme Rhythmus-Tracks, die so wenig Ähnlichkeit mit dem Originalsong haben, daß sie theoretisch auch Remixe von jedem anderen Gestampfe der Welt sein könnten. Man wollte aber nur drei Minuten lang hüpfen und nicht 47 Minuten lang den gar nicht immer sehr erstaunlichen Ergebnissen «neuartiger kommunikativer Prozesse» beiwohnen. Her mit der «CD deux titres» und her mit dem «TV deux programmes»!

Einer der wenigen wirklichen Nachteile der CD gegenüber der Analogplatte ist, daß die Abspielgeräte die Gesamtspieldauer anzeigen, wodurch dieser eine nicht zu rechtfertigende Aufmerksamkeit zuteil wird. Der Kunde denkt, bei einem 50 Minuten langen CD-Album bekäme er mehr für sein Geld als bei einem 40 Minuten langen. Man könnte aber auch sagen, er bekommt weniger. Weniger Stille, zehn Minuten weniger Gelegenheit zur Zwiesprache mit höheren Wesen. Nicht die Länge der Musik ist zu bewerten, sondern ihre Dichte. Die LPs waren früher oft nur 30 Minuten lang, doch niemand wurde zornig, weil kein Mensch auf die Idee gekommen wäre, die Laufzeiten der Einzeltitel, falls diese überhaupt angegeben waren, zu addieren. Heute jammert die Kundschaft bei würziger Kürze, daher fügen die Künstler noch «irgendwas» hinzu, damit die Kundschaft milde blickt. Wäre es kommerzieller Selbstmord, sich diesem Unfug nicht zu fügen?

Apropos Selbstmord: Einen ihrer angeblichen Selbstmordversuche soll Lady Diana unternommen haben, indem sie sich mit einem Zitronenschneider auf den Oberschenkeln herumgeschabt hat. Tolle Methode. Es ist wohl so: Wenn ich mir die Fußnägel schneide, dann sagen Beobachter: «Na ja, ab und zu muß man sich die Fußnägel schneiden, sonst werden sie ja hundert Trilliarden Kilometer lang. Oder sogar Seemeilen. Von Werst ganz zu schweigen.» Wenn aber die Prinzessin von Wales ihre Zehennägel kürzt, dann rufen die Hofgrübler: «Ojemine, sie unternimmt schon wieder einen Selbstmordversuch!»

Ich weiß übrigens eine ziemlich sichere Art, Selbstmord zu begehen. Man begebe sich in die Nähe eines Sportstudios und warte, bis eine Gruppe von drei oder vier kräftigen Unterschichtsherren mit großen, bunten Sporttaschen herauskommt. Denen stelle man sich in den Weg und sage: «Na, ihr Doofen!»

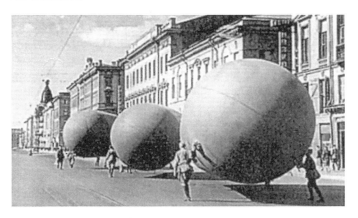

Editorische Notiz

Die 33 Texte wurden in den Jahren 1990 bis 1994, zum größten Teil in vorläufigen Versionen und oft unter anderen Überschriften, im Frankfurter Monatsblatt «Titanic» erstveröffentlicht. Zusammenstellungen in Buchform erschienen 1993 bis 1995 im Haffmans Verlag, Zürich, und zwar unter den Titeln «Quitten für die Menschen zwischen Emden und Zittau» und «Die Kugeln in unseren Köpfen». Diverse Taschenbuchausgaben folgten.

Die hier vorliegende Taschenbuch-Neuausgabe enthält eine gestraffte Auswahl, die der Verfasser im Jahre 2009 traf.

Zeichnungen auf den Seiten 155, 183 und 232: Tex Rubinowitz.

2. Auflage März 2011
Veröffentlicht im Rowohlt Taschenbuch Verlag,
Reinbek bei Hamburg, Oktober 2009
Copyright © 2005, 2009 by Rowohlt Verlag GmbH,
Reinbek bei Hamburg
«Die Kugeln in unseren Köpfen», März 2005
«Quitten für die Menschen zwischen Emden und Zittau», Oktober 2005
Umschlaggestaltung Frank Ortmann
Satz Minion PostScript (InDesign)
bei Pinkuin Satz und Datentechnik, Berlin
Druck und Bindung CPI – Clausen & Bosse, Leck
Printed in Germany
ISBN 978 3 499 25207 5

Das für dieses Buch verwendete FSC®-zertifizierte Papier
Lux Cream liefert Stora Enso, Finnland.